▲ 合影

▲ 唐朝京理事长讲话

▲ 省教育厅高教处曾立勤处长发言

▲ 省科协学会学术部范天厚副调研员发言

▲ 北京大学王志军特邀报告

▲ 中科院电子所刘昶研究员特邀报告

▲ 南京邮电大学陈鹤鸣教授特邀报告

▲ 华南理工殷瑞祥教授特邀报告

▲ 会场

▲ 全国大学生电子设计竞赛颁奖

▲ 优秀论文颁奖

▲ 教改课题交流发言1：怀化学院黄利军

▲ 优秀论文代表汇报：湖南大学李高升教授

▲ 全国大学生电子设计竞赛湖南赛区组织情况介绍：湖南文理学院谭文学教授

▲ 2020年湖南省大学生电子设计竞赛承办计划介绍：湖南工程学院李延平教授

▲ 鼎阳测试设备技术交流

创新驱动教改一路前行

——湖南省电子信息技术研究会2019会员代表大会暨学术年会论文集

主编　湖南省电子信息技术研究会

主审　唐朝京　邹逢兴　黎福海　程江华

中国水利水电出版社
www.waterpub.com.cn
·北京·

内 容 提 要

本书为湖南省电子信息技术研究会 2019 年学术交流大会文集，共有 35 篇论文。这些论文都是湖南省电子信息类院、系、专业、课程组及广大教师近年来进行教学科研改革、建设的创新思维和亲自实践的结晶，体现了较先进的思想理念，对今后进一步创新优化教学科研工作具有一定的启迪意义、参考价值和推动作用。

本书可作为电子信息技术专业教师、教育科研工作者创新教学思想、进行教学改革的参考资料。

图书在版编目（CIP）数据

创新驱动教改一路前行：湖南省电子信息技术研究会2019会员代表大会暨学术年会论文集 / 湖南省电子信息技术研究会主编. -- 北京：中国水利水电出版社，2020.12（2021.1重印）
ISBN 978-7-5170-9250-6

Ⅰ．①创… Ⅱ．①湖… Ⅲ．①电子信息－教学改革－高等学校－文集 Ⅳ．①G203-53

中国版本图书馆CIP数据核字(2020)第261417号

策划编辑：周益丹　责任编辑：王玉梅　加工编辑：刘 瑜　封面设计：李 佳

书　名	创新驱动教改一路前行 ——湖南省电子信息技术研究会 2019 会员代表大会暨学术年会论文集 CHUANGXIN QUDONG JIAOGAI YILUQIANXING ——HUNAN SHENG DIANZI XINXI JISHU YANJIUHUI 2019 HUIYUAN DAIBIAO DAHUI JI XUESHU NIANHUI LUNWENJI
作　者	主编　湖南省电子信息技术研究会 主审　唐朝京　邹逢兴　黎福海　程江华
出版发行	中国水利水电出版社 （北京市海淀区玉渊潭南路1号D座　100038） 网址：www.waterpub.com.cn E-mail：mchannel@263.net（万水） 　　　　sales@waterpub.com.cn 电话：(010) 68367658（营销中心）、82562819（万水）
经　售	全国各地新华书店和相关出版物销售网点
排　版	北京万水电子信息有限公司
印　刷	三河市华晨印务有限公司
规　格	184mm×260mm　16 开本　12.5 印张　307 千字　4 彩插
版　次	2020 年 12 月第 1 版　2021 年 1 月第 2 次印刷
定　价	64.00 元

凡购买我社图书，如有缺页、倒页、脱页的，本社营销中心负责调换

版权所有·侵权必究

序　言

高新科技是创新驱动发展的关键，而电子信息技术是高新科技的核心之一，其发展水平直接影响着经济水平。电子信息技术涉及电子学、数学、物理学、通信技术、计算机科学技术、智能科学技术、控制理论与技术等多个学科。在当代，电子信息技术已成为发展速度最快、从业人员最多、影响力最大的学科门类之一，并对其他技术的发展起着强大的推动作用。湖南省非常重视电子信息技术的发展，对该技术的投入力度前所未有。在这种环境下，电子信息技术发展势头强劲，成果喜人，潜力巨大，发展速度远超其他技术的平均发展速度，对经济增长起到了巨大的推动作用。

虽然近年来湖南省电子信息技术发展取得了显著成果，竞争力逐渐增强，影响力不断扩大，但是与发达省份相比，湖南省电子信息技术发展仍存在诸多问题，主要表现在以下三个方面：

（1）高端电子信息人才培养不足，难以支撑经济社会发展对人才的迫切需要，仍需从外部引进人才。

（2）电子信息前沿技术领域跟踪不多，基础研究薄弱，科技原始创新能力不足。

（3）电子信息新技术发展反哺教学不够，课程内容设置陈旧。

因此，如何提高湖南省电子信息技术创新创造力是目前亟待解决的核心问题。在此背景下，我们成立了湖南省电子信息技术研究会，利用国防科技大学、湖南大学、中南大学等高校的优势技术基础和良好联络渠道，联系全省电子信息类相关的各大高校教师、相关研究院所科研人员、企业技术人员，侧重于在电子信息高端人才培养和前沿技术研究上下功夫，共同开展形式多样的教研活动，包括学术研讨、技术交流、实验观摩、师生新技术培训等，共同打造一流的师资队伍和技术研究队伍，在校校之间、校企之间、同行教师之间、教师与厂所工程技术人员之间起到良好的桥梁和纽带作用，在培养电子信息类高端人才、促进电子信息技术繁荣与发展、加速电子信息技术与经济发展相结合等方面作出贡献。

我祝愿本文集的出版为研究会的与时俱进和创新发展，为提高研究会后续学术交流的水平和促进湖南省电子信息技术领域的发展发挥积极的作用。

2020 年 8 月

目 录

序言

第一部分　领导讲话

研究会 2019 学术年会开幕式发言提纲 .... 唐朝京　2

第二部分　2019 年学术年会论文

★ OBE 教学模式引领下科研成果进课堂实施办法研究 .... 丁宏，黄晓涛，杨鹏，张琛　5
★ "模拟电子技术基础"线上线下混合式教学探索实践 .... 肖靖，黎福海，何敏，李皓，代扬，刘澧沙　10
★ 工程教育认证与新工科建设的融合发展 .... 李高升，刘伟，卢继武，肖靖　17
★ 校企联合共育电子信息类卓越应用型人才
　　——以怀化学院为例 .... 黄利军，米贤武，贺达江，陈生海，宋宏彪，米成全　23
★ 面向"新工科"的雷达课程实践教育模式探索 .... 李悦丽，范崇祎，程江华，金添，黄晓涛　28
★ 打造"电工与电路基础"线上线下混合式"金课"实践 .... 唐莺，胡佳飞，潘孟春，张琦　34
★ 高校研究生混合教学中的完形治疗应用 .... 范崇祎，李悦丽，黄晓涛　39
★ 电子信息类研究生创新实践能力培养初探 .... 程江华，刘通，程榜　44
★ 基于三全育人理念的"数字电子技术基础"课程思政教学探讨 .... 余云霞，胡柯，曾以成　48
★ 新经济背景下地方高校课程体系升级改造的探索
　　——以电子信息工程专业为例 .... 欧阳宏志，王彦，陈忠泽，杨斌，李月华　52
★ 欧美企业工科创新人才需求调研及创新能力培养模式初探 .... 余建坤　59
★ 面向通用专业人才的"信息网络安全基础"课程建设改革 .... 张琛，刘星彤，苏云飞，唐朝京　66
　基于 OBE 理念的电子信息类专业实践教学改革 .... 文卉，贺科学　71
　高校工科专业创新创业教育基地建设模式探讨 .... 周开军，覃业梅，王莉，倪文志　76
　新工科背景下的电子信息工程专业创新创业教育模式研究 .... 周开军，谭平，覃业梅，何静　80
　基于 CBE-OBE 的"通信系统"课程建设研究 .... 丁宏，杨鹏，黄晓涛，熊辉　84
　间歇采样案例教学研究 .... 潘小义，肖顺平，王雪松　89
　浅谈如何设计一门优秀的 MOOC 课程 .... 潘小义，赵锋，肖顺平，王雪松　93
　电子信息类专业人才培养探索 .... 庞礴，代大海，丁锦灿　97
　基于 OBE 理念的信息工程专业形成性考核实践 .... 熊伟，陈浩，李沛秦，欧阳雪　102
　以学科竞赛为重要载体，推动引领大学生创新创业实践教育
　　——基于电子信息类工科院校的若干思考 .... 晏行伟，王玮，张敏，柳征，黄知涛　110
　用成果导向教育理念引导的"军事通信系统"课程教学改革 .... 杨鹏，丁宏，熊辉，郑林华　117
　欧美高校工科创新人才培养模式研究 .... 张亮，程江华，杜湘瑜，罗笑冰，刘通　121
　基于 MOOC+ 的信号与系统课程建设与改革 .... 王炼红，李树涛，陈洁平，李成　126

一种虚拟实验仿真平台的设计方案 ...... 谢文武，童耀南，彭鑫，余超，朱鹏	131
应用型高校产教融合协同育人模式与质量保障探索 ...... 侯玉宝，刘甫	136
电子信息类基础课程培养现状及教学模式的分析 ...... 兰浩，汪鲁才，林海军	141
湖南省普通高校教师课堂教学竞赛经验分享 ...... 曾金芳，曾以成，杨恢先	146
工程教育专业认证理念下非电类专业电工电子技术课程教学改革 ...... 阳璞琼，陈蔚，李可生，宾斌	153
基于立德树人虚实交互工科人才培养模式的构建 ...... 李旭军，龚跃球，曾以成	157
基于工程教育专业认证的微电子科学与工程专业人才培养方案探索 ...... 杨红姣，汪洋，曾以成，谢亮	162
线下课堂教学分析及其金课建设思路探讨 ...... 曾以成，杨红姣，汪洋，曾金芳	168
三相交流系统在不同坐标系下的功率特性分析 ...... 于晶荣，孙尧，刘永露，许国，韩华，粟梅	174
应用型人才核心竞争力培养的探讨 ...... 桂玲	185
微机原理与单片机原理实验教学改革的探索与实践 ...... 谢健翔，蒋峰	190

注：前加"★"者为本届会议评选出的优秀论文。

第一部分
领导讲话

研究会 2019 学术年会开幕式发言提纲

唐朝京　2019.11.24

各位领导、各位专家、各位老师、各位朋友，大家上午好。今天，我们欢聚长沙共同举行湖南省电子信息技术研究会 2019 年学术年会，首先，我向亲临大会指导的省教育厅高教处曾力勤处长、省科学技术协会学术部范天厚调研员表示热烈欢迎和衷心感谢，向专程来长沙为我们传经送宝的北京大学王志军教授、南京邮电大学陈鹤鸣教授、华南理工大学殷瑞祥教授、中科院电子所刘昶研究员四位专家表示崇高的敬意，向踊跃参会的各位领导、老师和朋友们表示热烈的欢迎，向为保障大会顺利召开付出辛勤劳动的湖南大学电气与信息工程学院各位老师、同学和长沙丰锦电子公司的朋友们表示诚挚的谢意。

今年学术年会的主题是：面向创新创业教育的电子信息技术人才培养。创新创业教育是当前我国人才培养面临的重大课题，而电子信息技术人才又是我国人才培养的重头戏，因此年会的主题意义非常重要、内涵非常丰富。后面，两位领导将要对创新人才培养和科技创新发展作指示，四位专家也将与我们一起分享他们关于提高人才培养质量、培养学生创新创业能力的真知灼见和宝贵经验，这些一定会使我们大为受益，我们要认真聆听和思考，把专家们高屋建瓴的指导变成创新人才培养的具体思路和办法，真正促进人才培养质量的提高。同时，我认为，还需要认真反思一下，这么多年我们在教育理念和方法上存在哪些误区？应该改变哪些不恰当的做法才能使人才培养更好地满足社会需要？把这些基本问题梳理清楚，有利于我们不断修正错误、探索正确道路，真正把创新人才培养的事业做好。

从大学对自身社会角色的坚守方面来看，为社会培养优秀人才是大学的根本职责，育人是高校的首要任务。但是在今天的中国，实际情况并不完全如此，社会对一所高校的认知首先看它是哪个层次的学校，是部属的还是省属的抑或是民办的，而人才培养的质量和特色反而成为次要的了，逼得许多高校成天忙于上层次、进圈子、排位子，没有多少精力真正用于提高人才培养质量。造成这种现象的原因比较复杂，但高校自身对初心坚守不够是一个重要的因素，办学特色和人才质量才是一所高校得到社会认可的根本，守得住初心、耐得住寂寞，是一所高校办学成功的不二法门。

从人才培养目标与社会需要的吻合度来看，各个高校的培养目标都会强调培养满足社会需要的人才，但是往往很多毕业生难以很好地满足用人单位的需要，结果一方面许多毕业生找不到满意的工作，另一方面大批用人单位招不到合用的人才，人才培养与实际需要出现了脱节。电子信息技术是当今发展最快、应用最广泛的先进技术，可以说是日新月异，用人单位对人才的要求尽管千差万别，但最核心的要求是能力，是解决实际问题的能力。掌握丰富的知识当然重要，更为重要的是根据需要灵活运用知识的能力，而有效获取知识本身也是一种能力，是重要的学习能力。因此，高校只有将人才培养方案中的能力要求真正落地，与科技发展前沿及社会客观需求主动对接，使学生实实在在掌握基本的能力，才能使人才培养更好地符合社会的需要。

从对学生内在素质培养方面来看，创新创业的本质是做新的事情，要面临许多不可知的风险和巨大的困难，搞创新创业最需要的是不怕失败干大事的雄心和超越同行当老大的野心，需要有强大的内心。而我们过去的人才培养理念并未聚焦于这一点，学校训练不太注重新思想、新观点的交锋，学术上也不鼓励学生标新立异，课程设计和实验基本上按照套路做就行了，学生很少有失败和焦虑的体验，这样的培养模式与走向社会创新创业的严苛环境是很不匹配的。我觉得，学校应该重视培养学生学业上敢斗敢闯的精神，并将其落实到人才培养的各个主要环节，在课程作业的难度、实验的设计性、学科竞赛的创新程度以及对未知事物的探求等方面都得到体现，使冒险和失败成为学生学习过程的常态，使克服困难、取得胜利成为学生孜孜以求的梦想，这样才能为学生创新创业注入成功的内因。

从科研对创新人才培养的促进方面来看，电子信息技术领域的科研大多针对实际的应用问题开展创新性研究、寻找具体的解决途径和办法，这与创新人才培养的目标是高度吻合的，高校的科研活动应该是对创新人才培养最重要的促进因素。但另一方面，高校科研又常常会与教学工作产生矛盾，特别是在教师时间精力分配方面，容易出现"重科研、轻教学"的倾向，因此经常出现科研工作做得说不得的奇怪现象。这里需要破除非此即彼、非黑即白的思维误区，科研和教学都是创新人才培养的重要手段，应采取有效措施强化科研的育人作用，采用恰当的方式使科研为创新人才培养提供有力支持，如组织编写科研案例作为教学内容、基于科研成果开发新的实验系统、发布相对独立的科研难题给学生攻关、直接吸收本科生参与高水平科研项目等，这些都有不少成功的例子。总之，科研在创新人才培养中具有独特的不可替代的作用，关键是合理调度、充分挖掘潜力。

从对学生的严格要求方面来看，学生进大学后就应该发奋学习，老师严格要求是天经地义的，学习不合格的就应该退学，淘汰一小批实际上鞭策了一大批。但在前些年，高校似乎被赋予了保证学生家庭和谐、维护社会稳定的重任，大学生因学习不好而退学非常困难，结果不但差的学生淘汰不了，连带把好学生也拉下来了，这样人才培养质量怎么能提高呢？去年以来，教育部出台了一系列文件，对学生的要求越来越严格，如提高课程难度、杜绝毕业清考、严查论文质量、加大淘汰率等等，大学的生活再也不是无忧无虑的了。有了这条红线，学生的学习自觉性一定会大大提高，各种教改措施也能得到较好的落实，但是以后还会不会再犯这种错误呢？值得我们警惕。

以上是关于搞好创新创业教育的一点个人浅见，错误之处敬请大家批评指正。下面关于研究会的发展方向我再说几句。作为一个重要的社会组织，电子信息技术研究会的根本职能是服务，我们要为电子信息领域高素质创新人才培养服好务，为湖南省电子信息产业发展服好务，为全体会员单位和广大会员的成长服好务。我想，我们研究会的定位应该是努力办成四个平台，即电子信息领域前沿学科知识的传播平台、电子信息行业广大科技人员和高校教师新思想新技术的交流平台、电子信息技术创新人才培养的孵化平台、省内电子信息产业发展的促进平台，为湖南省乃至全国的电子信息产业发展和创新人才培养贡献力量，让我们共同努力吧！

再一次对出席会议的各位领导、专家、老师和朋友表示热烈欢迎，对年会的承办单位湖南大学电气与信息工程学院表示衷心感谢，预祝湖南省电子信息技术研究会2019年学术年会圆满成功！谢谢大家。

第二部分
2019 年学术年会论文

★ OBE 教学模式引领下科研成果进课堂实施办法研究

丁宏，黄晓涛，杨鹏，张琛

（国防科技大学电子科学学院，湖南长沙 410073）

摘　要：OBE 是国际组织大力倡导的人才培养理念，它强调构建"产出导向"的人才培养体系，并持续加以改进。高校科研工作的开展对推进教学研究、丰富教学内容、改进教学手段、指导教学实践等都起到了重大的推动作用。本文对此专题展开研究，并结合学院探索实践，给出了科研成果进课堂的形式和具体实施办法。

关键词：OBE；科研成果进课堂

中图分类号：G642.0　　　　　　　　　　　**文献标识码**：A

Investigation of the way introducing scientific research achievements into class Based on OBE Educational Mode

Hong Ding, Xiaotao Huang, Peng Yang, Chen Zhang

（School of Electronic Science and Engineering, National University of Defense Technology, Changsha, Hunan, 410073）

Abstract: Outcome Based Education is an important concept which the international organizations strongly advocate. It emphasizes the construction of output oriented training system with continuous improvement. The scientific works in universities have improved their development greatly on many affects, such as teaching research, teaching contents, teaching ways and guiding teaching practice. The paper investigates this subject. According to the school's investigation result, the paper provides the way that introducing scientific research achievements into class. It also offers the implementation ways.

Keywords: OBE; introducing scientific research achievements into class

1　引言

传统的教学关注课程体系自我完善，强调课程教学中知识点覆盖全面。OBE（Outcome

教改项目：湖南省普通高等学校教学改革研究项目 2016 年度课题。

第一作者：丁宏（1973—　），女，博士，副教授，湖南省长沙市国防科技大学电子科学学院认知通信系副教授，主要从事通信系统设计和区域定位领域的教学、研究。

Based Education）则以学习成果为准绳，强调课程体系、课程教学对学习成果达成的支撑。本着围绕实战搞教学，着眼打赢育人才的培养思路，学校提出"理想信念坚定、军事素质优良、科技底蕴厚实、创新能力突出、身心素质过硬"的人才培养目标。

科研具有创新性和前瞻性的特点，科研成果对高校综合实力和发展的影响越来越明显，而高校的教学质量决定了其发展水平和程度，高等教育作为科技第一生产力和人才第一资源的重要结合点，面临着巨大的机遇和挑战。随着高校教育教学改革的深入，将教师的科研成果转化为教学资源，促进科研成果进课堂，以科研成果丰富课堂教学内容，为提高教学质量服务，是 OBE 理念在课堂教学中得以贯彻的重要体现。

作为一个具有良好科技底蕴和优良科研平台的学院，国防科技大学电子科学学院在长期的教学实践中，始终坚持"以研促教，以教带研，教学科研相长"的理念。学院提出了将科研成果转化为教学资源，但如何转化？采用什么样的形式转化？如何将转化落到实处？如何保障转化的长效性？如何保障转化的效果？这些问题都亟待解决。为此，学院做了诸多研究，尤其是对具体的转化形式和保障措施进行积极探索，出台了一系列具体的政策和措施，从而从政策、制度上把关，将转化落到实处。

2 科研成果进课堂的形式

中国科学院院士钱伟长在谈论教学与科研的关系时说："大学必须拆除教学与科研之间的高墙，教学没有科研做底蕴，就是一种没有观点的教育、没有灵魂的教育。"那么，如何具体实现教研相长，又以什么样的形式让科研成果走进课堂呢？图 1 给出了科研成果进课堂的主要形式。

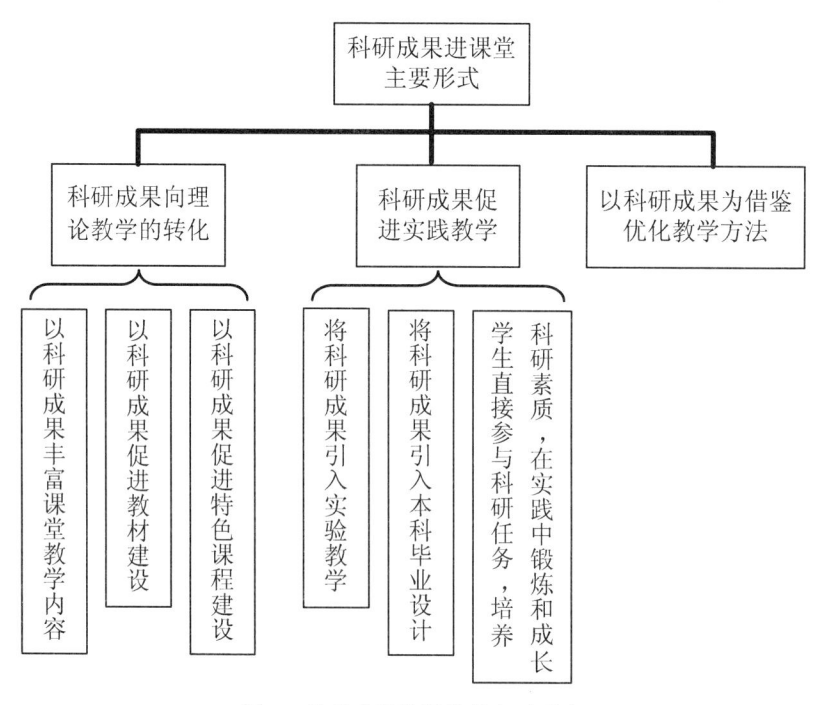

图 1 科研成果进课堂的主要形式

2.1 科研成果向理论教学的转化

（1）以科研成果丰富课堂教学内容。把教师的科研活动与教学紧密联系起来，并及时把科研成果引入教学内容，是丰富课堂授课内容和提高教学质量的一个有效途径。这可以通过案例式教学模式来实现。例如，从教学角度来看，有些科研成果可以进一步证实相关课程理论教学内容的有效性。这类科研成果可以以案例的方式充实到当前课程教学内容中，作为对学生所学知识有效性的一种佐证。这种转化途径的主要特点在于以科研成果为支撑，以学生当前所学知识为主体，通过科研成果转化而来的教学案例可以进一步加深学生对所学知识的理解。

（2）以科研成果促进教材建设。教材作为课程教学内容的主要载体和依据，是教师科研成果转化为教学内容的重要途径。科研成果是教师对专业知识的深刻理解，将科研成果引入教材有利于体现专业知识的前沿性和先进性，可以反映教师的科学思维方式，有利于培养学生学习思维的能力。这种转化方式具有先进性和适用性强的特点。

（3）以科研成果促进特色课程建设。一般来说，教师在自己的专业领域里经过长时期的探索和研究，在专业方向上会形成自己的研究特色，并具有相当的研究深度。把教师取得的科研成果引入课堂，为教学所用，有利于增强教学内容的时代性、先进性及特色性，有利于促进学院特色专业和特色课程的建设。

2.2 科研成果促进实践教学

（1）将科研成果引入实验教学。学院注重把科研成果引入实验教学，不断更新实验内容。在保证基本实验项目基础上，开设综合性或创新性实验项目，并写入实验教学大纲，切实提高了实验教学水平。学院还鼓励教师把科研成果转化为实验设备，提高实验设备的先进性。

（2）将科研成果引入本科毕业设计。学院鼓励将学生毕业题目与教师科研相结合，充分运用教师所具有的良好学术研究能力，用科学的方法指导学生，培养和提高学生思考能力。同时，教师也可能会从学生的研究中得到启示，促进教学相长。学院部分优秀论文就是结合导师的科研项目完成的，其成果已纳入课题的研究报告或已在工程实践中得到应用。

（3）学生直接参与科研任务，培养科研素质，在实践中锻炼和成长。实践证明，教师吸收学生参加其科研项目，使学生真刀实枪地得到训练，是提高学生创造能力和实际动手能力的重要手段。因此，让学生直接参与科研，以研促教，是让科研成果进课堂的重要方法。学生参与教师的科研，还可以因材施教，培养具有创造性思维和创新能力的高素质人才。

2.3 以科研成果为借鉴，优化教学方法

现代教育要求培养学生的自学能力，培养创造性思维能力，培养创新精神与意识。要达成教育目标，提高教学质量，教师必须运用适当的教学手段，鼓励学生思考和自主学习，要根据学生的学习兴趣、需要、能力和教材的内容等，采用恰当的教学方法。从事科研工作，锻炼了教师研究问题、解决问题的能力，客观上提高了教师的学术与业务水平，从而提高教师的教学水平与教学艺术。教师创新意识和能力的提高是从事科学研究最直接的成果，也是传授创新意识和培养学生创新意识的前提。

3 高校科研成果进课堂实施办法

科学研究对于创新人才的培养具有引领和支撑作用，没有高水平的科学研究，就不可能培养出高水平的创新人才。近年来，学院大力引导将科研成果转化为教学资源，积极促进科研成果进课堂，以此作为培养创新人才的重要途径。成果转化具有多种形式，但也面临诸多问题，如何保障转化的长效性、持续性，如何保障转化的效果，这是在具体实施过程中必须解决的问题。为此，学院积极探索，发布了《科研成果进课堂工程实施管理办法（试行）》（以下简称《办法》），从政策和制度上保障了转化的顺利进行。

《办法》中创新性地给出了科研成果进课堂的具体实施方式：建立科研成果素材库，利用科研成果素材库广泛服务于广大授课教员和课堂教学。这有利于将成果转化落到实处。科研成果是教师科研结晶，但它的产生和作用范围具有一定的局限性，成果进课堂也仅局限在相关教师的课程教学中。素材库的建立，打破了科研和教学之间的壁垒，搭起了它们之间沟通的桥梁。进入素材库的科研成果都是经过成果提供教师的深入思考的，并提供了该成果应用于教学的直接模式。成果素材库的建立一方面最大限度地扩大了成果的受益面；另一方面，由于素材库提供了其中每项成果转化为教学资源的具体形式，提供了教学中实际运用的方法，需要借鉴和使用的其他教师可以直接加以应用，大大降低了没有直接参与该成果产生的教师运用该成果服务于课堂教学的难度。

《办法》对实施开展形式和措施也作出了明确而具体的规定。

（1）实施开展形式。《办法》明确了科研成果进课堂的主要形式，见表1。

表1 科研成果进课堂主要形式

课堂教学	增加案例，在讨论式教学、案例式教学、研究型教学中使用
教材编写	将最新科研成果、前沿技术写入教材，定期对自编教材进行更新
课程标准撰写	将本人和学院的最新科研成果写入课程标准
实验项目设计	将科研成果转化为综合性实验或创新性实验项目，并写入实验教学大纲
创新实践项目设计	将科研成果转化为学员课外实践项目
毕业设计题目	将科研成果转化为毕业设计项目
第二课堂	开设反映最新科研成果的第二课堂讲座和专题研讨课

（2）实施开展措施。加强成果转化需要教学、科研管理部门和教师的共同努力。《办法》从制度上对学院机关、教员各自的责任和权利进行了明确划分，从制度上保障了转化的顺利进行。

1）给出科研成果转化的激励机制。《办法》把科研成果转化为教学资源、为教学服务与教师的考评挂钩，并提供了具体的考评办法。

2）给出转化评价标准。《办法》制定出科学的成果转化衡量标准，对科研成果进课堂进行合理、准确的评价。

3）提出成果转化配套保障措施建设。这主要体现在加大经费投入上。经费是科研成果转化为教学资源的必要保障，可设专项经费，专款专用，鼓励和支持广大教师开展研究并将研究成果转化，运用到教学中，从而提高教育教学质量。

4 总结

在人才培养上，"科研是源，教学是流"。高校应该珍惜并充分利用科研的源泉，使其惠及全体学生。为此，高校应该积极推进科研成果进课堂工程，最大限度地促进科研反哺教学，促进教学科研一体化工程，培养出大批创新型高素质人才，提高学校的综合办学能力。

参考文献

[1] 张金安. 科学研究在教学改革和学生能力培养中的作用[J]. 教育探索，2004（8）.

[2] 魏红，程学竹，赵可. 科研成果与大学教师教学效果的关系研究[J]. 心理发展与教育，2006（2）.

[3] 康卫国. 试论教学型大学中教学与科研的关系[J]. 科技信息，2006（9）.

[4] 张琦，陈利虎. 高校科研成果转化探析[J]. 山东教育学院学报，2002（3）.

[5] 李明霞，郑晓建. 浅谈高校科研向教学的转化[J]. 山东教育学院学报，2004（5）.

[6] 于桂霞，朱俊义. 地方教学型大学科研成果在教学中的应用策略[J]. 辽宁教育研究，2008（5）.

[7] 杨云川. 影响高校科技成果转化的因素及对策[J]. 云南电大学报，2005（2）.

[8] 王少青. 促进高校科研成果转化的对策[J]. 宁波大学学报（教育科学版），2002（1）.

[9] 徐小钦，施永红. 影响高校科研成果转化的因素及对策研究[J]. 教育导刊，2006（3）.

[10] 王瑞丹. 优化科技成果转化的政策性机制研究[J]. 中国行政管理，2004（6）.

★ "模拟电子技术基础"线上线下混合式教学探索实践

肖靖，黎福海，何敏，李皓，代扬，刘澧沙

（湖南大学电气与信息工程学院，湖南长沙 410082）

摘　要："模拟电子技术基础"（简称"模电"）作为电子电气信息类专业的技术基础课和核心课，其受众数量大，覆盖面广。本教学团队以学生为中心，探索了该课程的线上线下混合式教学，实现了在线开放课程的建设与运行，推动模电教学改革，提高模电教学质量。课程着眼于"理论基础厚、工程素质高、动手能力强、理想信念坚定"的高素质复合型人才培养目标，借助慕课资源，以"翻转课堂"的理念开展大班授课和小班讨论，并辅以仿真工具，鼓励学生参与实践项目与竞赛，赋予学生完整和深入的专业课程体验，培养学生分析、解决问题的综合能力和工程实践能力。

关键词：模拟电子技术基础；线上线下混合式教学；慕课

中图分类号：G642.0　　　　　　　　　　**文献标识码**：A

A Study of Blended Learning in Fundamentals of Analog Electronic Technique

Jing Xiao, Fuhai Li, Min He, Hao Li, Yang Dai, Lisha Liu

（College of Electrical and Information Engineering, Hunan University, Changsha, Hunan, 410082）

Abstract: Fundamentals of analog electronic technique (analog electronic) is the basic and core curriculum for the majors of Electrical, Electronic and Information Engineering (EEIE). Therefore, a great number of EEIE students will choose this course. Aiming at the 'student-centered' purpose, our team studied the blended learning in the analog electronic course, including the establishment and running of the massive open online course (MOOC). This results in the reform and the quality improvement of the analog electronic teaching. Furthermore, the objective of this course is to cultivate high-quality compound talents, mastering the basic theory of the analog electronic and able to identify, formulate and solve real world electrical engineering problems. With the help of MOOC resources, we gave the lecture classes and organized discussion classes using the 'flipped classroom' concept. In addition, by means of modern

---

教改项目：湖南大学中央教育教学改革专项电气与信息工程学院子项（2017—2019 年）、湖南大学慕课建设项目（521203662）。

第一作者：肖靖（1985— ），男，博士，副教授，湖南大学电气与信息工程学院教师，主要从事微纳器件集成与装配技术和半导体集成化芯片系统等方面的研究，以及"模拟电子技术基础"等课程的教学。

simulation software, and encouraging students to participate in practical project and related competition, this course gives students a complete and immersive professional curriculum experience, and cultivates the integrated ability for students to analyze and solve problems in engineering practice.

Keywords: analog electronic technique; blended learning; massive open online course (MOOC)

1 引言

新一代电子信息技术是国家创新驱动发展、"中国制造 2025"、"互联网+"等一系列重大战略中的关键核心技术,是各领域、各行业的重大共性需求,也是支撑战略性新兴产业、"四新"经济和创新创业生态构建的战略制高点[1-4]。同时,正在如火如荼开展的新工科建设和工程教育专业认证,也对电子信息类专业体系构建和人才培养提出了更高要求和改革措施,这将对相关专业发展产生深远影响[5-8]。"模拟电子技术基础"作为电子信息类专业的基础课和核心课,主要学习模拟电子技术方面的基本概念、基本电路、基本原理及其分析方法,可为后续其他专业课程和工程实践打下良好基础,在电子信息类专业的本科教学中具有举足轻重的地位。然而,模电也是被学生和老师公认为电子专业基础课程中最难的课程之一[9,10]。该课程涉及的器件种类多、半导体概念多、工程近似多、电路形式多、分析方法多,导致学生学习中存在对各种元器件特性难以分析,对工程近似方法难以理解,对特性各异的电路形式难以掌握等诸多困扰。因此,传统的课堂讲授无法适应模电教学和满足人才培养的现实需求,而利用现代快速发展的信息化技术结合模电教与学开始引起广泛的关注并取得一定效果[11,12]。

信息化教学手段通过最大限度地调动信息和教学媒体资源,构建出一个更符合信息化时代特征的学习环境,让学生对知识点的掌握更加直观、深刻,在很大程度上激发出学生的学习热情,从而极大地提升教学的效率及质量。慕课（MOOC）作为互联网与课程教学高度结合的产物,是信息化教学中最有影响力和最具代表性的手段之一[13-15]。随着慕课发展不断成熟,充分利用市场机制建设、推进慕课在线开放课程的发展与应用,以及高等院校参与慕课课程制作、服务平台建设,提倡相关服务创新已成为当前的主要形式[16-18]。与传统课堂相比,MOOC 在课堂人数、课堂时间与空间、学习方向、学习主体、互动模式、课程设计与评价等方面有着本质的差异[19-21]。学生可以在时间和空间上自由安排,有效地利用碎片化的时间,从而提高学习效益,这种教学模式在培养自主创新型人才方面更适应时代发展的趋势和社会发展的需求。

同时,近几年来,国家日益重视本科教育,强调要把本科教育放在人才培养的核心地位、教育教学的基础地位、新时代教育发展的前沿地位,要把人才培养的质量和效果作为检验一切工作的根本标准[22]。而人才培养的核心要素便是课程的建设,课程是体现"以学生发展为中心"理念的"最后一公里"。教育部明确提出,要消灭"低阶性、陈旧性"的"水课",打造"高阶性、创新性、挑战度"的"金课"[23]。因此,本团队面向国家战略需求、产业发展需求、学科建设需求,响应全国教育大会的精神,利用慕课的快速发展,结合教学团队十多年的教学经验与成果,探索了"模电"课程的线上线下混合式教学,运用信息化手段改善教学方式和教学理念,把线上学习的灵活性和线下教学的效益性结合起来,借助慕课资源,以"翻转课堂"的理念开展大班授课和小班讨论,并辅以仿真工具,参考国内外优秀教材,鼓励学生参与实践与竞赛，赋予学生完整和深入的专业课程体验。该模式实现了学习资源、学习方式、学习环境的多样化，培养了学生分析、解决问题的综合能力和工程实践能力，推动了模电教学的改革，提高了模电的教学质量。

2 "模电"线上线下课程总体设计

本课程坚持"以学生发展为中心"的原则和成果导向（OBE）的教育理念，瞄准"金课"的目标，利用现代信息技术，促进学生知识、能力、素质有机融合，培养学生解决复杂问题的综合能力。同时，通过对课程的持续建设和不断完善，提升任课老师的专业能力，推动任课教师的专业发展，进一步激发教师投入课程建设和教学研究的热情。"模电"课程具体线上线下总体设计如图 1 所示，主要包括慕课平台（线上）的内容建设、大班授课的模式探索以及小班讨论课的开展三部分内容。

慕课平台（线上）：视频知识点碎片化且承上启下，实现学生学习的自主性与个性化。

大班授课：开展探讨式、设问式、启发式教学，探索模块化工程案例教学。

小班讨论课：以学生讲解和项目讨论为主，深化"翻转课堂"的理念。

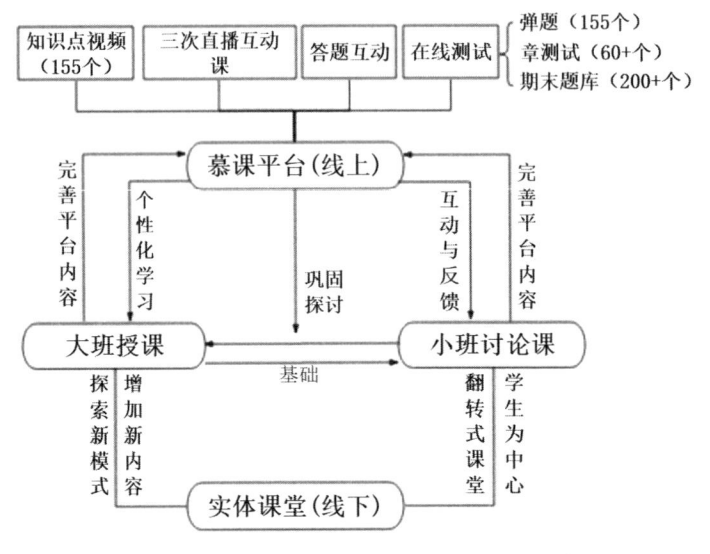

图 1 "模拟电子技术基础"线上线下课程总体设计

2.1 慕课平台内容建设

（1）满足学生课程学习的自主性和个性化要求。按照慕课知识点碎片化的特性，对教材知识点进行拆分。慕课视频绝大部分在 3～10 分钟，共 155 个，总时长 800 多分钟。为了便于用手机观看，所有视频进行了课件优化，学生可以随时随地根据自己的偏好和需求，自由调控课程的进度和节奏，以便在课后更好地完成知识点的"查漏补缺"。同时，每个视频内嵌了一道弹题，可及时检验学生对基本概念的理解。测验部分还包括章测试题和期末考试题库。此外，课程还会分享国内外优秀的拓展学习视频资料，帮助学生从另外一些角度去理解知识点，开阔学生视野。

（2）实现教师与学生的线上互动。慕课设置了直播互动课（每次 90 分钟），可以在线梳理和讨论课程的重难点，讲解部分习题，回答学生部分问题，保持教师与学生线上的面对面交流。同时，平台设有问答讨论模块，一方面可以开展教师与学生之间的互动讨论、及时答疑，另一方面也可以开展学生与学生之间的互动讨论、相互交流观点和解疑。此外，平台还有督促功能，能够在线提醒进度落后的学生进行视频学习。

（3）实现学生学习全过程痕迹化记录与管理，为"形成性评价"提供有力保障。通过慕课平台，教师可直接了解学生学习状况，可得到课程阶段性统计分析，并导出每个学生的学习进度和各类测验成绩等相关数据，以准确把握每名学生的学习轨迹，使其可以按照不同要求，调整教学进度和内容，改进教学手段，为学生提供不同的学习机会，实现个性化教学，以提升课程目标的总体达成度和达成率。

2.2 大班授课模式探索

（1）参考国内外优秀教材和教学案例，围绕课程的基础性和工程性特点推陈出新，补充教学内容，更新课程教案，讲解课程的基本知识点，让课程有前沿性和时代性的内容，有先进性和互动性的教学模式，开展探讨式、设问式、启发式教学。

（2）探索模块化教学方式。通过模块化的讲解贯穿部分章节知识点，建立系统和全面的概念。例如，第一章"绪论"往往涉及的基本概念较多，知识点零散，但是以简单的音频放大器系统为载体，抽象出信号源、放大器、负载等基本概念，介绍放大器的衡量特性、电路模型和互连后的影响，学生基本能够掌握本章的重难点内容。

2.3 小班讨论课

深化"大班授课+小班讨论"实体课堂教学模式，以"翻转式课堂"理念和手段开展小班讨论课。即在大班授课的基础上，通过学生分组完成专题任务、在小班讨论课上讲解其学习与研究工作，教师评点和组织讨论，使得学生对所学知识能够深入理解，拓展知识面，培养创新意识、团队意识、文献资料查阅能力、知识综合运用能力，以及表达和交流能力。

（1）组织形式：分组进行，每组约 3 人，组员轮流担任组长。每次课上，每组需准备一个 PPT，用 6 分钟左右的时间讲述核心内容和观点，并提交一个简要的报告。评分方式为教师评分和学生互评相结合。

（2）研讨内容：共 6 次小班讨论课，每次有多个专题可选，每组可选其中一个。研讨内容包括电子信息技术发展历程及过程中的典型事件、放大电路参数测量问题、放大器的频率响应、主要放大电路仿真分析与讨论、阅读集成运算放大器的 datasheet 并归纳总结、集成运算放大器应用电路设计等。

3 "模电"课程应用推广模式

本课程慕课主要面向全国高校相关专业的本科生，以及对本门课感兴趣的学习者，所以该课程针对不同群体需求进行了本地优化融合，探索了线上线下混合教学的有效方式，可实现课程的大规模推广。目前正开展的应用推广模式包括以下几个方面。

（1）慕课+本地上课。在线的慕课学习作为平时成绩的重要参考。通过适合手机观看的短视频，鼓励学生合理利用碎片化时间，结合网上随堂测验、章测验、期末考试等，保证学生的全过程学习，杜绝临时抱佛脚的陋习。同时，基于有效预习，本地上课可探索更多具有"高阶性、创新性、挑战度"的学习内容。

（2）在线混合模式，即线上视频+测试+见面课。见面课包括数次线下教师或助教完成的讨论课（如课程专题讨论、仿真分析与讨论、阅读集成运放数据手册并归纳总结），以及数次视频直播互动课（即虚拟线下见面课，包括重难点回顾与梳理、习题讲解与讨论等）。该模式可以直接作为学分课给部分院校提供一个选择。

（3）慕课分模块供给分享。如果选课学校觉得课程某个章节或某个模块可以借鉴，而不用全部慕课视频，平台允许与其他模电慕课模块进行组合建立"新课程"，再结合本地教师资源，完成线上与线下教学融合。

前两种模式可以实现学生学习的全痕迹化记录，促进学生学习的连续性，同时也在一定程度上减轻教师负担，使其有更多时间关注个性化教学等重要问题。对于教师资源较丰富的学校来说，可采用第一种模式；对于教师资源比较紧张的学校，可采用第二种模式，缓解师生比紧张的局面；同时，对于各校的重修学生也可采用第二种模式；而第三种模式适合所有相关兄弟院校。

4 "模电"课程应用情况

4.1 慕课应用情况

本课程慕课已在智慧树和爱课程平台运行两期，基本数据见表1。慕课课程通过顶层规划、多措并举，在尽量不给师生增加额外负担的情况下，保证好的用户体验，确保学生学习效果的达成。其中，智慧树平台的模电慕课课程整体完成度较高，完成90%以上的有1854人，完成50%以上的有2014人。其中，完成度较高的学校包括湖南大学（97.22%，本校）、湖南工业大学（94.39%，一个学期）和长江师范学院（97.78%，省外）等。该平台的课程通过人数有1612人，两个学期调研的满意度为97.8%。慕课课程的运行不仅促进了本校模电改革——"慕课学习+大班授课+小班讨论"，同时也助推了校外模电课程教改，如湖南工业大学老师借鉴本慕课课程和理念，受到该学校教学评估与督导组的好评[24]："教学方法得当，线上、线下同步教学，……较好地完成了课题教学任务的要求。"

表1 "模拟电子技术基础"慕课应用情况基本数据

平台	智慧树	爱课程
学生总数	6700	6749
开设期次	2	2
互动交流发帖总数	5860	18
使用课程学校总数	30	/

4.2 "模电"线上线下课程的一次实施过程

频率响应是模电课中普遍反映比较抽象难学的一章，同时，模电课时量普遍被压缩，因此内容多且难与课时量少的矛盾日益凸显。因此，在此以"频率响应"一章的教学为例，来展示线上线下课程的实施过程，解决上述矛盾。在大班授课前一个星期布置大班教学内容预习任务、观看慕课课程学习任务，以及下次小班讨论课的研讨内容。具体安排如下：

（1）预习教学内容，并完成慕课线上视频学习与小测验。相对课时安排（2学时）而言，本章内容较多，难度也大，因此需要学生在大班授课之前充分了解相关内容。本章慕课线上视频详细讲解了放大电路频率响应的基本概念、RC电路的频率响应，以BJT为例讲解了高频小信号模型的建立与共射极放大电路的高频和低频分析等内容。

（2）大班授课。采取教师讲授和互动提问的模式，通过一次课，主要讲解本章教学目的与要求，梳理本章知识点和重难点，包括总结慕课已讲过的知识点（如重要基本概念，RC电路、单级放大电路和多级放大电路频率分析过程）、以对比BJT的形式来介绍场效应管放大电路高频和低频分析中的重难点。

（3）小班讨论课。在大班授课和线上视频学习的基础上，通过学生自学本章其他内容，在小班讨论课上继续研讨放大电路频率响应的问题，辅以教师评点和师生讨论，使学生对所学知识能够深入理解。每组学生可从研讨内容中任选一个进行讲解演示，具体研讨内容包括FET/BJT高频小信号建模、放大器高频特性分析、放大电路高频响应的分析计算、六种基本放大器的高频响应分析比较、放大电路低频响应的分析、多级放大器的分析方法等。

利用此次线上线下课程，学生通过预习教学内容、完成慕课线上视频学习、大班授课中教师快速梳理重难点、小班讨论课上加以讲解、讨论为主等手段，可掌握放大电路频率响应的电路模型建立、等效化简与分析计算等教学重难点，并且锻炼了自学能力，培养了运用所学知识去分析问题的能力。

5 "模电"线上线下混合教学探索成果

该课程围绕"以学生为中心"的理念，实现了模电在线开放课程建设与运行，慕课内容丰富、演示形象生动、制作精良，对在校学生以及相关专业人士有较好的学习与参考价值。在此基础上，该课程探索了线上线下混合教学模式，教学效果好，推动了模电教学改革，为实现培养"理论基础厚、工程素质高、动手能力强、理想信念坚定"的高素质复合型人才目标提供了坚实基础。近年来，课题组获得了数项荣誉：①2019年湖南省普通高等学校省级精品在线开放课程；②2019年中国高校电工电子在线开放课程联盟线上线下精品课程（教育部高等学校电工电子基础课程教学指导分委员会）；③第二届全国高等学校青年教师电子技术基础、电子线路课程授课竞赛，模拟电子技术基础组一等奖；④湖南大学2017年度教学优秀奖。

6 总结与展望

"模电"是电子电气信息类专业的一门重要基础课和核心课。本文介绍了该课程线上线下教学模式的总体设计，包括慕课平台内容建设与运行、大班课程讲授方式的探索、小班讨论课的开展实施。并且，基于慕课+本地上课、在线混合模式、慕课分模块供给分享等推广模式，该慕课课程在全国30所高校得到了良好的应用，促进了本校和外校模电课程改革，对同类在线开放式教学起到了一定的示范作用。最后，本文以频率响应的教学为例，展示了一次线上线下课程的实施过程，并总结了模电线上线下混合教学探索取得的成果。本模电慕课将持续在每个学期开设课程。通过更新各类学习资料，增加师生与生生互动，增加英文字幕，挖掘工程创新案例等各种措施，来开阔学生视野，提升答疑效率，扩大国际传播力，深化工程项目实践，进一步提高课程完成率，实质提升学生成绩和能力，提高课程知名度，为各类所需人士提供一个优质课程选择，也为全国高校"模电"课程线上线下混合教学改革探索提供有力支撑。

参考文献

[1] 罗仲伟．"十三五"电子信息产业发展态势与路径[J]．全球化，2016（3）：102-113．

[2] 周济．智能制造——"中国制造2025"的主攻方向[J]．中国机械工程，2015，26（17）：2273-2284．

[3] 区维韬．浅析"中国制造2025"背景下"电子信息+计算机技术"对于智能制造的影响[J]．数字通信世界，2017（11）：144-145．

[4] 王峰，杨帅．工业互联网发展态势及政策建议[J]．开放导报，2017（2）：84-88．

[5] 胡顺仁，赵红．电子信息工程专业的工程教育专业认证实践探索[J]．武汉大学学报（理学版），2012（S2）：130-132．

[6] 冯赟．基于专业认证探究电子信息专业规范化教学路径[J]．计算机产品与流通，2018（10）：220-221．

[7] 李素文，袁广宇，田向阳，等．电子信息类专业新工科建设探索与实践[J]．高师理科学刊，2018，38（8）：86-88．

[8] 张洁寒，张瑜．基于新工科理念的电子信息工程专业人才培养模式探究与实践[J]．教育现代化，2019，6（18）：28-31+35．

[9] 麻银金．浅谈如何提高《模电》课教学质量[J]．科技风，2016（23）：27+67．

[10] 谢玲，惠煌，迟宗正，等．高校数模电实验课程教学改革探索[J]．计算机教育，2016（03）：153-155．

[11] 许文玉，冯威．多媒体模电课堂教学实践[J]．电气电子教学学报，2001（06）：79-80+84．

[12] 元倩倩，李慧．浅谈虚拟仿真与模电教学质量的提升[J]．科技创新导报，2018，15（25）：208+210．

[13] 王文礼．MOOC的发展及其对高等教育的影响[J]．江苏高教，2013（2）：53-57．

[14] 杨海涛．"慕课"中国化发展的技术驱动与文化引领[J]．吉林广播电视大学学报，2018（04）：1-2+7．

[15] 袁咏平．论"慕课"在高校教学体系中的定位和影响[J]．河北广播电视大学学报，2017，22（05）：22-25．

[16] 邱伟华．高等教育慕课市场的认证机制研究[J]．开放教育研究，2015，21（03）：40-45．

[17] 教育部关于加强高等学校在线开放课程建设应用于与管理的意见．教高〔2015〕3号．

[18] 2016年中国慕课行业研究白皮书．教育部在线教育研究中心，HCR慧辰资讯．

[19] 韩秀莉，姜学思．"慕课"对传统课堂的冲击[J]．科技情报开发与经济，2015，25（17）：146-148．

[20] 梁媛．慕课与传统课堂的对比分析[J]．亚太教育，2015（28）：90-91．

[21] 赵言诚，孙秋华，姜海丽．慕课与传统课堂教育的比较与对策[J]．黑龙江高教研究，2016（08）：156-158．

[22] 教育部长陈宝生在新时代全国高等学校本科教育工作会议上的讲话，2018年6月21日．

[23] 第十一届中国大学教学论坛报告《建设中国金课》，2018年11月24日．

[24] 湖南工业大学教学评估与督导简报（2019年第3期）：http://pgc.hut.edu.cn/info/1028/1519.htm．

★ 工程教育认证与新工科建设的融合发展

李高升[1]，刘伟[2]，卢继武[1]，肖靖[1]

（1. 湖南大学电气与信息工程学院，湖南长沙 410082）
（2. 国防科技大学电子科学学院，湖南长沙 410073）

摘 要：在新时代的学科建设与发展方面，新工科建设是一种有力牵引，而工程教育认证是一种很强的外部推动。本文致力于理清新工科建设与工程教育认证符合性改进的联系和区别，并在此基础上探讨二者的融合式发展思路。分析了学生为中心、产出为导向的思想及其实践方法，探讨了建设资源共享的人才培养环境并在多维约束和各方共识的基础上寻求最优解的途径，对于推动新工科和工程教育认证的建设发展具有一定的参考价值。

关键词：工程教育认证；新工科建设；融合发展；人才培养

中图分类号：G640　　　　　　　　　　**文献标识码**：A

Integration Development of Engineering Education Certification and New Engineering Discipline Construction

Gaosheng Li[1], Wei Liu[2], Jiwu Lu[1], Jing Xiao[1]

（1. College of Electrical and Information Engineering, Hunan University, Changsha, Hunan, 410082）
（2. College of Electronics Science, National University of Defense Technology, Changsha, Hunan, 410073）

Abstract: In the new era of discipline construction and development, new discipline construction is a powerful traction, and engineering education certification is a strong external impetus. This paper is devoted to clarifying the relationship and difference between the construction of new subjects and the improvement of conformity of engineering education certification, and on this basis, to explore the integration of the two development ideas. This paper analyses the student-centered and output-oriented ideas and their practical methods, and probes into the ways to build a resource-sharing talent training environment and seek the optimal solution on the basis of multi-dimensional constraints and consensus of all parties. It has certain reference value for promoting the construction and development of new subjects and engineering education certification.

Keywords: engineering education certification; new Engineering discipline construction; fusion development; talent training

---

基金项目：湖南大学本科教育教学改革研究课题（2019BJ015）。
第一作者：李高升（1980— ），男，博士，教授，湖南大学电气与信息工程学院教师，主要从事微波、天线、电磁兼容等方向的教学科研工作。

1 引言

我国于 2016 年加入《华盛顿协议》，开始建立和应用工程教育认证体系，逐步实现本科工程教育学位国际互认。工程教育专业认证是国际通行的工程教育质量保障制度，其核心是要确认工科专业毕业生达到行业认可的既定质量标准要求，是一种以毕业出口要求为导向的合格性评价。近年来，国内高校和教育研究部门对工程教育认证开展了广泛研究。高圣伟等[1]研究了工程教育认证毕业要求指标点支撑设计，赵宇洋等[2]探讨了工程教育认证专业的单片机教学改革，罗勇等[3]开展了工程教育专业认证理念下电子信息类人才培养方案优化。

2017 年以来，教育部积极推进新工科建设，先后形成了"复旦共识""天大行动""北京指南"，并发布了《关于开展新工科研究与实践的通知》《关于推进新工科研究与实践项目的通知》等一系列文件，全力探索形成领跑全球工程教育的中国模式、中国经验，直接助力高等教育强国建设事业[4]。其中，"北京指南"明确提出了新工科建设的新理念、新结构、新模式、新质量、新体系[5]。国内教育界对此开展了大量的研究和应用实践[6]。

对于高校的工程技术类学科建设来说，二者既有区别又有联系。新工科建设是一种有力牵引，工程教育认证是一种外部推动。为此，本文开展相关研究，致力于理清新工科建设与工程教育认证符合性改进的联系和区别，并在此基础上探讨二者的融合式发展思路。

2 新工科的建设要点及其对工程教育认证的促进

2.1 新工科建设可为学科发展提供强有力的牵引

新工科是新时代我国高等教育改革的集体共识下的初步探索，对于应对全球挑战、适应国内外高等教育发展形势并满足服务国家发展战略具有直接作用。高等工程教育面临新机遇、新挑战，我国高校要加快建设和发展新工科，而工科优势高校要对工程科技创新和产业创新发挥主体作用，综合性高校要对催生新技术和孕育新产业发挥引领作用。

当前的学科建设思想，强调推动新工科融入经济发展，并进而引领经济发展。这就要求学科建设中，破除狭义上的传统专业结构，实现新技术、新产业、新业态、新模式的有机结合，实现创新发展。

培养优秀的工程技术人才是工科专业的应有之义。而为了有效达成该目标，需要进行学科建设能力和水平提升，从教师、教材、人才培养方案、教学方法、教学模式等方面分别有针对性地进行改进，在保持科学延续性的前提下，删减过时守旧的内容，摒弃与当今科技和社会发展有所违和的知识与技术，加入新概念、新方法，这对于学科的迭代发展具有直接作用和贡献。

2.2 新工科建设的方法与措施

从近年来的研究和实践来看，新工科专业主要涉及面向新兴产业的专业，以互联网+和人工智能（AI）为核心，包括大数据、物联网、云计算（云-管-边-端四位一体）、人工智能、5G/6G、区块链、虚拟现实（AR/VR）等一系列工科专业。新工科专业是以智能制造、云计算、无人驾驶、机器人等用于传统工科专业的升级改造。相对于传统的工科人才，未来新兴产业和新经济需要的是实践能力强、创新能力强、具备国际竞争力的高素质复合型新工科人才。

为此，需探索建立工科发展新范式，结合产业需求建专业，结合技术发展改内容，结合学生志趣变方法，结合学校主体推改革，结合内外资源创条件，结合国际前沿立标准。从多方面发力，宏观微观结合，使工科建设与发展呈现新面貌，带来新动能。

具体实施中，需明确目标要求，更加注重理念引领，更加注重结构优化，更加注重模式创新，在传统学科的基础上改出新意，创新驱动发展。

做好新工科建设这项工作，涉及方方面面的配套事务。例如，首先需开展对教师的再教育、职业进修和专题引导。教师是教学工作的主体和主导者，让本专业教师首先准确领会与把握，提升教师的认知水平与层面境界，是整个工作的基础。

工科人才是经济建设的重要引擎和持续发展动力，相应的教育和人才培养工作必须把理论与实践紧密结合。为此，首先需大刀阔斧地开展教学改革，从人才培养目标、课程体系设置、毕业要求等方面进行全方面的改革，建立与经济和社会发展相适应的新体系、新规则。

与此同时，还需为人才培养提供良好的教学环境，建设与时俱进的教学平台，设计和引进专用的定制化教学训练系统，并设计和改造教学内容，启动教学方式改革，实现模块化教学，推广扁平化知识传递。紧跟时代发展步伐，基于结合产业需求建专业的思想，甚至可以有所超前，起到引领发展潮流和趋势的作用。

2.3 新工科建设可有效增强工程教育认证符合度

以新工科建设牵引工程教育能力提升，是当前的重要教育政策之一，已经受到国家和政府的重视，是各高校必须要做且必须做好的。

在新工科建设过程中，将对培养目标、课程体系等进行修订修改，对培养方案、毕业要求等进行优化提高。在此基础上，学生将学习到更贴近工程实际的实践课程，接受更系统化的培养体系，使用更高水平的模拟训练系统，获得更综合化的工程师素质。因而，对工程教育认证标准的符合度将随之提高。图 1 给出了新工科建设牵引工程教育认证相关工作的技术路线。

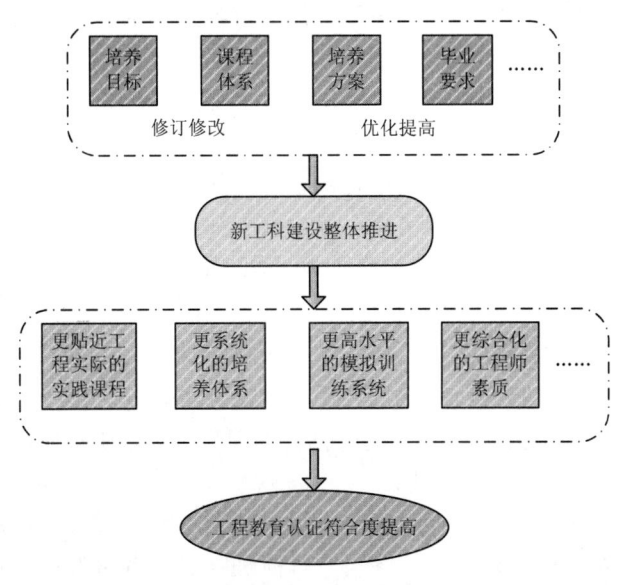

图 1 新工科建设牵引工程教育认证相关工作的技术线路

3 工程教育认证的工作重心及其对新工科的推动

3.1 工程教育认证的作用和意义

工程教育专业认证是国际学位互认的通行协议和制度，近年来得到广泛关注和研究。认证工作有助于与国际充分接轨，包括思想接轨、内容接轨和方法接轨。各有关高校结合工程专业认证准备工作，积极探讨人才培养方案、培养目标、课程体系等方面的修订原则与思路，提出预前准备工作的方法和举措，对于更好地分析新时代学校定位、行业发展趋势、用人单位需求等方面的要素及工作具有积极的推动作用。

工程教育认证从客观上推进了人才培养的供给侧结构性改革。学校是供方，用人单位是需方。在认证标准的衔接下，供需双方能够拥有更高的匹配度。

3.2 工程教育认证的工作聚焦点线面

紧密结合工程教育认证标准所规定的建设内涵、要素及任务，抓住工程教育认证的工作重点，是开展工学各学科发展规划的一种科学方法。

工程教育认证标准规定，相应专业需有公开的、符合学校定位的、适应社会经济发展需要的培养目标。这是对确定培养目标的指导性条款。此外，所制订的目标应符合本行业发展趋势。

为保持人才培养方案与毕业要求及未来发展规划的合规性、时代性与先进性，需根据国家战略发展规划，结合经济、技术与社会发展情况，定期分析和评价培养目标的合理性，根据分析结果对培养目标进行修订，且在分析与修订过程中应有行业和企业专家参与。

通过对培养目标的定期分析与评价，可动态掌握行业专家、专业教师和毕业生等各方对本专业在人才培养方面的意见和建议，了解教育教学质量水平，为及时调整培养目标及相应的课程体系等提供内部和外部的反馈。相关工作可为各工科专业开展教育教学改革提供有力的方向性指引。

在具体实践中，为提高教学水平和工程化层次，可开展一系列的广域拓展建设。例如，虚实结合的半实物虚拟仿真实验系统开发与运用，科学研究工作室培养环境开发及其文化建设，工程师文化育人实践，交叉学科工程组合导师组联合指导。在建设过程中，注意优质资源共享。在具体实施时，虽然是虚拟实验，但设置要规范化，注意体现实验前、实验中和实验后各阶段的重要环节，使学生得到专业的熏陶和培训。

3.3 工程教育认证建设推动新工科发展

国际化的工程教育认证标准和要求，对传统的人才培养理念和教学模式提出了新挑战。OBE（Outcome Based Education，以产出为导向）的理念在实践中被广泛应用，着力于培养学生解决复杂工程问题的思考方法和能力。

工程教育专业认证在国内发展时间较短，相关研究还不够深入，需要各方在实践中逐步探讨和运用。各高校对工程教育认证的参与，目前是以自觉自愿为主，某种程度上属于学校内生动力驱动的民间行为，但该项工作得到了教育部的直接指导和认可，其认知度和参与度正在快速提升。

各学校迎接工程教育认证专家评审（初审/三年、六年复评）的过程，将对本校的教学和人才培养的规范化及其工程化和层次水平起到很好的提高和加强作用。从这个意义上来说，工程教育认证工作可直接推动新工科建设发展。工程教育认证带来的教学理念、培养方式、实践实训、交流合作等方面的改进以及更新优化和修改提高，将带来学生的国际化视野拓宽、工程师素质培养、团队协作能力提高和解决复杂工程问题的能力增强等实效。图 2 给出了工程教育认证工作推动新工科建设与实践的技术路线。

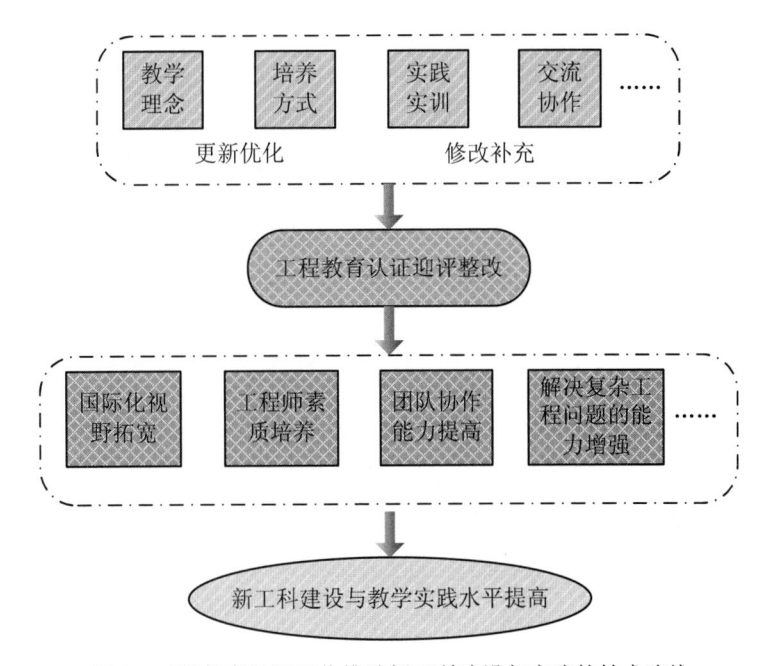

图 2　工程教育认证工作推动新工科建设与实践的技术路线

4　结束语

新工科与工程教育认证，可谓新时代高校工程类学科专业建设发展的两大引擎。以学生为中心、产出为导向，这一核心思想的贯彻和实践，已经初步展现了强有力的牵引作用和成效。探讨将二者融合式管理，齐头并进共发展，对于建设资源共享的人才培养环境，达到多因一果，在多维约束和各方共识的基础上寻求最优解，不失为当前高校建设发展的一条科学道路。

参考文献

[1] 高圣伟，刘晓明，李龙女. 工程教育认证毕业要求指标点支撑设计与优化[J]. 高教学刊，2019，15（11）：23-26.

[2] 赵宇洋，李争，孟凡华. 工程教育认证专业的单片机教学实践改革[J]. 教育教学论坛，2019，29（7）：131-133.

[3] 罗勇,刘晓兰. 工程教育专业认证理念下电子信息类人才培养方案优化[J]. 大学教育,2019(8):24-27.

[4] 孙英浩,谢慧. 新工科理念基本内涵及其特征[J]. 黑龙江教育,2019,18(7):11-15.

[5] 张义,唐友名,孙贵彬. 面向工程教育认证的专业建设持续改进[J]. 教育教学论坛,2019,29(8):159-160.

[6] 杨国哲,田浩男,单光坤. 新工科人才培养的实践探究[J]. 工业和信息化教育,2019,11(8):6-8.

★ 校企联合共育电子信息类卓越应用型人才
——以怀化学院为例

黄利军，米贤武，贺达江，陈生海，宋宏彪，米成全

（怀化学院电气与信息工程学院，湖南怀化 418008）

摘　要：相对于沿海发达城市和省会城市的高校来说，怀化学院处于内陆，尤其是位于武陵山片区，其区域内的信息类企业相对较少，而且大部分教师从高校毕业后，没有进入企业实践锻炼，缺少项目实践经验。如果继续依据传统的信息类人才培养方案，毕业前学生很难进入企业实习，缺少实践锻炼的机会，存在培养目标与企业所需信息类应用人才脱节的问题。校企联合培养电子信息类人才，共同制定人才培养方案，满足企业对人才需求的"定制"培养，解决人才培养与实践脱节的问题。

关键词：校企合作；应用型人才；联合共育模式；人才培养
中图分类号：G648.4　　　　　**文献标识码**：A

School-enterprise joint training the outstanding application-oriented talents of electronic information major in Huaihua University

Lijun Huang, Xianwu Mi, Dajiang He, Shenghai Chen, Hongbiao Song, Chengquan Mi

（School of Electrical and Information Engineering, Huaihua University, Huaihua, Hunan, 418008）

Abstract: Compared with colleges and universities in developed coastal and capital cities, Huaihua University is located at the inland, especially in wuling mountain area, where there are few information enterprises. Moreover, most of the teachers did not work in the enterprise after graduation, and lack of project practice experience.If we continue to follow the traditional training plan in the kind of information major, it will be difficult for students to practice in enterprises before graduation. There would be a big gap between the need of enterprises and the ability of students.The problem will be solved by the plan of

---

基金项目：湖南省普通高校教学改革研究项目（湘教通〔2018〕436 号-[651]）；湖南省教育体制改革试点项目（2019A14）；湖南省教育科学"十三五"规划课题（XJK19BGD042）；湖南省电子信息技术研究会资助项目；怀化学院教改研究项目（重点项目）。教育部产学合作协同育人项目。
第一作者：黄利军，博士，副教授，怀化学院电气与信息工程学院副院长。

school-enterprise joint training of electronic information talents, including in jointly develop talent training programs with the talent "customized" training to meet the needs of enterprises.

Keywords: School-enterprise Cooperation; Application-oriented Talents; Joint Training Mode; Talent Cultivation

1 校企联合共育电子信息类人才的研究动机

1.1 企业所需人才与高校培养应用型人才脱节

为贯彻落实教育部、国家发展改革委和财政部《关于引导部分地方普通本科高校向应用型转变的指导意见》（教发〔2015〕7号）和《湖南省教育体制改革领导小组 2016 年工作要点》（湘教改〔2016〕1 号）文件精神，引导和支持普通本科高校转型发展，开展普通高校校地、校企合作工作。根据企业对专业人才培养及职业技能需求[1]，设立专业人才培养方向，设置相应的职业技能培养的课程及实践模块。最终引导和支持部分普通高校转型以应用型专业技术人才为培养目标，优化人才培养方案，培养用人单位需要的应用型人才。

1.2 用人单位需要的创新型人才与高校培养的人才脱节

为贯彻落实《国务院办公厅关于深化高等学校创新创业教育改革的实施意见》（国办发〔2015〕36 号）和《湖南省教育厅关于深化高等学校创新创业教育改革的实施意见》（湘教发〔2015〕45 号）文件精神，以电子信息技术创新创业人才培养助推湖南省经济社会发展。按照企业所需创新型人才，引导高校从低年级起全覆盖开设创新创业基础必修课程，按不同年级继续实施大学生创新创业训练计划，组织创新创业兴趣浓、意愿强、有实践经验的学生参加企业经营管理类培训，设立个性化培养实践活动，促进专业课程与创新创业教育有机融合。引导和支持部分高校健全完善创新创业教育课程体系建设，促进专业教育与创新创业教育有机融合，培养用人单位需要的创新型人才[2,3]。

2 校企联合共育电子信息类人才的调研研究及结果

基于本课题的研究目标，前期主要针对与怀化学院电气与信息工程学院有合作的 20 家校企合作企业进行了调研，主要针对企业对人才需求特征情况，制定了一份人才需求分析调查报告，邀请相关企业负责人或联络人到学校，讨论人才培养方案，制定企业需求人才的培养体系。其调研报告主要内容包括两大部分：一是被调研企业的相关信息；二是被调研企业对电子信息类专业人才的需求特征。

根据返回的怀化学院电子信息类 20 家校企合作企业的基本情况，这 20 家企业从事的电子信息研究方向可以划分为人工智能方向、Java 方向、嵌入式方向、电源设计方向、移动通信方向；企业分别分布在北京、长沙、怀化 3 个地方；一家企业来自台湾，其他企业均来自大陆；企业规模分别从 500 万元到 2 亿元以上；一家企业主要设备来源于国外，其他来源于国内；企业在职人数分别从 30 人到 6000 人；所有企业都存在不同程度的人才缺口，5 年内都需求一定的岗位数，最多的需求达到 280 人，所缺总人数达到 1600 人，平均每家企业需求人数为 80 人。因此在未来 5 年内，电子信息技术领域人才需求量是相对较大的。

表 1 从电子信息技术人才需求的 22 个方面进行了调研，分别从重要、需要、可有可无和不需要 4 方面进行了考查，其表格里分别给出了对应的企业数量（总共为 20 家企业）。从调研结果可以看出，电子信息技术人才要具备以下 7 方面的素质和能力[4]：

表 1　被调研的 20 家企业对电子信息类专业人才需求特征情况

序号	毕业生需要具备的知识、能力和素质	重要	需要	可有可无	不需要
1	政治、职业道德素质	16	4	0	0
2	技术业务素质	17	3	0	0
3	英语阅读、交流能力、等级	0	18	2	0
4	计算机应用能力、等级	8	12	0	0
5	电工理论知识、技能	7	7	6	0
6	电子电路理论知识、技能	8	4	8	0
7	电力电子理论知识、技能	7	7	6	0
8	PLC 理论知识、技能	4	15	1	0
9	传感器理论知识、技能	7	8	5	0
10	单片机理论知识、技能	7	7	6	0
11	物联网理论知识、技能	9	5	6	0
12	人工智能理论知识、技能	8	6	6	0
13	计算机控制系统知识、技能	8	12	0	0
14	EDA、PROTEL、CAD 等应用能力	2	18	0	0
15	电子产品装配与调试能力	6	6	8	0
16	电子产品生产工艺管理能力	4	8	6	2
17	电子产品设计开发能力	6	8	6	0
18	计算机控制系统开发、运行、维护能力	9	8	3	0
19	物联网系统安装、运行、维护能力	8	6	6	0
20	自动化设备运行、检修、维护、管理能力	6	10	4	0
21	自动生产线、自动监控系统操作能力	6	10	4	0
22	企业质量管理、生产及设备管理能力	2	10	8	0

贵单位对我院电子信息类专业人才培养的满意度情况及其他意见：

单位盖章：

日期：　　年　　月　　日

（1）政治、职业道德素质和技术业务素质。
（2）国际化的视野和交流能力，英语阅读能力。
（3）计算机应用能力，EDA、PROTEL 和 CAD 等应用能力。
（4）具有某一专业领域的设计、分析并实现复杂系统的能力。
（5）在某一工程项目方面具备扎实的专业知识。
（6）多学科融合背景下的全面的知识储备（调研方面大多需要）。
（7）对前沿技术趋势有较好的学习力、理解力及创新能力。

表 1 中最后一项是我校校企合作企业对我校电子信息类专业人才培养的满意程度及其他意见，人工智能方向、Java 方向、嵌入式方向、电源设计方向和移动通信方向的 20 家企业对我校电子信息类相关专业毕业生都表示了满意，特别称赞了我校电子信息和通信工程专业学生参加电子设计竞赛、移动通信技能大赛方面取得的成绩，及参加校企合作学生的学习和领悟能力。其他建议主要在于，绝大部分企业建议加强学生引导，加强人才合作培养，加快专业共建，培养校企共同文化理念，促进校企合作"双主体"进一步落实。该调研结果显示的电子技术人才需求符合"立德树人"标准和全球电子信息产业结构对专业人才培养的新要求。

3 校企联合共育电子信息类卓越应用型人才的应对策略

3.1 制定适合企业对人才需求的电子信息类专业创新应用型人才培养体系

深入领会应用型电子信息技术类专业建设精神，推进电子信息类专业综合改革，针对目前人才培养中的问题，改革人才培养体系，着力创新人才培养体制机制，加强实践创新能力、师资队伍建设。构建学校和企业联合人才培养的模式，根据不同企业人才需求情况，设置"3+1"人才培养模式，即学生入学后，前 3 年在学校学习，后 1 年在企业学习。做到学校学习期间侧重于基础课程的培养，企业学习期间重点学习企业当前前沿的工程应用技术及培养实践创新能力。

3.2 修订人才培养计划，完善人才培养过程

根据电子信息类产业需要，科学设置电子信息类专业卓越应用型人才培养体系，合理地设置各个教学模块，围绕企业需求和区域经济发展方向，调整优化专业结构，改革专业支撑力不强课程，增加实践应用性和企业需求应用型人才的教学内容，加强电子信息类专业创新创业教育课程体系建设，突出工程创新应用开发能力和学生创新实践能力培养，达到产教融合人才需求培养体系。

3.3 加强双师型师资队伍建设，推进专业教育与创新创业教育的有机融合

以应用型专业技术人才培养为目标，以工程创新应用能力培养为核心，加强师资队伍建设，进行创新应用型人才培养模式改革整体设计与推进。大力推进校企合作，推进实验室和实习基地的建设。设立面向企业创新人才的客座教授和研究员岗位，选聘实践经验丰富的行业或企业高级专家到学校任教或兼职，完善"人-团队-课程-岗位"模式的教学团队建设，完善学生科技创新创业体系。

3.4 建立国内知名实习和就业等校企合作基地，推进创新应用型人才培养模式进行

以校企"合作办学、合作育人、合作就业、合作发展"为依托，建立"人-团队-课程-岗位"模式的教学团队，建立专业群、学科群和职业导向的创新型协同育人方式，建立健全学分制教学管理制度，鼓励学生全方位发展，与符合卓越应用型人才培养的企业签订合作协议。例如，我院与达内时代教育集团（以下简称"达内集团"）签订协议合作办学，达内集团在怀化学院创建"达内工程"，总投资 960 万元，现已完成一期工程的 660 万元项目建设任务。2018 年，与达内集团签订协议，联合创建人工智能学院。

3.5 加大产教研融合及服务地方工作力度，创建校企合作工程中心

对电子信息类专业应用型人才的需要进行广泛并深入的调研，与本行业知名企业和研究院签订校企合作协议，加大校地和校企的产业及技术开发课题研究合作，提高教师、学生创新应用开发能力，形成产教融合校企合作双主体模式。与行业重点企业联合创建工程中心，引进企业技术、信息资源，促进高校科研与企业、市场对接，提高服务地方、服务经济建设的能力。

综上所述，基于校企联合共育电子信息类卓越应用型人才思想，与合作企业树立正确的思想观念，培养校企共同文化理念，加强高校与企业的沟通，主动适应合作企业需求，充分利用合作企业提供的实践条件，围绕企业需求"定制"培养人才，开办符合企业需求的"订单培养班""定向培训班""专业合作办班""企业冠名班"等，加强专业教育和创新教育融合，培养学生的实践动手能力，实现学校、企业及学生合作共赢，促进应用型本科院校创新性人才培养。

参考文献

[1] 杜玉波，赵长禄，李和章，等. 落实立德树人根本任务大力发展素质教育[J]，中国高教研究，2018（2）：7-12.

[2] 宋克慧，田圣会，彭庆文. 应用型人才的知识、能力、素质结构及其培养[J]. 高等教育研究，2012（7）：94-98.

[3] 贺达江，姜又春，杨吉兴，等. 以能力结构为主线，构建应用型技术人才培养方案的探讨——以通信工程专业为例[J]. 怀化学院学报，2012，30（3）：86-90.

[4] 黄利军，米贤武，张娟，等. 校企合作"双主体"模式助推地方本科院校创新应用型人才培养[J]. 怀化学院学报，2019，38（1）：124-128.

★ 面向"新工科"的雷达课程实践教育模式探索

李悦丽，范崇祎，程江华，金添，黄晓涛

（国防科技大学电子科学学院，湖南长沙 410073）

摘　要：强化实践和创新能力是"新工科"战略对高等工程教育人才培养的要求。在雷达课程教学中，结合项目导向学习法，通过调频连续波雷达系统搭建、实验和数据处理、新体制雷达技术研讨等环节，探索了一种"以学生为中心、成果为导向、持续改进"的实践教育模式。

关键词：新工科；雷达课程；项目导向学习；成果导向教育；实践教育模式

中图分类号：G642.0　　　　　　　**文献标识码**：A

Exploration of a Practical Education Mode in Radar Courses for Emerging Engineering Education

Yueli LI, Chongyi Fan, Jianghua Cheng, Tian Jin, Xiaotao Huang

（College of Electronic Science and Engineering, National University of Defense Technology, Changsha 410073）

Abstract: Enhancing the practical and innovation ability of university students plays an important role in the goals of emerging engineering education (EEE). We implement the project oriented learning (POL) method in the radar engineering courses. Based on a continuous-wave experimental radar system, system construction, experiments implementation, data processing as well as new concept radar discussion are introduced in the whole procedure. The practical education mode enforces the student-centred, outcome-based and improvement-continued educational concept.

Keywords: emerging engineering education; radar courses; project oriented learning; outcome-based education; practical education mode

1　引言

随着由新一代信息技术等带动的新经济与新产业的迅猛发展，全球化经济与社会正在发

基金项目：国防科技大学本科生"卓越工程师班"课程建设课题、研究生教育教学改革重点课题共同资助。
第一作者：李悦丽（1973—　），女，湖南浏阳人，博士，副教授，硕士生导师，教学、科研方向为电路基础、雷达成像与信号处理。

生巨大变革。从全球工程教育领域来看，为支撑新兴工科专业，出现了人工智能、智能制造、机器人、云计算等原来没有的专业，传统工科专业也开始升级改造，全球大学工程教育改革正呈如火如荼之势。为了支持我国在新时代的创新能力和社会经济的可持续发展，必须培养一大批具有可持续竞争力的创新人才。2017 年，教育部推动了"新工科"发展战略，迅速掀起了我国高等工程教育的新一轮改革热潮，在工业界和国际上也产生了巨大反响。

雷达作为一种重要的传感器，在战场侦察与监视领域和遥感领域有着非常广泛的应用，雷达工程专业人才的培养是电子信息类人才培养的一个重要分支，而强化实践和创新能力是"新工科"教育对高等工程教育人才培养的一个重要要求[1]。从 2016 年起，在我校卓班教学改革课程建设项目"侦察与监视"以及研究生教育教学改革项目"基于 OBE 的研究生课堂混合教学模式研究"的资助下，我们在电子科学学院雷达课程教学中尝试把人才培养的实践性要求与创新性要求融合起来，持续开展了课程内容和教学模式的改革。通过引入雷达系统搭建、实验和数据处理、交流研讨等环节，探索了一种在课程教学中逐步培养学生工程实践和科技创新能力的实践教育模式。至 2019 年 8 月，我们已在本科生、研究生、国防生任职培训课程中推广了该课堂教学模式，获得了很好的教学成效。

2 雷达课程的实践教育模式的改革

2.1 传统雷达课程实验教学的问题

清华大学顾秉林教授对实践教育给出的定义是："实践教育是指围绕教育教学活动目的而开展的，学生亲身体验的实践活动。"[2]因此，实践教育的开展必须基于实践活动。传统雷达课程知识点多，课堂信息量大，基础差的学生通过讲授方式学到的往往只是概念等表层知识，基础好的学生则因缺乏实践环节，学习过程被动，课程通过提交报告的方式进行考核，但是存在所提交的课程报告质量不高，仿真实验报告雷同率高等问题，这是传统以讲授为主的教学模式的主要弊端。但是，推行实践教育模式也面临以下难题：①传统观摩式教学和仿真教学效果有限，但雷达系统的成本过高，工作过程中存在辐射，实验验证通常需要暗室或转台，课堂教学中推行实践教学的难度很大；②我校研究生来源广，学生的专业基础不同，学习目标不同，本科生层次较多，培养目标不同，需设计能满足不同培养要求的实践教学模式。

2.2 雷达课程实践教育模式的内容改革

雷达课程改革核心是实践教育模式的改革。我们在设计教学模式时引入了项目导向学习法（Project Oriented Learning，POL）[3,4]。项目导向学习法是指在学习过程中，以实际的项目贯穿整个学习过程，通过实施一个或几个完整的项目，逐步掌握理论知识，提高技能水平的一种学习方法。这一方法将学习"锚定"于具体问题中的一种情景，在激发主动学习的兴趣的同时，最大的优点是理论联系实际，可以通过实践过程中设计的一系列问题触发学习者进行深入思考，对培养学生提出问题和解决问题的能力大有裨益，同时由于项目往往需要分组实施，这一方法还有利于培养团队合作精神和交流能力。

在具体实施时，以学生分组的形式组织实验，各组均需搭建一个小型的线性调频连续波雷达系统，分别实现单频连续波雷达、线性调频连续波雷达或合成孔径雷达体制，设计了测速、测距和合成孔径成像三种功能验证实验，要求学生完成雷达系统的搭建后，自己设计实验场景，在外场完成实验数据采集，对数据进行信号处理和分析后提交实验报告，开展小组之间的研讨交流。

该教学内容参考了美国麻省理工学院林肯实验室的公开课——笔记本雷达[5]。在我们所设计用于实验的连续波雷达系统中（图1），采用奶粉罐自制圆波导天线，采用2.4GHz微波货架产品搭设雷达接收机和发射机，采用笔记本电脑的音频接口实现信号数模转换，然后用MATLAB完成数据处理。系统具有成本低、体积功耗小、重量轻、易操作等优点。该系统可以便捷地更改工作方式，实现三种雷达体制，分别是单频连续波雷达体制、线性调频连续波雷达体制和合成孔径雷达体制，而且雷达采用电池供电，采用笔记本电脑完成数据录取和处理，能够适应外场实验需求，既可以架设在室外对人体目标和车辆目标进行探测，也可以通过等间隔移动模拟合成孔径雷达"走-停-走"成像方式。整个实验工作在校园体育场和道路上就可以完成。

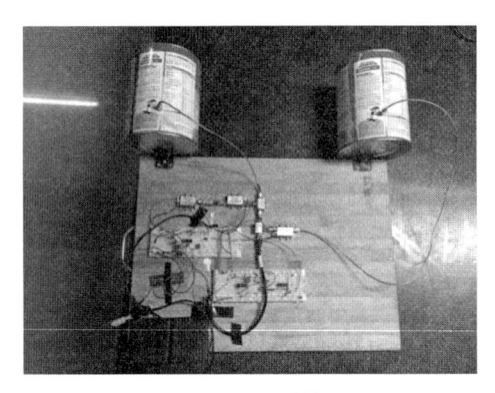

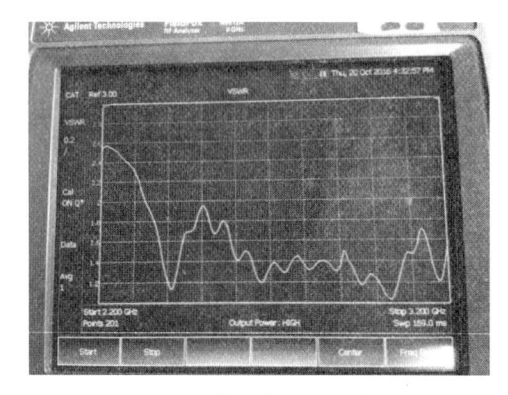

（a）雷达系统　　　　　　　　　　　（b）天线驻波比测试结果

图1　实验教学用连续波雷达系统

如图2所示，实验教学的实施分为三个阶段。

（1）系统搭建和调试（9学时）。这一阶段在开放的实验室完成，教师先通过1次课讲授雷达系统的工作原理、搭建方式、操作指南，并进行实验演示；然后将搭建雷达系统的元件、原理图、电缆和其他材料下发给学生，由学生以小组形式到研究生开放实验室开展实验。实验室提供系统搭建必备的工具和测量仪器，教师在课内安排两次调试指导，学生也可以用课余时间预约实验室，进行系统搭建和调试［图2（a）］。

（2）外场实验和数据处理（利用学生课外时间）。完成系统室内调试后，学生将在外场开展实验［图2（b）］，实验目标和场景由各组自由设定，老师将雷达数据处理的参考程序提供给学生，并进行数据处理的答疑指导，学生在此基础上进行自己程序的开发。要求用MATLAB完成实测数据处理，在此过程中可根据自己的课题兴趣选择信号处理算法提取目标信息，并根据处理结果撰写实验报告，准备PPT演示。

（3）研讨交流（3个学时）。在课程结束前一周，学生必须分组提交课程报告，并利用1次课进行研讨交流，各组由代表学生将实验过程、数据处理结果在课堂上轮流做报告［图2（c）］，老师与学生共同讨论分析系统搭建过程中存在的问题，对实验处理结果进行质询，交流心得体会，激发灵感火花。

（a）系统搭建与调试　　　　　　（b）外场实验和数据处理　　　　　　（c）研讨交流

图 2　实践教育模式的实施过程

2.3　对实践教育模式的持续改进

在 2016 年秋季学期，我们首次试点由一名研一新生在老师的指导下搭建了一套雷达系统，调试通过后用于实验课的外场实验数据录取。外场实验课实施过程中学生的积极性很高，反响很好。从提交的仿真和实验报告情况来看，相对往年报告雷同的情况大大减少，有 80%的学生尝试了新的信号处理算法，在期末的研讨交流课中，很多学生希望能亲手搭建实验平台。

2017 年秋，我们将实验系统的搭建推广覆盖到全班，在课程班内自由组织了多个实验小组（3～4 人为 1 组），要求学生利用开放的研究生实验室完成系统搭建与调试工作，每个小组均进行了多次外场试验，获得了大量的实验数据，以小组为单位提交的实验报告反映出学生对雷达系统的认识加深，动手能力和数据处理能力得到普遍提高。

2018 年秋，为解决采用面包板搭建系统容易发生虚焊、外场实验故障率较高等问题，我们设计了专用的发射信号控制即低频信号处理板，仍以分组方式在雷达原理教学过程中同步开展实验教学工作。系统改进后，学生的调试进度加快，在原有实验的基础上开始大胆探索，研究了材料遮挡对人体目标检测的影响、车辆运动模式对测速精度的影响，完成了合成孔径雷达成像实验。在研讨交流过程中，学生们还探讨了该雷达的想定应用场景，针对实际生活中遇到的问题讨论了用该雷达解决的可行性，创新能力得到进一步提高。

3　应用推广与效果评估

课程改革中建立的实践教育模式还应用于本科生"侦察与监视"课程以及任职培训"战场侦察与监视"课程的雷达课程实验教学中，并在本科生"电子信息导论"课程的电子信息体验赛和课外科技活动中得到应用，受到学生的欢迎。为解决生源结构复杂、学生学习目标不同的问题，针对不同层次的学生设计了不同的教学方式。对研究生通过老师指导+组内分工+组间交流的方式引导学生选择感兴趣的切入点，在扬长避短的同时，有效拓宽知识面，激发创新能力；对国防生采用课堂演示+数据结果分析的教学法，重点传授传感器的工作原理和特点；对本科生采用课堂演示+物理原理讲解+应用领域介绍的方式，提升其专业兴趣。

2019 年 8 月，我们对 2017、2018 年度修习"新体制雷达概论"课程的研究生发放了回访调研问卷，修课学生共 49 人，收回有效问卷 48 份，调研评估结果（图 3）表明：97%的同学顺利完成了实验，89.6%的同学认为通过实践教学掌握了雷达的工作原理，64.6%的同学掌握了雷达系统搭建能力，70.8%的同学认为实验项目锻炼了团队合作精神。问卷调研开展的时候，2017级硕士研究生已进入论文撰写阶段，2018级研究生进入开题阶段，调研结果表明，38%学生认为该课程对课题研究开展帮助很大，98%的学生认为课程对后续课题研究有帮助。

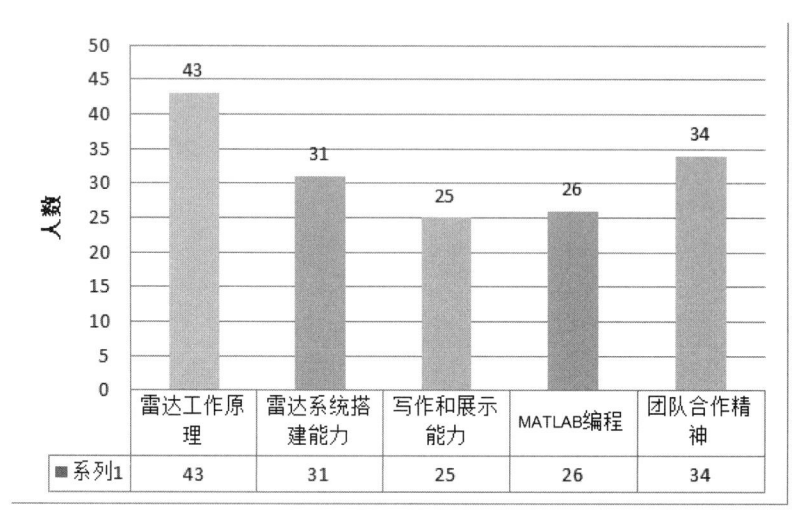

（a）实验收获

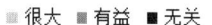

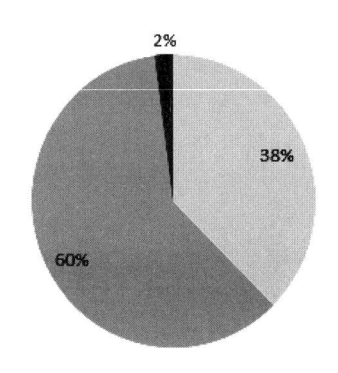

（b）课程对研究生课题开展的影响

图3　课程效果评估

雷达课程实践教育模式在本科生和研究生教学中取得了很好的成效。主要表现为：①教改成果支撑下，研究生实践动手能力和创新能力得到显著提高，本科生对雷达概念的建立效果改善；②教师通过将科研成果引入课堂，提高了教学能力，同时也推动了科研水平的提高；近三年，教师队伍共发表教学论文7篇，申请立项教育部产学研合作协同育人项目1项，湖南省学位与研究生教育教学改革项目1项，国防科技大学研究生教育教学改革项目2项，教师参加教学比赛获全国一等奖2项、全国二等奖1项、赛区三等奖1项；③近三年，团队教师指导研究生参加全国研究生电子设计竞赛，在雷达传感器和信号处理领域获得国家级特等奖1项、国家级一等奖2项，二等奖1项，最佳论文奖1项，华中赛区二等奖2项，充分证明该实践教育模式提高了研究生的实践创新能力。

4 结束语

在雷达课程教学改革中，通过雷达系统搭建、实验和数据处理、研讨交流等环节实践了"做中教""做中学""做中研""做中创"的教学模式，大大提升了学生的系统概念和信号处理能力，培养了他们的创新思维。如何合理地解决本科教学学时不足、异地教学实施困难的问题，是本课程改革将进一步探索解决的问题。

参考文献

[1] 陈悦，挑战与应对：新工科背景下工程实践教育的思考[J]. 南京航空航天大学学报（社会科学版），2017，19（4）：89-91.

[2] 顾秉林，加强实践教育，培养创新人才[J]. 清华大学教育研究，2004（6）.

[3] J. Macias-Guarasa, A project-learning approach to design electronic systems curricula[J], IEEE Trans. Educ., Vol. 49, no. 3, pp389-397, Aug. 2006.

[4] Gregory Charvat, Jonathan Williams, Alan Fenn, et al. *RES.LL-003 Build a Small Radar System Capable of Sensing Range, Doppler, and Synthetic Aperture Radar Imaging*. January IAP 2011.Massachusetts Institute of Technology: MIT OpenCourseWare, https://ocw.mit.edu/resources/res-ll-003-build-a-small-radar-system-capable-of-sensing-range-doppler-and-synthetic-aperture-radar-imaging-january-iap-2011/#. License: Creative Commons BY-NC-SA.

打造"电工与电路基础"线上线下混合式"金课"实践

唐莺，胡佳飞，潘孟春，张琦

（国防科技大学智能科学学院，湖南长沙 410073）

摘 要：本文介绍了我校"电工与电路基础"课程组贯彻"以学生为中心"教学理念，以能力培养为目标，开展了基于MOOC课程的"线上线下"混合式"金课"建设的探索，实践结果证明这种混合式教学方式在建设"金课"方面的有效性。

关键词：电工与电路基础；混合式；金课

中图分类号：G642.0　　　　　　　　**文献标识码**：A

Practice of blending teaching "golden course" of elementary electrotechnics and circuit

Ying Tang, JiaFei Hu, MengChun Pan，Qi Zhang

（College of Intelligence Science and Technology, National University of Defense Technology, Changsha, Hunan, 410073）

Abstract: Constructing "golden course" based on MOOC materials integrated teaching mood is implemented by the Elementary electrotechnics and circuit course group in our school. The teaching practices show that the proposed integrated method is effective.

Keywords: elementary electrotechnics and circuit; blending teaching; golden course

1 引言

教育部于2017年启动新工科研究与实践项目，目标是应对新一轮科技革命和产业变革的挑战，服务于国家创新驱动发展和"中国制造2025""互联网+"等重大战略实施。加快工程教育改革创新，培养和造就一大批多样化、创新型卓越工程科技人才，以支撑产业转型升级，是当前高等教育的迫切任务。

第一作者：唐莺（1971— ），女，博士，教授，主要从事电工电子系列课程的教学工作和智能传感探测方面的科研工作。

课程是大学人才培养的核心要素、重要载体和主要途径。在 2018 年 6 月召开的"新时代全国高等学校本科教育工作会"上，教育部部长陈宝生第一次提出了"金课"概念，随后"金课"被写入教育部文件。2018 年 11 月第十一届"中国大学教学论坛"上，教育部高等教育司司长吴岩作了题为"建设中国金课"的报告，诠释了"金课"的标准，即高阶性、创新性、挑战度。"高阶性"是指知识能力素质的有机融合，是要培养学生解决复杂问题的综合能力和高级思维。"创新性"，是指课程内容反映前沿性和时代性，教学形式呈现先进性和互动性，学习结果具有探究性和个性化。"挑战度"，是指课程有一定难度，需要跳一跳才能够得着，老师备课和学生课下有较高要求。归纳起来，"金课"核心特征就是学生的真正参与，不被动于教师讲授、不局限于书本知识、不停留于记忆学习，不满足于简单的学习策略，做到主动、开放、思考和动手。

与此同时，吴岩提出了建设五大"金课"目标：线下"金课"、线上"金课"、线上线下混合式"金课"、虚拟仿真"金课"和社会实践"金课"。

我校开设的"电工与电路基础"（以下简称"电路"）课程是面向全校电类和非电类十几个本科专业开设的一门重要基础课程，是连接数学、物理等科学类课程和电子技术基础等工程类课程的桥梁。该课程是从电路模型出发，研究电路基本理论和基本应用的一门课程，具有抽象、理论性强、系统性强、实践性强等特点。我校作为军队的一所"双一流"院校，面临课程学时压缩，且有军人青年学员、军人战士学员、工科无军籍地方生以及 2+2 医学专业非军籍地方生等多种知识结构差异较大的生源，在目前互联网+、信息化的时代背景下，改革教学方法和教学模式打造线上线下混合式"电路"金课、提高学生的创新能力、服务于军队院校新工科的建设目标，具有重要的意义。

2　当前大学教育面临的挑战

工业时代的传统教学方式是教师教、学生听。其最大的优点是教师根据自己的经验和课程教学大纲要求，在规定的时间内，逻辑严密地、成体系地完成知识的讲解。这是一种比较高效的学习途径，但这种教学方式以教师为中心，教师是知识的传递者和灌输者，实施的是大班教学，教学设计主要取决于教什么，教学过程主要取决于怎么教，教学评价主要取决于教得怎样，是以分数作为结果导向的评价机制。

新时代的人才培养需求发生了极大的变化，随着信息时代人工智能技术的快速发展，通用人工智能、智能数字挖掘等技术的成熟，工业时代教育支撑体系已不能为信息时代、智能时代人才培养需求提供有效支撑，这要求我们必须推进信息技术支撑下人才培养体系的整体重构，将传统的以教师为中心的教学方式转变为以学生为中心的连接教育，教师由仅关注"教"转变为既关注"教"又关注"学"，做信息时代的新型数字教师；对课程教学方法进行再造，借助新型教学手段进行优化设计与实施，积极实践探究式、协作式等多种方法；建设多元、开放、灵活、适合的数字教育资源；改革考核方式，从知识考核向能力考核转变，探索基于数据驱动的过程化、多元化、精准化的综合评价机制。

3　以学生为中心的"线上线下"混合式教学方式

贯彻以学生为中心的教学理念，强调的是以学生的学为中心，是成果导向教育，教学设计主要取决于学什么，教学过程主要取决于怎么学，教学评价主要取决于学得怎样。

随着互联网+和 MOOC 的全面开花，许多高校针对具体课程，在教学内容与教学方法等方面进行了探索与实践，尤其是基于MOOC课程的SPOC（Small Private Online Course）的教学模式的实践。

MOOC 课程教学主要是学生通过在线观看视频，完成测试和作业，通过互联网开展讨论和答疑，基本上完全通过网络学习，教师几乎不面授。MOOC 的特点是开放，具有受众广、影响力大、可重复性好、可选择性强、学习资源丰富以及自由等优势。不足之处有两个，一是学生难以持久保持学习兴趣。由于完全依赖学生的自觉性去完成课程学习，在激励学生以及帮助学习者保持学习兴趣方面仍无法与传统高等教育相比。另外，教师与学生面对面的交流以及学生与学生之间的团队合作，都是网络所取代不了的。因此，MOOC 课程第二个不足之处是缺乏情感沟通。在 MOOC 学习模式中，很难像传统的大学那样，师生及学员之间在真实的世界中建立人际网络，教员能充分了解学员存在的问题，实现良好的情感沟通。

SPOC 是指使用 MOOC 技术平台和教学手段进行授课的校内课程，基于 SPOC 的翻转课堂是将网络学习与课堂授课结合起来。所谓翻转课堂是将学习的主要过程，即知识的传授和知识的消化吸收相颠倒，将知识传授移到课前，学生课前观看教师创建的教学视频，课堂时间用于学生的知识消化吸收。因此，基于 SPOC 的翻转课堂教学主要有两个方面的工作：一是创建教学视频，二是组织课堂活动。对于课堂活动，则需要教师根据课程教学大纲预先制定比较全面的规划，让学生能够在课堂上巩固视频中学到的知识，且有所扩展和延伸，同时，注意让学生参与到教学中，以充分调动学生的学习积极性，同时培养学生的自学能力、思维能力以及创新能力。

4 具体实施

4.1 教学内容和教学方法的再造

对"电工与电路基础"课程的教学内容梳理后进行课程再造，将以前全部由课堂讲授的知识点，改为多元的组织形式，包括知识点脉络梳理、课堂练习、课堂讨论与答疑、系统讲解等。课程内容体系的再造，一方面是课程内容与时俱进，紧密跟随现代科技技术发展的趋势，结合学生的实际需要，更加注重系统性，所选案例紧贴日常生活；另一方面，帮助学生从应用的角度建立起电路各知识点之间的联系，切实提高其解决实际电路问题的能力。

基于此，在具体实施中需要采取一些科学有效的方法和手段。

（1）精选部分教学内容开展 SPOC 翻转课堂教学，促进自主学习。翻转课堂教学改为多元的组织形式，包括知识点脉络梳理、课堂练习、课堂讨论与答疑、系统讲解等。精选部分教学内容，进行知识点的关联分析，利用已经上线的 MOOC 课程资源开展翻转课堂实践。

（2）线下与线上相结合。线上，学生带着课前老师布置的问题，通过课程网站观看知识点视频，完成知识的传授，做到有的放矢。线下，教师在课堂上不再重复视频内容，而是进行知识点的复习、逻辑关系的梳理和知识的系统化介绍，并做一些巩固知识的练习题；学生进行问题讨论，从而完成知识的消化吸收。为此，教师除了应制作与视频对应的课件 PPT 之外，还应专门制作预习用 PPT，提出问题，让学生通过观看视频完成预习 PPT 的任务。

为了检查学生课下学习的效果和对知识点的掌握情况，并由此确定课堂的教学内容，专门制作了与预习对应的复习 PPT。在课堂上对课下学习的内容进行复习，以提问的形式让学生回答。

　　为了让学生自我检查学习效果，SPOC 课程网站上提供了每周一次的测试题和作业题，以及针对具体知识点的随堂测验题，通过测验时间节点的调控督促学员进行相应内容的学习。同时实现全过程的、多元化的考核方式。

　　（3）课堂讨论的开展。作业、习题、开展交流讨论是培养学员思维能力的重要手段，特别是在目前培养创新型人才的形势下尤为突出。

　　课堂讨论以小组为单位进行，因此首先要对学生进行合理的分组，做到小组之间实力较为均衡。布置任务、课堂讨论汇报等均以小组为单位，小组内部分工协作、研讨互助、相互评价。

　　在线上学习过程中，学生需要在完成知识点的学习后立刻进行练习，此时需要设计一些相对简单的、概念性的问题。而在完成相对完整的内容学习后，则需要综合练习。在课堂上，为了完成知识的消化、吸收与延展，需要进行习题练习和讨论。

4.2　学习方法的改革

　　教与学是相辅相成的两个方面。自主学习与自由探究既是创造力形成的前提，也是创造力推动的结果。实施翻转课堂，采取线上与线下相结合的教学模式，促进学生的学习方法改革，由"被动式、应试性学习"为"自主性、研究性学习"，促使学生"以课内学习为主"向"课内外相结合学习方式"转变。具体做法如下。

　　（1）组建学习小组，探索同组学习。根据学生先修课程的学习成绩进行分组，4~6 人一组的学习小组，小组成员学习能力基本相当；学习小组在课外开展互助学习，如准备翻转课堂 PPT、讨论章节以形成得到知识点关系图，使学生从个体学习转为同伴学习。这种学习方式在一定程度上能促使大家相互监督，激发灵感，互补不足；促进对原来模糊概念和难点的理解和消化；在小组长的带领下，小组成员各抒己见、各司其职，完成自主学习任务，大大增强了责任心和集体凝聚力。这也是军队院校的优势所在。

　　（2）设计模拟试卷，引导发散思维。布置学员设计模拟试卷，引导发散思维，增强探究意识。模拟试卷要求包含主观、客观的多种题型，并要求附注每个题目考查的知识点。该任务需要学员全面梳理所学知识点，既要了解课程的重点、难点，又要全面把握课程整体脉络。因此出卷学员必须在查阅文献资料、进行分析思考之后，才能设计出较好的评判学习效果的题目。从学员提交的试卷来看，包含了判断、选择、填空、简答、编程、综合设计等不同题型、不同难度的内容，所涵盖的知识点清晰、全面，体现了学生的发散思维。

4.3　改革实验方法，促进学以致用

　　由于"电工与电路基础"课程具有基础性、应用性、实践性强的特点，实验是实现从基础理论知识到结构认知的一种重要教学手段，是培养学生"做事"和"做成事"的能力的一种重要途径。

　　（1）设立层次化实验，发挥学生潜能。从基础到综合再到探究的层次化实验内容，不仅帮助学生巩固和运用课程知识，同时锻炼了他们从理论验证到综合应用再到拓展提高的递进

式实践思维。选做的探究型实验为学生提供了施展才能的机会，实现学生从被动参与到主动选择，从完成"规定"内容到积极"自选"创新的转变。

（2）实施多方位改革，提升实验效果。采用引导式实验指导，教师仅给出实验内容的设计思路或关键提示，比如"最大功率传输定理"实验，提示学生应首先设计并搭建一个含源的二端网络，理论计算其戴维南等效电阻，不提供实验步骤、硬件连接图、示例程序等，给予学员以设计和探究的自由度。在实验时间内，教师对学生进行实验完成情况的检查和质询，了解其设计思路、电路连接方式、遇到的问题以及解决思路，甚至要求学生现场即兴改进实验，只有独立完成实验，且经过深入思考的学生才能正确快速做出回应；另外，增加了实验随堂考试，主要测试与本次实验相关的知识点和技能点；最后，课程要求完成并提交一个符合规范要求的实验报告。

5 结束语

我校"电工与电路基础"课程采用混合式教学模式，经过一年的教学实践，实践结果表明，混合式教学模式能使传统教学和网络教学优势互补，既可以发挥教师的主导作用，又可以发挥学生的主体作用，为学生提供个性化的学习时间、空间和多种学习渠道，使学生根据自身的情况完成课前的自主学习，课堂上有更多的时间和机会发挥学习主动性、挖掘学习潜力，课后能完成知识技能的有效迁移，从而切实提高教学质量。经过实践，该项改革也得到了学生的一致好评，大部分学生由被动学习向主动学习转变，课堂气氛非常活跃，学生上课打瞌睡的情况得到极大改善，学生的学习热情显著提高，学生的创新能力得到提升。

参考文献

[1] 刘景艳，李玉东，丁道一."SPOC+翻转课堂"教学模式在"电路实验"中的应用[J]. 电气电子教学学报，2018，40（4）：125-127.

[2] 祝智庭. 远程教育中的混合学习[J]. 北京：中国远程教育. 2003（10）：30-34.

[3] Andy S. Peng, Robert Nelson, Cheng Liu, et al. Hybrid Teaching vs. Traditional Teaching in Computer Engineering Courses:What works and What does not work? [C] Iowa city, I A:2014 A S E E , Oct. 16-17, 2014:4B 3.

[4] 赵涛. 基于项目驱动的混合式教学探索与实践[J]. 电气电子教学学报，2017（10）.

[5] 杨春玲，朱敏. 基于OBE的"数字电子技术"课程改革初探[J]. 电气电子教学学报，2018（1）.

[6] 朱桂萍，于歆杰."电路原理"MOOC资源的多种应用形式实践[J]. 电气电子教学学报，2017（3）.

[7] 张玲霞，闫允一，王辉，等. MOOC时代"电路分析"课程新教学模式探讨[J]. 电气电子教学学报，2015（2）.

[8] 周静. 美国ＣＳＵＳ混合式教学实践经验的浅析[J]. 电气电子教学学报，2018（4）.

★ 高校研究生混合教学中的完形治疗应用

范崇祎，李悦丽，黄晓涛

（国防科技大学电子科学学院，湖南长沙 410073）

摘　要：混合教学是落实"以学生为中心"的重要教学手段。本文基于课程教学实践，从心理层面分析了影响混合教学效果的原因，引入格式塔心理咨询的基本框架，从学习目标、学习内容、学习情景等方面进行了教学反思，给出了一些建议，为提高混合教学效能、真正实现"自由学习"提供沃土。

关键词：混合教学；完形治疗；觉知；研究生课程

Application of Gestalt Therapy in Blended Teaching of Postgraduates in Colleges and Universities

Chongyi Fan, Yueli Li, Xiaotao Huang

（School of Electronic Science, National University of Defense Technology, Changsha 410073, Hunan）

Abstract: Blended teaching is an important means to implement "student-centered" teaching. Based on the teaching practice of the course, this paper analyses the reasons affecting the effect of mixed teaching from the psychological level, introduces the basic framework of Gestalt psychological consultation to reflect on teaching from the aspects of teaching content, teaching design and teaching means, and gives some suggestions to improve the efficiency of blended teaching and truly realize "free learning" with fertile soil.

Keywords: mixed teaching; Gestalt therapy; awareness; postgraduate courses

1 引言

如何落实"以学生为中心"的教学理念，真正实现"学生成为主动构建知识的学习主体，掌握自我学习能力"是当前一直关注的重要课题。混合式教学是践行"以学生为中心"的教学改革的重要举措。混合意味着教学目标、教学手段、教学过程的多样化，在研究生教学课

第一作者：范崇祎，1984 年 1 月，女，博士，国防科技大学电子科学学院讲师，长期从事阵列信号处理、雷达信号处理教学与科研。发表国内外论文 30 多篇，取得专利 6 项，获军队科技进步一等奖 1 项。

程改革中有着重要作用。本文从完形治疗的角度对现有研究生课堂混合教学进行反思。

2 混合式教学中的问题

研究生是科研创新的主力。与本科生课堂不同，研究生课堂希望用较少的时间构建知识框架，深入感兴趣的研究点，实现高效能的学习。目前，笔者所担任的研究生课程主要存在以下三多问题：层次多；目标多；依赖多。

以"阵列信号处理"课程为例，目前课程面向博士研究生、硕士研究生、地方委培生、专业硕士生等各个层次的研究生，学生专业覆盖雷达、声呐、通信、航空等多个方向。学生的理论基础、自学能力、学习期望等方面都相距甚大。课堂上学生来源的混合，导致学生之间的学习目标相距较远。尽管大部分学生有意愿学好课程，但是学生内在的真实学习动力与实际践行力无法通过调查问卷获得，在课程实施过程中依赖过程性的检验检测，依赖教师的督促。

实际教学中感到，学生的认知局限于自我的认知，核心需求难以确立。而生硬、强制化地要求研究生完成过程性作业往往容易挫伤学生内在的学习动力，对研究生宝贵的科研时间也是一种浪费。

3 完形治疗的基本议题

"以学生为中心"，意味着学生要学会主动学习，清楚自身要什么、怎么要。这一要求的根本是需要学生自身首先有清晰的自我判断，了解课堂可以教什么，自己可以从课堂获取什么[1-3]。混合教学如果只是将原有的书本作业形式换成多媒体课件、微课视频等新的作业形式加以学习，也并不算真正落实"以学生为中心"。为了提高混合教学的教学效果，笔者借鉴格式塔心理咨询的基本框架，利用课堂上下增强教学洞察，了解学生核心需求，寻找相关的措施。

格式塔治疗[4]又称完形治疗，是一种以现象学为指导的存在主义治疗，在个人自我成长、创伤治疗、人际关系的建立或是助人方面卓有成效。其基本内容是由 Fritz Perls 在 20 世纪 40 年代创建的，此后，经过半个世纪的理论探索和临床实践，完形治疗已成为主要的心理治疗流派之一。完形治疗的总体目标是认识自我、外在世界以及自我与外在世界的联系，最终促进个体全身心地投入此时此地的生活，并能根据当前的需要创造性地做出调整，增进个体健康和活力。完形治疗强调将事物当作完整的整体看待，运用于把过去与问题有关的部分带进现在，以生动的态度去处理这些问题。简单而言，完形治疗主要完成三个目标，第一个是提升觉察，第二个是活在当下，第三个是对自己负责。

觉察力提升是完形治疗中的重要议题，自我觉察是完形治疗的核心。完形治疗认为，个体有自我调整的功能，个体觉察力越强，选择越多，自由的可能性越大。完形治疗不认为现在的自己是过去的产物，我们不能改变过去已发生的和未来尚未发生的，个人的改变只能发生在现在；当我们关注此时此刻，便能运用觉察去发现自己的需求，并能知道如何去满足它。完形治疗还主张人人都应该有属于自己的生活方式，接纳真实的自己，不受来自他人的合理化、评判、曲解的操纵。每个人都可以肩负起自我成长的责任，都可有效地处理问题；心理治疗是引导来访者觉察，了解环境、了解自己、接纳自己以及能与别人会心接触。

4 混合式教学中的完形治疗应用

完形治疗的这些议题运用到混合课程教学中，带来教学关系的新思考。学生具备自我学习能力，有能力、有责任调整学习目标，实现自身的学习计划。教师在这一过程中的角色类似心理咨询师，是帮助学生提升自我觉察力，关注学生在课程学习中的改变，将着眼点放在此时此刻，理解学生的选择，不加以评判，在解决问题的过程中与学生发生接触。将完形治疗应用到实际课堂，可以更深入地看待教师与学生之间的平等关系，学生有需要向教师学习的，教师亦有需要从学生身上学习的。这种平等关系有助于促进开展"以学生为中心"的教学。应用完形治疗的基本观点，我们从学习目标、学习内容与学习情境三个方面对课程进行了改革，并开展了反思与探讨。

4.1 学习目标

从课程开始的摸底中，我们发现，选修"阵列信号处理"课程的研究生有的从未接触过编程工具，甚至对未来科研工作的基本能力还不了解；有的从未接触过硬件系统，却希望有机会学习、了解。选课学生中约30%的学生后续需要以此为研究方向深入开展研究，40%的学生希望掌握学科基本架构，20%的学生怀有好奇心，想了解该学科在其方向可能的应用，另有小部分学生对学习目标并不明确，仅以获得学分为目的[5]。

针对研究生学习目标的差异性，课程提供了丰富的资源供学生选择，包括国内外的参考书、EduCoder线上编程实训、MATLAB线下编程分享、小视频、文献阅读与实测数据的实验。学习资源的混合使学生可以根据自己的个性偏好、环境条件、认知特点选择自己的学习内容和方式。同时，这种资源的混合也要求课程评价上给予学生一定的自由。在笔者的课堂上，学生可以跳过基础部分的编程作业、讨论作业，选择与自己研究内容相关的文献深入研讨，或者选择动手实践将前期的仿真作业化为实测数据的验证，将最终的文献实践或实测数据的研究报告作为课程评价。

课程在上课之初就提醒学生建立自己的学习目标。利用前期一个月的时间选择阅读基础文献，完成期中的大作业；然后确立课程后期的学习目标，进一步地阅读文献或者获取实测数据。同时可选择实现基本版的线上线下编程作业。这种清晰的学习目标确立给予了学生充分的准备时间和一定的自主性，学生普遍对课程的学习较为满意。

尽管这种学习目标的确立由学生自主选择，但在最后的报告中教师难以判断学生自身的努力程度，难以客观评价课堂带给学生的改变。课后的调查也显示，部分学生对自我要求有所降低，更愿意选择难度小一点的作业完成学习，后悔课堂之初教师没有给予有力的支持，实现更有挑战性的课程学习目标。从完形治疗的角度看，这种情形本质上是教师对学生自我目标、自我评价的感受缺失，需要深入观察学生的目标是否匹配其能力，同时进一步将课程的评价权交给学生自己，并与学生交换相互的思考。这种观察、交互需要教师放在此时此刻的课堂，及时向学生真诚表达自己的觉察[6]。

4.2 学习内容

课程在内容上进行了划分。以数字信号处理的基础理论为先导，将课程内容划分为空域滤波、波束形成技术、空间谱估计技术以及阵列信号的发展与深化。按 OBE 理论，将课程每一部分划分为用来说明事物的性质、特征和状态的陈述性知识，强调学习者主动体验和操练的"怎么办"的程序性知识，以及关于"如何学习、如何思维"的策略性知识。

例如，在空域滤波的基础概念中，以学生总结、辩论等形式回顾数字滤波器、随机信号的基础知识，在此类陈述性知识的教学设计中充分考虑了自主学习和开放学习方式的混合。引入空域滤波概念时，强调了"比较"的概念迁移思路，手把手教学生实现程序性知识的获取，待到最后的概念归纳时，学生已经可以灵活运用这类"比较"的思路，获取策略性知识。这一过程复制到后续的波束形成、空间谱估计技术讲授时逐步深入，并穿插了文献阅读、仿真的大作业。随着内容的丰富，策略性知识的补充十分必要。及时向学生补充如何查阅文献、如何阅读文献、如何实现算法改进等策略性知识，以利于学生将这些知识与自己的实践操作、案例分析等学习资源相结合，能够获得较好的混合教学体验。

尽管对学习内容进行了细密划分，但是课堂上通常很难快速判断学生对内容的掌握程度。笔者使用了雨课堂、QQ 问卷等在线工具。这类扫码进入的在线课堂刚开始时对研究生有较强的吸引力，学生凭新鲜感尝试回答课堂随测试题；但随着课程深入，部分学生采取不入课堂、不回答、不思考的方式消极应对随堂测试。课后的调查显示，大部分研究生不喜欢课堂中任何有可能暴露他们"无知"的活动，尤其是当众点名回答的方式，而更愿意在课后找个时间慢慢补；同时，也有很大一部分学生在课堂上未解决问题，在课后因为种种原因拖延学习，逐步落后于课堂学习进度。课程结束时，有同学为实现难度较大的作业感到"分外"成就，也有学生认为教师课堂上督促不利，放松了对学生的要求。从完形治疗的角度看，当学生的自尊与成就感未通过及时反馈获得时，产生了强烈的阻抗。这一过程需要教师在课程中期及时与学生私下探讨其目标的建立、实现与问题，充分保护学生的隐私，与学生形成更平等的关系。尽管这一过程非常耗时，但是对学生来说可能是终身受用的。

4.3 学习情境

混合学习情境具体体现在网络多媒体技术和传统课堂交互环境的混合，学习者的实际动手操作能力和已有的知识经验的混合，操作性强、代价较小的媒体资源的混合应用[7]。这种学习活动本质是要求创设与教学内容相符的情境，从而引导学生深入体验，更好地对所学内容进行意义建构。在这一过程中，学习者通常会遇到较大的困难，必须通过协作会话了解他人的思想，从而共同完成学习任务。

例如，课程中用 MATLAB 实现凸优化算法比较困难，学生通过前期学习在掌握原理的基础上需要学习凸优化的新工具，培养知识迁移能力，实现新旧知识之间的混合及知识结构的同化与顺应。这一过程通常是一名学生突破，数名学生突破，这种学生之间的互动使得学习的关系不仅仅是教师对学生，更是学生对学生，甚至是学生对教师。

这种情境的建立有时会将教师代入"无能"的境地，是传统课堂教学彻底回避的心理状态。但是在"以学生为中心"的课程教学中，这种无能使教师得以从学生身上进行真正的学习，同时会极大地提升学生自身学习的信心与兴趣。教师在此时此刻需要做的仅仅是突破自己的"全能"人设，接纳真实的自己。这种接纳不仅会带给教师平和，也会带给学生真实的力量。

5 混合教学中完形治疗的思考

混合教学能够以多种教学形式、多层次的教学目标、丰富的教学手段满足"以学生为中心"的研究生教学。但是要真正落实，需要教师对自己、对学生、对课堂有深度地觉察。这种敏感的觉察力可以根据完形治疗的基本理念从内界、中界、外界多个方面加以观察、训练。教师将注意力放在此时此刻，本质上是对学生真实内在的客观反馈，是对学生能力以及自身能力的最大信任。从这一点上而言，混合教学成功的关键在于教师自身的修养。路漫漫兮，其修远兮。

参考文献

[1] 刘献君．论"以学生为中心"[J]．高等教育研究，2012（8）：1-6．

[2] 颜兵兵，魏天路．构建"以学生为中心"的高校课堂教学评价体系[J]．内蒙古师范大学学报（教育科学版），2016（7）：86-88．

[3] 吴维仲，李国庆，关晓辉．"以学生为中心"的教学改革思考[J]．东北师大学报（哲学社会科学版），2017（3）：162-166．

[4] Phil Joyce, Charlotte Sills．格式塔咨询与治疗技术[M]．3版．叶红萍，译．北京：中国轻工业出版社，2016．

[5] 范崇祎，黄晓涛．工科专业基础课"以学生为中心"的课堂教学探索[J]．高等教育研究学报，2017，12：113-116

[6] 卡尔·罗杰斯，杰罗姆·弗赖伯格．自由学习[M]．3版．王烨辉，译．北京：人民邮电出版社，2015．

[7] 裴立妍．关于网络课程的混合教学模式研究[D]．西安：西北大学，2013．

★ 电子信息类研究生创新实践能力培养初探

程江华，刘通，程榜

（国防科技大学电子科学学院，湖南长沙 410073）

摘　要：电子信息类各学科方向对实践性要求都很高。当前，研究生培养注重知识传授和研究指导，缺少对研究生自主性学习和研究方面的实践能力培养手段。另外，研究生实践能力培养主要还停留在基础层面，综合性创新实践能力培养举措还不多。针对这些问题，论文主要开展科研成果如何转化为教学内容，实验条件资源如何转化为人才培养有利因素，如何结合学科竞赛拓展实践能力培养模式等三方面研究，以期构建更符合实际需求的培养方案体系，增强该领域创新实践人才的培养效率、提高研究生教育质量。

关键词：电子信息；研究生；创新实践

中图分类号：G642.0　　　　　　　　　　**文献标识码**：A

On the Cultivation of Innovative Practice Ability of Electronic Information Graduate Students

Jianghua Cheng, Tong Liu, Bang Cheng

（College of Electronic Science, National University of Defense Technology, Changsha, 410073）

Abstract: All disciplines of electronic information have high practical requirements. Currently, postgraduate training pays attention to knowledge transfer and research guidance, and lacks the practical ability training means in autonomous learning and research. In addition, the cultivation of graduate students' practical ability mainly stays at the basic level, and there are few comprehensive innovative practical ability cultivation measures. According to these problems, this paper mainly carried out the following research. Firstly, how to transform scientific research achievements into teaching contents. Secondly, how to transform the resources of experimental conditions into favorable factors of talent cultivation. Finally, how to expand the training mode of practical ability with subject competition. In order to build a more practical training program system, enhance the training efficiency of innovative practical talents in this field, and improve the quality of graduate education.

Keywords: MOOC education; course design; excellent course

第一作者：程江华（1979—　），男，博士，教授，硕士生导师。研究方向：计算机视觉与智能信息处理。电子科学与技术国家级实验教学示范中心副主任，湖南省电子信息技术研究会秘书长，校教学委专家，院教学委专家组副组长，全国大学生电子设计竞赛、中国研究生电子设计竞赛、中国研究生创"芯"设计大赛，以及学院电子信息体验赛启航赛具体组织者。

1 引言

研究生教育是高等教育的最高层次，肩负着培养创新人才的重任，是高层次创新实践人才培养的主阵地。随着我国国民经济和科技文化的迅猛发展，社会迫切需要大批高素质、高层次创新实践人才。为此，国家学位与研究生教育发展纲要提出了"以人为本，创新机制，优化结构，提高质量，适应需求，引领未来"的研究生教育发展方针。然而，近年来研究生大规模扩招，培养质量成了大问题：①在研究生教育中，不少导师没有把握该领域的最新成果，或没有精力将其传授给众多研究生，研究生关注的问题局限于导师所熟悉的领域，导致其视野狭窄，难以进行开拓性思考；②在中国应试教育的压迫下，研究生已经习惯于按照已有理论模型或经验去解决实际问题，很少有人能够独辟蹊径，创造性地去解决实际问题；③我国教育长期强调知识的传授和积累，以掌握知识的数量和精确性作为评价标准，形成了以学习模仿、简单继承为特征的学习方式，研究生所学的理论知识如果没有经过不断的构建、求解、优化等实验论证和科学训练，就很难转化为自己的真知灼见，形成真正的创新实践能力。上述问题的解决，必须紧跟研究生教育改革思路及用人单位实际需求，不断探索电子信息类研究生创新实践能力培养新方法。

我院在电子信息领域已形成特色鲜明的优势学科，承担着大量的关键技术攻关、工程型号研制任务；经过多项重点建设，学院已具备以研究生实验室为主的实践条件；我们在近几年中连续 3 次获得了中国研究生电子设计竞赛的最高奖——特等奖。然而，怎样将优势学科基础和科研成果转化为课堂教学内容，怎样有效地管理这些实验条件并充分发挥其作用，怎样调动各方创新实践的主观能动性，怎样形成一条规范合理的研究生课外竞赛组织培训机制，怎样推动实践教学改革，是本文主要探讨的问题。

2 充分依托学科优势，将科研成果转化为教学内容

充分依托学科优势，设计实验案例和实验系统，将科研成果转化为教学内容。"信号处理仿真实验"课程充分利用信息与通信工程、电子科学与技术两个一级学科的学科优势和科研资源，将工程项目中的解决方案和实践经验加以提炼，改造成符合信号处理教学规律的实验案例。"新体制雷达概论"课程教学团队依托在雷达探测领域的科研成果和工程经验，设计开发了低成本、多体制、低辐射的便携式微型雷达系统。该系统既能室内教学演示，也能用于室外人体或车辆目标的探测实验，具有便捷、灵活、安全的优点，为课堂实践教学开展奠定了基础。作者所在实验中心重构了课程设置，形成 9 门宽口径的核心课程、11 门强实践的实验课程、18 门前沿交叉的新开课程，完成 6 本实验指导书编写。针对理论教学与实践教学脱节的问题，采用课程教学捆绑实验教学的方式，实验课必须在实验室上，实验成绩占课程总成绩的一部分；针对教学与科研相脱节，从科研理念、科研骨干、科研产品、科研突破、科研方法和科研资源等方面建立了科研成果进课堂的机制。

3 构建多层次创新实践平台，支撑高水平人才培养

按照创新实践平台功能特点，持续打造基础实验教学平台（"十一五"电子技术学科综合实验中心）、主题创新平台（"211 工程"三期信号处理与电子系统分析研究平台）和拔尖人才培养平台（"十二五"电子技术研究生创新基地），与长沙景嘉微电子股份有限公司联合申请湖南省研究生培养创新实践基地，通过建设"基础实践-创新实践-校企协同实践"为一体的创新基地，构建递进式实践教学体系。共同支撑中国研究生电子设计竞赛、中国研究生创"芯"竞赛、湖南省研究生电子设计竞赛、iCAN 国际创新创业大赛（iCAN International Contest of Innovation）、全国机器人网络安全大赛等学科竞赛开展。

4 依托高水平学科竞赛，拓展实践能力培养模式

研究生电子设计竞赛（以下简称"研电赛"）等课外创新实践活动作为一套完整的理论实践结合项目，有利于培养工程实践能力。通过对课外创新实践活动开展的具体组织形式、培训内容、指导模式等方面开展研究，探索课外创新实践活动对提高研究生创新实践能力培养的有效机制。充分发挥学科特色和科研优势，鼓励和指导学有余力的学生参与研究生电子设计竞赛，获得沉浸式体验，以"赛中研"的形式内化知识体系，强化学生创新能力，为后续的学习和深造提供更明确的方向。研电赛激发了研究生创新意识与提高工程实践能力，为电子信息技术应用发掘具有前瞻性的高水平原创设计和成果，遴选和培养创新人才。这些年我院参赛获奖的研究生，有的已经获得华为公司 special offer，成为产品研发的主力；有的作品理论研究成果已发表在 IEEE 和 IET 等本学科领域国际著名期刊上；有的作品已实现产业化，得到广泛的应用，在业界取得了较好的口碑。研电赛不仅让参赛师生结识了许多志同道合的朋友，增进了彼此间的学术交流，同时也开阔了眼界。另外，研电赛促使研究生将以往所学的理论知识与实际运用相结合，在作品制作过程中发现和解决理论学习中难以发现的问题。竞赛中师生团结协作，每个人发挥自己的特长，锻炼了团队精神。研电赛也历练我们，形成了有效的竞赛培训机制，且不断发展完善。

5 结束语

人才培养质量对学校建设影响重大而深远。在下一步工作中，拟以实验金课建设为基础，以高水平学科竞赛为抓手，以团队式指导为依托，以实践基地平台为支撑，以有效激励机制为保障，构建"金课建设-竞赛推动-团队指导-基地支撑-机制保障"五位一体的电子信息类研究生创新实践能力培养体系。

参考文献

[1] 盖建新，童子权，于佳. 从电子设计竞赛看研究生培养模式改革[J]. 电气电子教学学报，2017，37（4）：84-86.

[2] 李艳. 基于项目驱动的研究生实践创新能力培养体系[J]. 南京理工大学学报（社会科学版），2018，31（6）：50-53.

[3] 丛珊珊. 浅谈学科竞赛与科技创新竞赛对提高大学生实践能力的思考[J]. 教育现代化，2017（51）：148-149.

[4] 卢春喜，姚秀颖，陈建义. 理论与实践相结合的研究生教学模式探索与实践[J]，教育教学论坛，2019，38：127-128.

[5] 尹世平，王菲，吕恒林，等. 基于科研实践探讨研究生创新能力的培养机制[J]，教育教学论坛，2019，4：106-107.

★ 基于三全育人理念的"数字电子技术基础"课程思政教学探讨

余云霞，胡柯，曾以成

（湘潭大学物理与光电工程学院，湖南省湘潭市 411105）

摘　要：本文在"三全育人"理念的基础上，应用数字电子技术基础课堂教学这个主渠道，探讨了数字电路授课知识点与思政的融入点，设计了合适的实施措施及教学方法，以打造课堂育人氛围、专业教师"为人师表"形象和集教书育人于一体的课程体系。

关键词：课程思政；三全育人；数字电路

中图分类号：G642.0　　　　　　　　**文献标识码**：A

Explorations of Ideological and Political Education for Digital Circuit Based on the Idea of Three Quantities Education

Yunxia Yu, Ke Hu, Yicheng Zeng

(School of Physics and Optoelectronics, Xiangtan University, Xiangtan 411105, Hunan)

Abstract: Based on the idea of Three Quantities Education, we have investigated the key points to integrate the ideological and political education into the course teaching of digital circuit by applying the avenues of its classroom teaching. Also, some applicable strategies and reasonable methods were presented, aiming at creating a well atmosphere of classroom teaching, building "being a teacher" image of a professional teacher and establishing the curriculum system of teaching and education.

Keywords: ideological and political education; three quantities education; digital circuit

1　引言

2016 年 12 月 7-8 日，习近平总书记在全国高校思想政治工作会议上提出"要用好课堂教学这个主渠道，思想政治理论课要坚持在改进中加强，提升思想政治教育亲和力和针对性，满足学生成长发展需求和期待，其他各门课都要守好一段渠、种好责任田，使各类课程与思想政治理论课同向同行，形成协同效应"。总书记还强调"要坚持把立德树人作为中心环节，把思想政治工作贯穿教育教学全过程，实现全程育人、全方位育人，努力开创我国高等教育事业发展新局面"[1]。

基金项目：湘潭大学 2019 年"课程思政"教学改革研究专项课题（湘大教发〔2019〕21 号）。

第一作者：余云霞（1976—　），女，博士，副教授，湘潭大学物理与光电工程学院教师，主要从事数字电子技术的教学。

在这种大思政格局下，高校推进"课程思政"建设是育人的必然要求。高校通过课程建设，把正确价值引领、共同理想信念塑造作为社会主义大学课堂的鲜亮底色，真正做到各类各门课程都"守好一段渠、种好责任田"。在课程中恰当地融入思政教育，以专业课程为载体，向学生传达正确的政治思想，才能"形成协同效应"。不同的课程具有不同的特点和背景，思政教育的融合也必然要采取不同的方式。"数字电子技术基础"课程是高等院校电气类、电子信息类、自动化类、检测类等工科的专业基础课，是一门集物理学、电子控制技术、计算机科学与技术、电源开关技术、仪器仪表技术等多学科、多领域于一体的基础技术课程[2]。在此课程中融入思政教育，把社会主义核心价值观、创新创业教育贯穿教育全过程，对培养学生的社会责任意识、实践技能以及树立正确的世界观、人生观和价值观，建立起知识学习与思政教育融合的先进教学体系起到实质性作用。

2 设计"数字电子技术基础"课程思政教育方法

为了将"数字电子技术基础"课程专业知识目标和思政目标有效地融合和实施，需要设计合理的教育方法。本文根据"数字电子技术基础"课程知识点的特点，设计了引入专题式、随机渗透式、实践体验式和潜移默化式四种教学方法[3]。

引入专题式，是指在讲授"数字电子技术基础"某个知识点时，引入具有相似性的思政专题，向学生展示案例，并展开分析与讨论。例如，在绪论中，回顾电子技术发展历程，讲述当今电子技术的迅猛发展，可引入智能手机的发展、5G时代的开启、"神威·太湖之光"的超级计算等，和学生讨论电子技术发展的核心问题，激励学生积极进取、树立中国特色社会主义"四个自信"（道路自信、理论自信、制度自信、文化自信）；而对于核心技术受制于人的情形，和学生分析问题，教育学生发愤图强、不断进取、增强国家技术自主研发的能力和水平；第五章半导体存储器电路部分，讲述华为麒麟960手机芯片，华中科技大学的3D XPoint存储技术的研制等，鼓励学生勇敢地去打开创新大门。

随机渗透式，指在讲授"数字电子技术基础"知识点时渗入思政元素，起到以点带面的作用。例如，在讲授第二章时针对用不同的方法化简逻辑函数结果不一的情况，告诉学生同一问题有不同的解题方法，激励他们不断探索，培养其勇于创新的科学精神；在讲授第三章"门电路"时，针对半导体材料在数字电路中的应用问题，引导学生正确看待事物发展的新方向，坚持量变与质变的统一，做到创新从基础做起[2]；在讲授第四章"组合逻辑电路"时，从单个逻辑门到电路模块再到电路系统的关系，告诫学生看待个体与整体的辩证关系，充分发挥个人在团队中的作用以提高团队凝聚力；第七章"脉冲波形的产生和整形电路"是较复杂数字系统的构建，要让学生明白理论知识不能只停留在原理上，要做到知行合一，把自己掌握的理论知识实践应用起来。

实践体验式，是指通过现在的科技教学平台，例如在雨课堂上给学生布置自学报告、实践项目、专题报告等，让学生以自学为主，进行实践训练，使学生"手脑并用，创造分析"。通过此方式，告诉学生"数字电子技术基础"课程的学习重在实践应用，"应用"有大小之分，"小用"旨在解决具体问题，而"大用"旨在服务国家整体发展，学生应该通过课程的实践训练，培养专业人士的思维和习惯。

潜移默化式，是指教师要加强自身道德修养，提高自身的业务水平，强化"数字电子技术基础"课程的"三全育人"导向，使其与思想政治理论同向同行，形成协同效应。教师以身作则，对工作认真严谨，对学生严格要求、关心爱护，都对学生有着春风细雨、润物无声的效果。例如，教师在讲课时除了讲原理过程、给结论，还可以和学生谈论时事、历史等，在和学生的交流中了解学生的思想、困惑等，用教师自身的人格魅力熏陶学生。

3 实施课程思政过程中需要注意的事项

本文旨在坚持以思政课程为主渠道，结合"数字电子技术基础"课程"守好一段渠、种好责任田"，使该课程与思想政治理论课同向同行、协同发展，在实施"数字电子技术基础"课程思政过程中，有两个应注意的方面。

3.1 课程思政要科学定位

在推动课程思政建设的过程中，不能把"数字电子技术基础"课程思政建成思政课程。思政课程重在育人，更强调政治属性，强调马克思主义的真理性、科学性，强调中国特色社会主义的实践性、真理性[4]，随着现代社会的发展，我们需要从思维方式、创新能力等方面，遵循思想政治工作，遵循教书育人规律，遵循学生成长规律，在专业知识点中合适地融入思政要素，与思政课程遥相呼应，彰显"数字电子技术基础"课程的立德树人价值。因此，我们要从课程大纲、课程内容、教学方法等方面进行设计和统筹考虑，将"数字电子技术基础"课程思政定位为思政课程的拓展课，或者综合素养课。

3.2 课程思政任课教师要重视

课程思政的建设关键在教师，教师是教书育人实施的主体，是课堂第一责任人。教师必须不断扩展知识面，不断完善自己，做到"三省吾课"：知识传授明晰吗？能力提升落实了吗？育德功能实现了吗？在反思中改进，充分挖掘"数字电子技术基础"课程中的德育功能，优化课程思政建设，做到让"数字电子技术基础"课程思政与思政课程同向同行，形成协同效应[5]。新时代的教师必须具有博大胸怀、有理想、有道德情操，有扎实知识，有人爱之心，课堂上和学生谈知识、谈历史、谈价值观，课后和学生谈思想、谈人生、谈理想、谈爱情观，给予学生人文关怀，使学生在快乐关怀中学习、成长。

4 结束语

文中根据"数字电子技术基础"课程知识点的特点，设计了引入专题式、随机渗透式、实践体验式和潜移默化式四种教学方法，提出了"数字电子技术基础"课程思政实施中注意的两个方面，以使"数字电子技术基础"课程与思想政治理论课同向同行、协同发展，提高数字电路实践教学质量目标，培养学生的社会责任意识、实践技能及正确的世界观、人生观和价值观。

参考文献

[1] 习近平. 把思想政治工作贯穿教育教学全过程 开创我国高等教育事业发展新局面[N]. 人民日报, 2016-12-9（1）.

[2] 郭金妹, 张建荣, 陈磊. "新工科"背景下面向实践创新能力培养的数字电子技术基础课程教学模式改革与实践[J]. 科教导刊, 2019, 12: 113-115.

[3] 成凤敏. 数字电子技术课程思政建设探讨[J]. 探索与观察, 2010（2）：115-117.

[4] 邱仁富. "课程思政"与"思政课程"同向同行的理论阐释[J]. 思想教育研究, 2018, 4: 109-113.

[5] 劾迎春, 王国伟, 宿忠娥, 等. 电路课程思政教学改革与实践探索[J]. 中国教育技术装备, 2019, 10：82-84.

新经济背景下地方高校课程体系升级改造的探索
——以电子信息工程专业为例

欧阳宏志，王彦，陈忠泽，杨斌，李月华

（南华大学电气工程学院，湖南衡阳 421001）

摘 要：为了顺应新经济、新工科的潮流，对电子信息工程专业的课程体系进行了升级改造。理论课程强调以学生为中心，实践课程体现复杂工程观念，并积极编写多本教材，让学术界与工业界无缝接轨。这些措施改变了专业面貌，并顺利通过了工程教育专业认证，可以为兄弟院校升级培养方案，构建课程体系提供参考。

关键词：新经济；课程体系；新工科；升级改造

中图分类号：G642.3　　　　**文献标识码**：A

Exploration on the Upgrading of Curriculum System in Local Colleges and Universities under the Background of New Economy —— Taking Electronic Information Engineering as an Example

Hongzhi Ou-Yang, Yan Wang, Zhongze Chen, Bin Yang, Yuehua Li

（School of Electrical Engineering, University of South China, Hengyang, Hunan, 421001）

Abstract: In order to conform to the trend of new economy and new engineering, the curriculum system of electronic information engineering has been upgraded. Student-centered is emphasized in theoretical courses, complex engineering concepts are embodied in practical courses, and multiple textbooks are actively compiled to seamlessly integrate academia and industry. These measures have changed the professional outlook. We successfully passed the engineering education professional certification. It can provide reference for the upgrading and training program of brother universities and the construction of curriculum system.

Keywords: new economy; curriculum system; new engineering; upgrading

---

第一作者：欧阳宏志（1982— ），男，在读博士，副教授，主要从事电工电子技术方面的教学和研究。

新经济是建立在信息技术革命和制度创新基础上的经济持续增长与低通货膨胀率、低失业率并存，经济周期的阶段性特征显著淡化的一种新的经济景象。环顾人们日常的衣食住行、知识社交、公共服务等，新经济的影子无处不在[1]。一些传统产业，也在积极拥抱新技术、升级新业态，这对普通人的生活和国家经济的影响是明显的。新经济的出现对传统工程专业人才培养提出了挑战。相对于传统的工科人才，未来新兴产业需要的是实践能力强、创新能力强、具备国际竞争力的复合型"新工科"人才，他们不仅在某一学科专业上有所成就，而且还应具有学科交叉融合的特点；他们不仅能解决现有的问题，也有能力解决未来世界发展出现的问题，引领未来的技术和产业；他们不仅在专业上拔尖，同时懂得经济、社会和管理，兼具良好的人文素养。新经济对人才提出的新的目标定位与需求为"新工科"提供了契机，新经济的发展呼唤"新工科"。工程教育跟产业发展是紧密相连、相互支撑的。工程教育改革如果滞后，就相当于拖了产业的后腿。所以，我们亟须发展"新工科"，来支撑新经济发展的人才需要[2]。

南华大学电子信息工程专业始建于 1958 年，涵盖数字电子线路、射频和微波电路、信号与信息处理等 3 个专业方向，具有两个一级学科硕士学位授予权。作为教育部中国工程教育认证专业和教育部卓越工程师计划试点专业，依托学校电子科学与技术一级重点学科以及超快微纳技术与激光先进制造等湖南省重点实验室，1 个国家级工程实践教育中心，在嵌入式技术及应用领域拥有明显的学科特色和行业优势，为国家电子信息行业及产业培养了大批骨干技术人才。

长远来看，大学的工程教育课程体系和教学内容改革将呈现若干主流方向，而以理论课程为主的课程体系、教学内容的高度融合、多方面的实践性课程和丰富多彩的人文教育课程将是这场变革的四大重点，在此基础上，我们构建和完善了我校电子信息工程专业的课程体系，努力提高专业的办学水平。

1 新经济背景下课程体系升级改造势在必行

专家指出，以新技术、新业态、新产业、新模式为特点的新经济在新一代信息技术、人工智能、节能环保、生物科技、高端装备制造、新能源、新材料等领域需要大批的新兴工程科技人才，面向新经济的课程体系首先要为新兴工程科技人才打下相应的知识储备和坚实的理论基础，优化现有课程体系结构，建设一批体现产业和技术最新发展的新课程，培养面向新经济的"宽厚、复合、开放、创新型"的高级专门人才[3]。

南华大学属于地方高校，地处中南重镇衡阳，互联网的飞速发展，推动了衡阳新经济、新业态、新生活的迅速变化。截至 2019 年年初，衡阳市的电子信息产业规模居全省第三位，一些信息产业巨头纷纷在衡阳抢滩登陆，互联网产业成为衡阳新的经济增长点。地方高校也要适应新经济的发展，为高新企业输送高质量的人才。地方高校在新工科建设上应该做到好而实，即新工科建设要聚焦在地方行业和产业当前和未来需要的学科专业上，以满足地方要求为建设标准，将新工科建设好，将新工科专业人才培养好，毕业生能够直接到新产业一线就业、实干务实。主要聚焦本省市区域经济和产业发展的相关领域、"中国制造 2025"等国家战略、国家战略性新兴产业相关领域等[4]。

课程体系是指一门课程中各组成部分的组织、排列、配合的形式，它要解决的是每门课程的教学目标、教学内容、教学组织与教学评价等方面的内容[5]。课程体系具备系统性、群聚性和关联性的特征。设置灵活多样的专业教育课程和实践教学模块，建立层次多样、学科交叉、符合经济社会发展需要的模块式课程群，以满足学生个性发展需要；压课时、增课程、改结构，按知识点整合课程，将学科前沿、科研成果引入课堂、写进教材，更新课程内容、淘汰陈旧知识。南华大学电子信息工程专业课程体系鱼骨图如图 1 所示，在课程体系中，突出了科技前沿和校企联合培养的重要性。

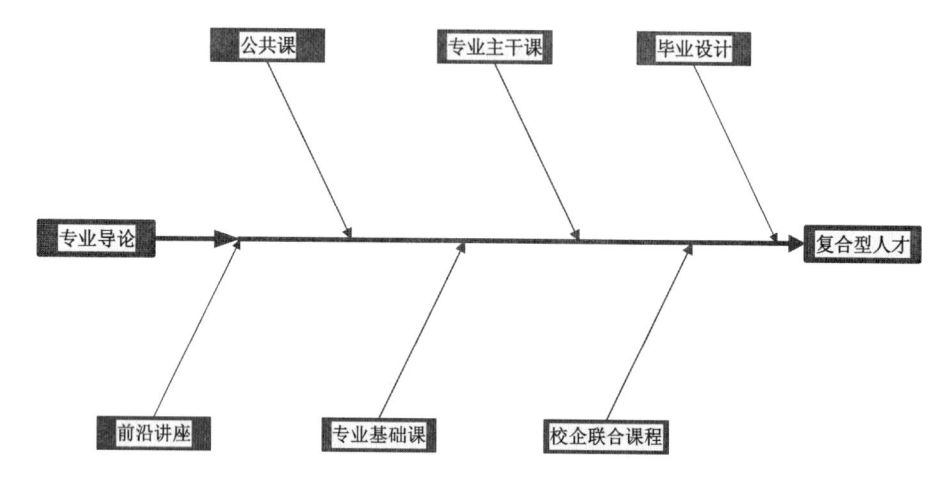

图 1　南华大学电子信息工程专业课程体系鱼骨图

2　优化课程体系，让课程体系与工业界无缝接轨

2.1　模糊课程之间的边界

在教学内容上，进一步理顺各门课程的内在逻辑关系，坚决删除过时、重复的内容，增加与时俱进、显示办学特色的新内容。特别是对于专业基础课，课程之间注重内容的衔接和包容，课程的知识点形成一个有机的系统，弱化课程的边界，加强其联系，形成多个课程群。

2.2　模糊理论和实践的边界

既要重视理论知识的学习，又要重视实践能力的培养，使两者相辅相成，融会贯通。在课堂教学中可以引入仿真实验或者演示实验，将教室变成实验室；在实验课教学中，强化理论知识，进行教学反思，理论与实践水乳交融，让学生的学习体会更加深刻。

2.3　模糊实践能力和工程项目的边界

实验项目既要注重基础性，又要考虑工业界的现状。把工业界的实际产品分解为各个模块，融入各个实验项目和科研项目，使学生的能力培养与企业的需求达到最大程度的统一。

2.4　模糊技术与文化之间的边界

技术与文化从来不能分家。学校将人文课程归类，注重从人文、艺术、思想、历史、伦理、社会等多种角度来强调工科学生对人文课程的分类选修（其中一部分为必修），为学生提供人文关怀，提供多种理性尺度。人文课程内容充分展示科技和人、社会之间的关系，并与当代社会问题紧密相关[6]，注重技术伦理思想的灌注，不能跨越法律的红线。

3 以学生为中心的理论类课程体系构建

3.1 改革教学方法与教学手段

课堂教学除了讲解以外，结合多种教学方法，如直观教学法、EDA 软件演示法、引导探索法、总结归纳法等，针对不同教学内容，灵活使用不同的教学方法。利用互联网+技术为教学服务，积极开发小规模开放课程，使用雨课堂等软件进行资源共享和实时的信息交流。把传统的教学手段和多媒体教学手段结合起来，最大限度地发挥各自的长处，从而提高教学效果。

3.2 调整理论教学与实践教学的学时

调整理论教学与实践教学的学时，不仅增设一些独立的实验课程，也把理论课程中的实验所占比例加大。坚持成果导向、以学生为中心、持续改进的教学理念，将工程专业认证作为确定教学内容的依据，采用"理论与实践相结合"的教学模式以及坚持"以能力培养为重"的方向，用"学习－实践－更努力学习"的良性循环，提高学生将专业知识用于解决复杂工程问题的能力。

3.3 制订新的课程教学大纲

教学大纲是培养方案的具体实施纲领。根据培养要求，重新制订了各课程的教学大纲。以卓越工程师培养为导向，新的教学大纲以应用型能力培养为主要的教学要求，适当减少纯理论研究性知识[7]，增加实际应用与技能型知识。推进以学生为中心的教学方式方法变革，鼓励广泛采用研讨式、PBL、CBL 等教学方法，引导学生自主性、研究性学习。要求卓越计划班至少有三分之一核心课程开展研讨式教学。健全能力与知识考核并重的多元化考核评价体系。综合运用口试、笔试、主观题型考试等多种形式，全面考核学生对知识的掌握程度，要求过程考核与卷面考试占比公共课为 5:5，学科基础课为 4:6，专业课为 5:5，考查课至少为 7:3。

4 面向复杂工程问题的实践类课程体系构建

4.1 重要课程的实验部分独立开课

以前实验课被看作理论课的补充，为了提高对实验课程的重视程度，将所有基础课以及重要的专业课的实验单独开课，并适当增加实验课时。由于实验课也有严谨的考核过程，学生越来越重视实验课的学习，实验能力大大提升。

4.2 积极开展学科竞赛、科研项目等活动

引导学生参加挑战杯、互联网+、电子设计竞赛等科技竞赛，以比赛成绩驱动学生的能动性。本专业学生参加电子设计竞赛的成绩突出，名列全国前茅。学院制定了本科生参与教师科研课题的文件，老师的研究课题与生产实际紧密相关，跨越多学科，既调动学生的学习积极性，又提供综合运用多学科知识的机会。学生在参与科研过程中还能接触先进仪器设备，了解学科前沿信息，有利于开发自身的直觉、顿悟和灵感等能力来解决科学研究中的具体问题[8]。

4.3 与企业联合培养学生的工程实践能力

校企联合培养的教学内容包括应用性的课程教学和部分集中性实践教学环节。如表 1 所示，工程应用性课程包括"嵌入式 Linux 程序设计""基于 ARM 的嵌入式系统设计""电子产品开发过程中的项目管理"等；而集中性实践教学环节包括电子工程认知实习、生产实习、毕业实习、毕业设计等。通过学校与企业的联合培养，使学生的职业素养和道德、专业基本技能、工程实践和工程研发、工程创新、自我获取知识的能力、工程组织和领导能力进一步提高，国际视野及竞争力大幅度提升。

表 1　校企联合课程

序号	课程名称	课程属性	学分	总学时	企业导师授课学时	在企业授课学时	备注
1	嵌入式 Linux 程序设计	选修	2	32	16	16	实践基地 1
2	基于 ARM 的嵌入式系统设计	选修	2	32	16	16	实践基地 1
3	电子产品开发过程中的项目管理	选修	1	16	16	0	实践基地 2
4	电磁兼容与抗干扰技术	选修	1	32	0	32	实践基地 3
5	电子产品质量管理	选修	1	32	16	16	实践基地 2
6	焊接技术与产品测试	选修	1	32	32	0	实践基地 4
	合计		8	176	96	80	

5 体现以人为本思想的教材建设

5.1 基础理论教材建设

课程体系的具体体现为教材。根据电子信息工程专业培养计划的基本要求，按照电工电子技术基础课程教学大纲的基本精神，积极开展了教材编写工作。除了合理安排培养计划所要求的基本知识点，教材编写注重能力培养，讲究现代电气工程理念，在内容上逐渐模糊课程之间的界限。近些年来在电子工业出版社和西安电子科技大学出版社的支持下，编写了 10

来本"高等学校电工电子实践系列"教材,其中《电路分析基础》《模拟电子技术》《数字电子技术》《电工电子实验指导教程》均已出版发行,如图2所示。

图 2　电工电子系列教材

5.2　创新实践类教材建设

全国大学生电子设计竞赛是由教育部高等教育司、工业和信息化部人事教育司共同主办,面向全国高等学校本科、专科学生的一项群众性科技活动,自1994年至今已成功举办13届,深受全国大学生的欢迎和喜爱,参赛学校、参赛队伍和参赛学生的数量逐年增加。对参赛学生而言,电子设计竞赛和赛前系列培训,使他们获得了电子综合设计能力,巩固了所学知识,培养了他们用所学理论指导实践、团结一致、协同作战的综合素质;通过参加竞赛,参赛学生可以发现学习过程中的不足,找到努力的方向,为毕业后从事专业技术工作打下更好的基础,为将来就业做好准备。针对竞赛培训,我们主编了"大学生电子设计竞赛培训系列教程",已于2019年出版,如图3所示。通过教材建设,不仅促进了专业的教学改革,也提高了教师的工程能力。

图 3　电子设计竞赛系列教材

6　结束语

自从2016年以来,经过课程体系的"大换血",我校的电子信息工程专业焕发勃勃生机,顺利通过了国家工程教育认证专业。在新经济、新工科的大背景下,地方高校应该主动适应经济社会的变革,改变陈旧的培养方案,改变僵化的课程体系,突出以人为本的思想,坚持以产出为导向,培养具有地方特色和高校特色的工程技术人才,为国家重大战略提供创新驱动力,从而提升国家核心竞争力。

参考文献

[1] 吴爱华,侯永峰,杨秋波,等.加快发展和建设新工科,主动适应和引领新经济[J].高等工程教育研究,2017(1):7-15.

[2] 崔庆玲,刘善球.中国新工科建设与发展研究综述[J].世界教育信息,2018,31(4):19-26.

[3] 林健.面向未来的中国新工科建设[J].清华大学教育研究,2017(2):26-35.

[4] 李月华,郭玮,杨斌,等.基于工程教育专业认证的课程体系构建探讨——以南华大学电子信息工程专业工程教育专业认证为例[J].教育现代化,2018,5(14):113-117.

[5] 李菲.以卓越工程师培养为目标的电子信息工程专业课程体系改革[J].科技与创新,2018,117(21):119-120+123.

[6] 李锋,张贞凯,田雨波.基于专业认证的电子信息工程专业课程体系探索[J].黑龙江教育(高教研究与评估),2017(12):20-22.

[7] 刘冬,胡冬华.贯通培养模式课程体系建设的探索与实践——以北京邮电大学为例[J].工业和信息化教育,2019(7):89-94.

[8] 于波,张淑丽,张宏国.新工科背景下软件工程专业课程体系建设[J].黑龙江教育(高教研究与评估),2019(6):58-59.

★ 欧美企业工科创新人才需求调研及创新能力培养模式初探

余建坤

（邵阳学院信息工程学院　湖南邵阳　422000）

摘　要：本文通过对欧美企业创新人才培养的调查分析，辅以文献研究方法，探讨了创新人才能力素质模型，并提出了构建工科创新人才培养模式的初步建议，希望借鉴欧美企业的经验，对我国工科创新人才培养有所启示。

关键词：欧美企业；工科人才；创新能力
中图分类号：G642.0　　　　　　　**文献标识码**：A

Research on the demand of engineering innovation talents in European and American enterprises and the cultivation mode of innovation ability

Jiankun Yu

（School of Information Engineering, University Shaoyang, ShaoYang, Hunan, 422000）

Abstract: Based on the investigation and analysis of the cultivation of innovative talents in European and American enterprises, this paper discusses the ability and quality model of innovative talents, and puts forward some preliminary suggestions on constructing the cultivation model of innovative talents in engineering, hoping to learn from the experience of European and American enterprises, for our country's engineering, science and innovation personnel training inspiration.

Keywords: european and american enterprises; engineering talents; innovation ability

1　问题的提出

20世纪90年代以来，各国对国家竞争力及创新能力建设问题越来越重视，创新人才的培养成为世界各国高等工程教育和教学改革讨论的热点。2017年，我国工科高校与美国麻省理

教改项目：邵阳学院教学改革研究项目（2017JG32），湖南省电子技术教学研究会教改课题：欧美高校工科人才创新能力培养研究。

作者简介：余建坤，男，1966年12月生，湖南冷水江人，硕士研究生毕业，副教授，电子信息工程专业教师，主要从事电子信息系统设计的研究与教学。

工学院等世界名校几乎同时开启新工科改革。创新人才的培养在新工科建设中占有举足轻重的地位，目前许多欧美国家的高校在积极开展创新人才培养的研究，实施工程教育的教学改革。各高校对原来形成的各具特色的创新人才培养模式进行了变革，但变革是否满足企业需要，能不能达到预期目标，还是要由市场来验证。

2017 年湖南省电子信息技术研究会紧跟时代步伐，提出了欧美高校工科人才创新能力培养研究课题，笔者承担课题后，提出了欧美企业创新人才需求调查（Enterprise Innovative Talent Needs Unicorn）。通过对欧美企业创新人才需求的调研，探讨了创新人才能力素质模型，通过文献研究法，对欧美高校创新人才培养的历史和现状进行了探究，提出了构建工科创新人才培养模式的初步建议。

2 欧美企业创新人才需求调研

2.1 问卷调查表

问卷调查是本次调查的主要形式，为了便于受访对象做答，全部采用选择题的形式，调查表的内容，主要参考企业常用的能力素质模型，力求简短精悍。能力素质是直接影响工作业绩的个人条件和行为特征，是个体的一种潜在特质，与个人在工作中或某一情境中所表现出的与绩效关联的有效或高绩效行为有明显的因果关联。能力素质模型则是指担任某一特定的任务角色，所需要具备的能力素质的总和。

为了了解不同企业的需求差异，本次调查有企业类型的调查，根据对创新人才的需求不同，设有独角兽（Unicorn）、科技型（Technology）、生产（Production-oriented）、流通（Commercial Circulation）四种类型。

其余 5 个问题从创新人才需求、大学创新人才培养、创新人才能力、企业创新人才招聘标准和创新人才培养需要加强的地方提出选项，供受访者参考。

2.2 企业调查访谈

笔者根据企业特征和我校中外合作的实际情况，选取了国外企业 7 家：OPTUS（澳洲通信运营商）、RFS（RF 系统提供商）、AOL（美国在线）、PwC（普华永道）、Shopee（新加坡电商平台）、PACBRAKE（北美汽车零部件制造商）、AMD（美国超威半导体公司），国内外资企业及其上下游企业 4 家：宁波泊柯制动技术有限公司、宁波永益高科气动有限公司、宁波合生制动科技有限公司、东莞大泉传感器有限公司，除了 AMD 公司是跟其高级工程师刘莉亚博士面谈外，其余都为书面问卷调查。

2.3 调查结果分析

调查统计情况见表 1、表 2、表 3。

由表 1 可知，70%以上的企业，缺少创新人才，企业充分肯定了高校在创新人才培养中的重要作用，企业招聘创新人才的标准主要是教育背景和工作经历，其次是专利和高水平的论文。由表 2 可知，创新人才应注重的能力主要是团队合作能力、创造能力和学习能力，其次是多领域知识、逻辑思维能力和实践动手能力。由表 3 可知，高校在创新人才培养中，主要需要改变教学理念，改变当前的学校制度，与商业和国家项目合作，建立大学中的创新文化研究环境，其次需要改进评价体系，鼓励和支持学生参与教师科研。

表1 调查统计表（Q1、Q2、Q3、Q5）

Q1 调查企业类型	数量	Q2 创新人才需求 缺	Q2 创新人才需求 不缺	Q3 大学能否培养创新人才 能	Q3 大学能否培养创新人才 不能	Q5 企业创新人才招聘标准（可以多选）专利	Q5 企业创新人才招聘标准（可以多选）高水平论文	Q5 企业创新人才招聘标准（可以多选）教育背景	Q5 企业创新人才招聘标准（可以多选）工作经历
独角兽企业	1	1	0	1	0	1	1	1	1
科技型企业	4	2	2	4	0	1	2	2	1
生产企业	4	3	1	4	0	2	1	2	3
流通企业	2	2	0	2	0	0	0	1	1
合计	11	8	3	11	0	4	4	6	6

表2 调查统计表（Q4 创新人才应注重的能力）

调查企业类型	逻辑思维能力	多领域知识	实践动手能力	沟通能力	团队合作能力	创造能力	研究论文写作能力	良好的品行	刻苦工作	执行力	学习能力	多文化理解能力
独角兽企业	1	1	1	1	1	1	0	1	1	1	0	1
科技型企业	1	2	2	1	4	3	0	0	0	1	4	1
生产企业	4	2	3	2	2	3	1	2	2	1	4	1
流通企业	0	2	0	0	2	2	0	0	0	1	1	1
合计	6	7	6	4	9	9	1	3	3	3	9	4

表3 调查统计表（Q6 创新人才培养需要加强的地方）

调查企业类型	改变教学理念	改变当前的学校制度	改进评价体系	加强教师队伍建设	与国外高校合作	与商业和国家项目的合作	个性化教育	鼓励和支持学生参与教师科研	大学中的创新文化研究环境
独角兽企业	1	1	1	1	1	1	0	1	1
科技型企业	2	2	2	1	0	2	0	2	2
生产企业	4	2	2	1	0	2	1	3	3
流通企业	0	2	1	0	1	2	0	0	1
合计	7	7	6	3	2	7	1	6	7

当然，不同企业对创新人才的需求是不一样的，独角兽企业对人才各方面要求都比较高，生产企业重视创新人才工作经历和教育背景，而科技型企业则重视高水平论文和教育背景。

2.4 创新人才能力素质模型与欧美企业需求分析

能力素质模型是 1973 年由麦可利兰博士提出的，从知识（Knowledge）、技能（Skill）、自我概念（Self-Concept，包括态度、价值观和自我形象等）、特质（Traits）和动机（Motives）五个层次，对从业人员加以区分的模型。能力素质模型方法是从组织战略发展需要出发，以强化竞争力、提高实际业绩为目标的一种独特的人力资源管理思维方式、工作方法和操作流程，是用人单位员工招聘、员工培训、员工发展、绩效评估等的重要理论依据，在人才培养中有重要的指导意义。能力素质模型因工作种类的不同而不同，一般可分为领导力（中高层岗位）模型、管理岗位能力素质模型、营销岗位能力素质模型以及专业技术岗位能力素质模型等，现在流行的有 18 项或 27 项能力素质库。本次调查问卷设计时，采用了能力素质模型方法，选取了和工程教育专业认证相关的 12 项能力（主要是知识和技能两个方面，自我概念、特质、动机属于潜在的深层次的部分，是把优秀人员与一般人员区分开的深层次的内容），通过这次调查可以分析出创新型人才能力素质包括：

（1）知识方面：创新人才应具备多领域的知识，有效度 64%。

（2）技能方面：应具备多方面技能，主要有团队合作能力、创造能力、学习能力，有效度 62%；其次是逻辑思维能力、实践动手能力，有效度 55%；再次是沟通能力、多文化理解能力、执行力等。

（3）自我概念：应该具备良好的品行，积极健康向上的态度，有效度 27%。

（4）特质：刻苦努力工作，不达目的绝不罢休，有效度 27%。

（5）动机：具有崇高的理想与远大的志向，具有为国家、民族和人类福祉而奋斗的精神（问卷调查未统计）。

从调查 11 家欧美企业的需求来看，知识和技能方面的需求都非常明确（有效度 50%以上），后面三种则基本上无效。麦可利兰的理论把人的能力素质形象地描述为漂浮在海面上的冰山（冰山理论），知识和技能属于海平面以上的浅层次的部分，是显而易见的，而自我概念、特质、动机属于潜伏在海平面以下的深层次的部分，一般人看不到。企业开始一般也只能了解和重视浅层次的部分（叫基准性素质），而研究表明，真正能够把优秀人员与一般人员区分开的是深层次的部分（称为鉴别性素质）。因此，要培养优秀的创新人才，后面三种素质的培养是必不可少的。

3 欧美高校的发展及创新人才培养教育理念的变革

欧美高校中，美国率先开展创新人才的培养，英国、法国、德国及亚太地区的日本、韩国、澳大利亚等国也在相互效仿中形成了各自的特色。

美国麻省理工学院 2017 年 8 月启动了第四轮工程教育改革，哈佛大学 2018 年秋季推出的新一轮通识教育改革，掀开了创新人才培养教育理念的新变革。

通过对欧美高校几个世纪发展的历史研究，可以发现其教育理念也一直在发展，现在的教育理念也在与日俱进。以美国高校为例，美国的高等教育始于殖民地时期，以 1492 年哥伦布发现了新大陆为起点，欧洲人陆续在北美洲建立了教会学校。英国的清教徒们为了逃避英国国王的迫害，来到美洲传播教义，奠定了美国的大学雏形。北美殖民地上第一所学院是哈佛学院。1636 年，马萨诸塞议会（General Court of Massachusetts）在约翰·哈佛牧师医院基础上，将他的图书馆和一半财产用于建立一所"学校或学院"，这就是哈佛大学的前身。麻省理工学院（Massachusetts Institute of Technology，MIT）由美国自然科学家威廉·巴顿·罗杰斯（William Barton Rogers）于 1861 年创立。目前，美国共有 3600 多所高校，在世界高校排名前 500 中，占据了 100 多席，而在前 10 名中，更是占据了主导位置，其高等教育事业繁荣。

欧美高校人才培养有以学生为中心和以教师为中心两种基本理念，并在很长一段时间里并行不悖，或交替发展，这都是与当时社会经济发展条件相适应的。当前，大数据、云计算、物联网应用、人工智能、虚拟现实、基因工程、核技术等新技术方兴未艾，智能制造、集成电路、空天海洋、生物医药、新材料等新产业迅猛发展，调整产业结构、更新技术速度不断加快，在线学习、慕课、智慧学习等新的学习形式不断涌现，给工程教育活动的开展提出了新的挑战。以教师为中心的教学越来越难以适应当今大学教学的需要，因此，以学生为中心的教学理念越来越深入人心。

美国是当今世界高等教育的中心，麻省理工学院是其高等工程教育的代表，目前正进行第四次工程教育改革。麻省理工学院第一次工程教育变革时期是1861年到20世纪30年代，以培养能够参与经济建设的工程技术人才为目的，体现为工程人才培养从经验范式向技术范式的转变。第二次变革从第二次世界大战开始到20世纪80年代，由于基础科学的迅猛发展，技术井喷，技术范式向强调基础科学知识学习的科学范式转变，以培养具备工程科学知识的工程人才为目标，服务于国家政治、军事战略的需要。第三次变革从20世纪90年代开始。这一时期国家经费投入的缩减使得MIT需要加强与产业界工程实践的联系，以获取所需的经费。因此，此次变革主张工程教育回归工程实践本质，从工程科学范式向工程实践范式转变，以培养具备较强工程实践能力的工程人才。第四次改革开启工程教育从强调工程实践的"实践范式"到强调以学生为本的"育人范式"的转换，在创新人才的培养中重视学生的独立思维和发现问题、解决问题的能力，既注重学术性目标、应用型目标的实现，更注重育人目标的实现。

哈佛大学通识教育改革，旨在帮助学生做好准备，在当今世界智慧地生活，使他们成长为深思熟虑、富有贡献的社会成员。可以看出，哈佛大学也是贯彻以学生为中心的教学理念。在过去70年中，哈佛大学诞生了三种通识教育哲学理念："博雅教育理念"，强调在不断变化的世界里，理解对公民和道德决策有价值的文化与历史背景，为学生参与社会生活做准备；"分配必修课理念"，1978—2009年哈佛学院实施的核心课程都体现了这种理念；"课程选修理念"，强调学生通过选修课程对自身教育负责，学生有必要拥有广泛的选修课，以便从教育体验中受益。理念差异体现了对高等教育在美国社会里的角色认识的演变，每一种理念都拥有辉煌的历史，在当今世界都能找到清晰有力的代表，在我国各高校的课程体系里也有体现。第四次改革，通识教育新框架主要由三部分组成：通识教育必修课、分配必修课和一门实证及数学推理课程。四门通识教育必修课直接服务通识教育目标，分为四个类别："美学、文化和诠释""历史、社会和个体""社会中的科学和技术""伦理和公民"，内容与学生面临的社会、伦理和技术挑战密切相关。分配必修课要求学生分别从哈佛文理学部"艺术和人文""社会科学""自然科学"三个分部，以及工程及应用科学学院的院系课程里各选一门。实证及数学推理课程，确保学生达到数学、统计和计算方法等量化技能要求，让学生运用数据时能够审辩性思考，为他们进行更高级的量化研究做准备。

从麻省理工学院和哈佛大学的改革可以看出，美国高等工程教育已经走到以学生为中心、以社会和个体发展为目标的新阶段。学生的学习要与企业和社会的需求匹配，更重要的是要适应未来社会发展。

4 创新能力培养模式初探

通过前述调查可知，所有企业都认为大学能培养创新人才。创新型人才培养目标的实现，需要在创新人才培养教育理念的指导下，把创新人才培养模式落到实处，涉及理论教学体系和实践教学体系、实施和评价等多方面内容。本文接下来仅对创新能力培养模式进行探讨。

首先是理论教学体系。知识的习得，首先在于理论知识的掌握，掌握创新理论，指导创新实践，能够事半功倍。专门的创新理论课程，国家已要求各高校必须开设"创新创业基础"，继续教育也有"专业技术人员创新能力培养与提高"课程。根据创新人才多领域知识要求，应根据本学科发展开设相关交叉领域课程，根据 MIT 的构想，21 世纪中期的新机器与新工程体系将会由物联网、自动化体系、机器人体系、智慧城市、可持续材料与能源体系、生化诊疗、大数据等组成，工科各专业据此构造新的理论课程体系，重视交叉学科知识，多开相关选修课程，让学生能够根据自己的兴趣爱好学好学科理论知识。

工程实践活动与工程科学知识之间不是二元分割的关系，而是相互联系，相互作用，相互促进的关系，因此还要建立与理论教学体系相适应的实践教学体系。根据调查，实践教学体系中与商业和国家项目的合作、鼓励和支持学生参与教师科研是值得加强的，现在也是政策鼓励的。

为了落实以学生为中心的教学理念，在教学实施过程中，讲授（Lecturing）在主体课程中所占用的时间可以缩小，一般不超过三分之一，剩余部分主要用于讨论和实践。教学活动采用项目学习（Project-based Learning）、主动学习（Active Learning）等多种方式。教学实施包括同境指导（Guide on the Side）、翻转课堂（Flipped Classroom）、案例分析（Case Analysis）、高效 IT 支撑平台等多元化实施方式。如英国曼彻斯特大学的"电路分析"课程，总学时 100 课时，讲授 20 课时，实验 9 课时，辅导 4 课时，独立学习（自学）67 课时。

评价和改进是教学质量保证的重要手段，创新能力的评价有一定特殊性。对于个体的人而言，其发展是受生物因素与社会因素的共同影响的，每个个体的生物遗传因素与社会环境因素存在一定的差异，使得个体在参与教育活动时体现出不同的个性、认知风格、学习方式，对教育活动的开展提出了个性化的要求。在开展教学活动时，通过充分考量学生个体认知风格、学习方式等的差异，选择最适合学生个体发展的学习方式，引导学生积极参与，激发学生主动探究的兴趣，提升其自学能力，创新教育更应该采取项目学习、小组学习、团队合作、信息化教学、智慧学习等手段，为学生未来发展奠定基础。自主学习的多样性决定了评价的多样性，而标准的规范性又要求评价的统一性。因此，评价更应注重过程考核和反馈，促进学生的自主学习。

5 启示与行动

5.1 转变教学理念

通过本次调研，充分认识到企业迫切需要大学改变教学理念。根据时代发展，把学生为中心的教学理念贯穿整个人才培养方案和教学过程的始终，注重学生的兴趣爱好和个性发展，把每个学生都培养成具有自身特点、个性鲜明的，具有创新意识和创造精神的有用之才。我校电子信息工程专业在制定 2019 年新的人才培养方案时，通过增开通识课程"工程与社会""环境与可持续发展导论"，加强学生面临的社会、伦理和技术挑战密切相关的通识教育，理论和实践课程中新增了与新工科相关的多门选修课程。实践体系上纳入了校企合作，开启全方位协同育人。积极鼓励学生参与教师科研，申报创新实验计划项目，参加学科竞赛，注重创新文化研究环境的营造。

5.2 注重对学生思维方式的培养

从调查可知，产业界更加注重工程人才在学习能力、思维方式等方面的表现，原有的强调学生知识习得与认知能力的工程教育将会受到挑战，且学生在工程实践中面临各种未知的、复杂的问题时能够运用恰当的思维方式进行思考，最终解决问题。MIT 提出新工科人才应具备 11 种思维方式：制造、发现、人际交往技能、个体技能与态度、创造性思维、系统性思维、批判与元认知思维、分析性思维、计算性思维、实验性思维及人本主义思维，这在我校电子信息工程新的人才培养方案中已有一定体现。

5.3 加强学生对未来的驾驭能力

MIT 提出，此次工程教育改革不应继续把重心置于对现有工程科学知识的习得及对当前工程产业界人才需求的追随，而应强调通过养成学生的系统性思维、批判性思维以及创造性思维等 11 种思维方式，使新型工程人才具备超越现实、创造未来，能够引领产业界以及社会发展方向的向度。这些是符合能力素质模型的观点，是培养优秀创新人才的重要途径，值得我国工程教育界重视，在我校电子信息工程新的人才培养方案中也有一定体现。

5.4 注意提高创新人才培养的国际视野和国际化水平

通过本次调查可以看出，创新人才应具备宽广的国际化视野和强烈的创新意识，熟悉本专业的国际化知识，熟悉国际惯例，具有较强的跨文化沟通能力。在全球化和信息化的今天，培养的创新人才应当具备三方面特点：一是具备敢于创新的理念和善于创新的能力，二是具备面向世界的胸怀和开展国际交流与合作的能力，三是具备多向度思想和行为模式。我校目前国际化教育的两个专业（电子科学与技术、通信工程）也给了我们一定启示，在新的人才培养方案中得到了借鉴。

6 结语

本次调研得到了各方的支持，但欧美企业调研比合作企业调研难度大，所以本次样本量不够大，得到的结论难免有失偏颇，希望有更多的同仁加入到调研中来，以掌握更多数据，得到更准确的结论。

参考文献

[1] 肖凤翔，覃丽君. 麻省理工学院新工程教育改革的形成、内容及内在逻辑[J]. 高等工程教育研究，2018（2）.

[2] 张家勇. 哈佛大学改革通识教育[N]. 中国教育报，2018-10-19.

[3] 钟登华. 新工科建设的内涵与行动[J]. 高等工程教育研究，2017（3）：1.

[4] 陈劲. 专业技术人员创新能力培养与提高[M]. 北京：国家行政学院出版社，2008.

★ 面向通用专业人才的"信息网络安全基础"课程建设改革

张琛，刘星彤，苏云飞，唐朝京

（国防科技大学电子科学学院，湖南长沙 410073）

摘 要：在新信息时代和新工科背景下，通用专业人才培养要以能力塑造为核心，以继承与创新、交叉与融合、协调与共享为主要途径，融入国际工程技术人才的教育理念，突出多元化、应用型和持续发展的目标。本文从国防科技大学通用专业人才培养的需要出发，从教学内容重组、教学案例设计、实践环境搭建和创新能力塑造四方面研究了"信息网络安全基础"课程建设改革。

关键词：通用专业人才；信息网络安全；课程建设

中图分类号：G642.0　　　　　　　　　**文献标识码**：A

The Course Construction Reform of Information Network Security Foundation for General Professional Talents

Chen Zhang, Xingtong Liu, Yunfei Su, Chaojing Tang

（College of Electronic Science and Technology, National University of Defense Technology, Changsha, Hunan, 410073）

Abstract: In the new information age and new engineering background, the cultivation of general professional talents should focus on capacity building, inheritance and innovation, cross and integration, coordination and sharing as the main ways, integrate the educational concepts of international engineering and technical talents, and highlight the objectives of diversity, application and sustainable development. Based on the needs of general professional talents cultivation in National University of Defense Technology, this paper researches the course construction reform of Information Network Security Foundation from four aspects: teaching content reorganization, teaching case design, practice environment building and innovation ability shaping.

Keywords: general professional talents; information network security;course construction

---

第一作者：张琛（1978— ），女，博士，副教授，国防科技大学电子科学学院认知通信系教师，主要从事信息与通信工程的教学和科研。

1 引言

国防科技大学的发展目标是"努力建成世界一流高等教育院校",学校据此确立了"抓好通用专业人才和联合作战保障人才培养,加强核心关键技术攻关"的使命任务[1]。在新信息时代和新工科背景下,通用专业人才培养要以能力塑造为核心,以继承与创新、交叉与融合、协调与共享为主要途径,融入国际工程技术人才的教育理念,突出多元化、应用型和持续发展的目标。

"信息网络安全基础"是国防科技大学电子科学学院电子信息工程、电子科学与技术、通信工程、信息工程等专业的专业必修课或专业选修课,在专业课程教学中占据重要的分量。开设此课程的目标不是培养信息网络安全领域的全才,而是根据电子信息工程、电子科学与技术、通信工程、信息工程等专业的培养目标,培养掌握信息网络安全的基础概念和理论,了解信息网络潜在安全问题,掌握常用的、最新的信息网络安全技术,具备对信息网络安全问题的分析和处理能力,能在未来战场和国防科技中解决某些具体安全问题的新工科高技能应用型通用专业人才。

2 改革目标

"信息网络安全基础"课程建设的改革目标是围绕新工科高技能应用型通用专业人才培养,以 OBE(Outcome Based Education)教育理念的学习产出为导向,注重教学流程的完整性和学生学习的主动性,用 BOPPPS(Bridge-in, Objective, Pre-assessment, Participatory Learning, Post-assessment, Summary)模型指导教学设计,构建面向实践应用、塑造创新能力的信息网络安全基础课程新体系。具体目标是:

(1)对照学校新本科人才培养方案,将 OBE 教育理念融入课程建设,力争将课程建设成具有校级精品课程竞争力的专业课程。

(2)以新工科建设和学校教育改革为契机,探索新型 BOPPPS 教学模式,着力培养高技能应用型通用专业人才。

3 改革内容

3.1 教学内容重组

改革教学内容,以学习产出为导向,形成新的信息网络安全技术知识体系。一是从学校新人才培养方案出发,制定符合通用专业岗位需求的课程标准。二是改革原有教学内容,突出基础理论知识的应用和实践能力培养,以学生的学习产出为导向,以学生的持续成长为目标,构建较为系统和全面的信息网络安全知识框架。

OBE 教育理念诞生于 20 世纪 80 年代,强调以成果为教育导向,关注学生受教育后获得什么能力和素质,教学活动和教学安排都围绕预期学习结果来设计[2]。在这一理念下,教学驱动力不再是教师的经验或教材的设置,而是学生的学习产出,这与传统的重视投入和内容驱动的教学模式截然不同。遵循 OBE 理念，"信息网络安全基础"课程教学内容与通用专业培养目标之间的知识-能力关系见表 1。

表 1 课程教学内容与通用专业培养目标的知识-能力关系

知识	能力			
	具备并能应用与本专业相关的技术知识与推理能力	个人能力、职业能力和态度	人际交往能力以及团队工作和交流	围绕联合作战保障、装备技术保障、新型作战力量来构思、设计、实施、运行全系统的工程综合能力
信息安全基础	掌握信息安全的基本属性、信息安全体系结构	分析信息安全面临危险的原因	综述信息安全的现状及趋势	熟悉安全攻击的概念和类型，设计信息安全分层防护方案
密码学概述	掌握 Kerckhoffs 编码原则、Shannon 保密通信模型、替代密码和移位密码原理	理解密码学与信息安全的关系，分析密码算法安全性评估方法	通过密码学的历史发展，吸取密码的教训	熟悉移位密码加（解）密计算，根据密码分析者对明文、密文的掌握程度，实现简单的密码攻击
对称密钥加密技术	掌握对称密钥密码的基本概念、Feistel 结构的图形与形式化表示、分组密码加密模式的概念、ECB 和 CBC 模式原理	理解分组密码的设计原则、Feistel 结构优点、熟练使用 AES 算法的代数学知识	综述 AES 算法产生的背景，讨论分组加密模式的应用	能够编程实现 DES、AES 加密，熟悉 ECB、CBC 模式安全特点并能够编程实现
公钥加密技术	掌握公钥密码的基本概念、D-H 密钥交换和 ElGamal 加密算法原理、RSA 算法的安全性	理解公钥密码与对称密钥密码的异同，熟练使用同余理论、费马定理、欧拉定理和 Euclid 算法	讨论公钥密码的应用，了解中国剩余定理历史	能够编程实现 RSA 加密，熟悉椭圆曲线加密的虚拟实验
数据完整性技术	掌握消息认证码的基本概念和实现方法、杂凑函数的功能和性质、SHA-256 和 RSA-OAEP 算法原理	理解数据完整性保护的意义、数字签名的安全性定义，熟悉 MDC 生成与验证的形式化表示	分析无源识别数据完整性技术与有源识别数据完整性技术的异同	能够对 RSA 签名进行存在性伪造攻击，并能设计相应的解决办法
认证协议原理	掌握认证协议的定义和分类、基本认证技术的类型、询问应答机制的原理、双方认证的基本方法、口令认证的原理	理解数据源认证与数据完整性的差异，熟悉基于对称加密和非对称加密技术的询问应答机制的标准结构	列举现实世界中对认证协议的攻击	能够在认证协议中采用正确的安全机制抵御重放攻击、中间人攻击、并行会话攻击、交错攻击
信息安全技术实现	掌握 IKE 协议、IPSec 协议、SSH 协议、Kerberos 认证协议的功能与特点	理解 IPSec 协议采用安全机制的原因和意义	列举 PKI 技术在电子商务中的应用	能够在 Windows 操作系统中配置 Kerberos 认证，在 IE 浏览器中配置 SSL/TLS 协议

3.2 教学案例设计

以学生为中心，用 BOPPPS 模型指导教学设计，构建面向实践应用的教学案例。BOPPPS 模型结构如图 1 所示，包含六部分[3,4]。

（1）导入（Bridge-in）。导入也称开场白，主要是通过开场白吸引学生的注意力，激发学习的兴趣和主动性等。通常包含故事引入、问题引入、视频引入、承上启下和头脑风暴等表现形式。

（2）教学目标（Objective）。教学目标是指在本节课程结束后学生在什么条件下，能知道、思考、评估或者实现什么，并达到什么程度。教学目标可分为识记（Remembering）、领会（Understanding）、应用（Applying）、分析（Analyzing）、评估（Evaluating）和创新（Creating）。好的教学目标还要具备清晰、具体、可测量、可实现等具体属性[5]。

（3）前测（Pre-assessment）。前测是指通过询问或者测试等方法确定学生对相关知识的了解程度，主要目的是辅助调整教学进度、内容和策略等，实现因材施教。

（4）参与式学习（Participatory Learning）。该部分是课程教学的主体，在教学过程中要重视学生的参与，尽可能地引导学生主动参与学习和教学过程，学生的参与度越高，学习效果越好。教学方法包含提问、小组讨论、争论和辩论、分组报告、角色扮演和案例研究等学生参与度相对较高的教学方法。

（5）后测（Post-assessment）。后测是指在主体内容讲述完成后，测验学生的学习效果，评估教学目标是否实现。通常可以采用提问、讨论和解答例题等形式。

（6）总结（Summary）。总结就是对本节课程提供一个简短的总结性复习，总结知识脉络和重点，同时可引出下节课的主要内容，鼓励学生预习。通常可以采用内容回顾、一分钟问卷反馈和预留悬念等形式。此外，老师在课后也应总结课堂教学效果，以便持续改进。

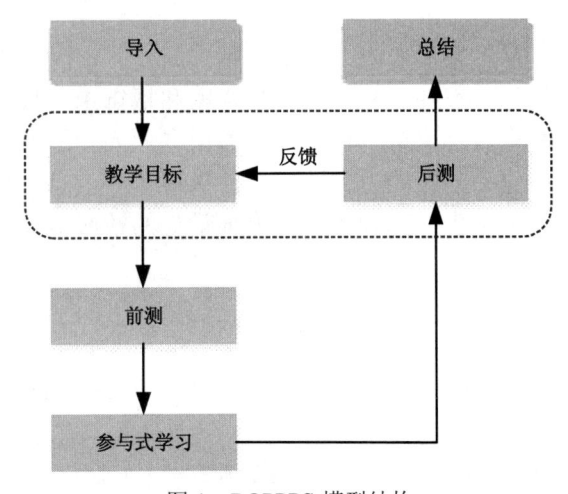

图 1　BOPPPS 模型结构

从图 1 可以看出，BOPPPS 模型构建的各个教学环节前后承接，层次明确，围绕教学目标环环紧扣，同时前测、后测首尾呼应，做到课堂及时反馈，有效提高"教"与"学"的互动。BOPPPS 模型以学生为中心，以目标为导向，与 OBE 教育理念目标一致，都注重教学互动和反思，引导学生自主学习，通过实践环节锻炼实际动手能力，提倡从知识传授型向培养能力型转变。

3.3　实践环境搭建

将科研成果快速转化为教学条件，搭建基于科研成果的教学实践环境。在对课程实践教学的需求进行反复分析和论证的基础上，利用丰富的科研成果，构建出低成本和适于规模部署的实验教学环境[6]，按层次设计实验教学内容：第一层次通过验证性实验培养基本技能，例如学生熟练使用教学加解密软件 Cryptool；第二层次通过综合性实验培养综合能力，例如学生采用科研项目开发新工具进行数字签名存在性伪造攻击实验；第三层次通过课程设计培养学生的自主研究能力和创新能力，例如学生利用士兵电台网与指挥网互联模拟协议攻击。

3.4 创新能力塑造

以创新能力塑造为目标，建立课内教学与讲座、竞赛、项目等课外活动相结合的立体培养模式。通过校企联合讲座，组织参加各种竞赛，鼓励参与教学科研项目，使学生及时了解领域发展状况，引领学生在创新中成长，逐步引导学生独立从事科学研究工作。课程组在课外竞赛的创新活动中积累了丰富的经验，多次指导学生参加国际机器人网络安全大赛、中国网络安全技术对抗赛、全国大学生信息安全竞赛、"华为杯"极客出发特训夏令营和冬令营等，获得团体一等奖 2 次、二等奖 3 次、三等奖 2 次，奖学金一等奖 2 次、三等奖 1 次。其中，2017 年 9 月，课程组带领的 Halfbit 战队以攻击和防御两项第一的绝对优势夺得首届国际机器人网络安全大赛团体冠军。2019 年 6 月，该战队在百度网络安全技术对抗赛中成功实现了堆溢出漏洞的自动发现及利用，是全世界首次在公开竞赛中展示堆溢出问题破解能力。

4 结束语

国防科技大学立足强军思想，适应人才培养模式新变化，融入人才教育新理念，目标是培养能够驾驭国防科技的工程师、科学家、战略家和抵御未来战争的设计师、指挥家、军事家。本文紧跟学校教育教学改革步伐，面向通用专业人才培养，从教学内容重组、教学案例设计、实践环境搭建和创新能力塑造四方面探讨了"信息网络安全基础"课程建设的改革思路，力图切实打牢学生的基础素质，增强学生的核心专业能力，以适应未来国防科技的需要。

参考文献

[1] 黎湘，付强，刘永祥. "顶天+立地"：培养高素质新型军事人才的探索与实践[J]. 中国高等教育，2018（1）：39-40.

[2] 尤园. 基于工程教育专业认证的本科人才培养模式研究——以某高校计算机科学与技术专业为例[D]. 绵阳：西南科技大学，2018.

[3] 曹丹平，印兴耀. 加拿大 BOPPPS 教学模式及其对高等教育改革的启示[J]. 实验室研究与探索，2016.

[4] Chung CC，Dzan WY，Shih R，et al. Study on BOPPPS application for creativity learning effectiveness [J]. International Journal of Engineering Education，2015（31）：648-660.

[5] 张礼廉，于瑞航，潘献飞，等. "BOPPPS+BLOOM" 模型在课程教学设计中的应用[J]. 科教导刊，2018（6）：125-127.

[6] 肖达，刘胜利，王益伟，等. 面向任职教育的网络安全应用类课程建设[J]. 计算机教育，2015（22）：64-67.

基于 OBE 理念的电子信息类专业实践教学改革

文卉，贺科学

（长沙理工大学电气与信息工程学院，湖南长沙 410000）

摘　要：本研究基于 OBE 理念，根据电子信息类专业培养目标和毕业要求指标点，结合专业特色，对本专业实践教学环节进行改革，优化专业课程体系，加强实践教学环节，打造适合本专业特色的课外实践平台。经过 3 个教学周期的改革实践，学生工程实践能力、创新能力明显改善，得到了用人单位的认可。

关键词：OBE 理念；实践教学体系；实践教学改革
中图分类号：G642.0　　　　　　　　**文献标识码**：A

Practical teaching reform of electronic information specialty based on OBE concept

Hui Wen, Kexue He

（School of Electrical & Information Engineering, Changsha University of Science & Technology, Changsha, Hunan, 410000）

Abstract: This study is based on OBE concept, according to the training objectives of electronic information majors and graduation requirements combined with professional characteristics, the reform of the professional practice teaching link, optimize the professional curriculum system, strengthen the practice teaching link, to create an extracurricular practice platform to adapt to the characteristics of the major. Through the reform and practice of three teaching cycles, the engineering practice ability and innovation ability of students have been significantly improved, which has been recognized by the employer.

Keywords: OBE concept; practical teaching system; practical teaching reform

---

基金项目：湖南省电子信息技术研究会教改项目、长沙理工大学城南学院教研教改项目（2018-57）。
第一作者：文卉（1972—　），女，硕士，高级实验师，长沙理工大学电气与信息工程学院教师，主要从事电子信息类的实践教学、研究。

1 OBE 工程教育理念核心

OBE（Outcome Based Education）即成果导向教育，亦称能力导向教育、目标导向教育或需求导向教育，是指教学设计和教学实施的目标是学生通过教育过程最后所取得的学习成果。强调"以学生为中心，以产出为导向，持续改进"为核心，关注学生的全面发展，以培养高素质应用型人才为目标。实践教学是其中非常重要的一部分。特别是在 OBE 理念基础上实行的工程教育专业认证中，实践教学的比重更是进一步加强。但是，在实践教学的实施过程中往往存在教学效果不理想、学生积极性不高等问题。这些问题严重影响了培养目标的实现。根据 OBE 理念，从优化教学内容、构建多环节的实践教学体系、打造课外实践与课内教学有机结合的全方位育人模式三个方面对我校电子信息类专业实践教学进行改革研究，提高教学质量，达到本专业的预期培养目标[1]。

2 OBE 理念导向下的电子信息工程专业实践教学改革[2]

在 OBE 的教育理念中，一切教学活动和教学课程内容不再是教育目的而是达到学习产出的手段和方法。如何主动适应电力、电子行业人才培养需求，培养具备良好的工程实践能力和创新能力，能在电力电子领域、智能信息处理等领域从事电子设备和信息系统的研究、设计、开发、制造、应用、维护、管理等工作的德智体美全面发展的复合型高级工程技术和管理人才？我校的电子信息工程专业正在积极探索一条"依托电力、电子行业，以工程实践能力和创新培养为主线，以课程体系改革、校企深度合作为突破点，构建人才培养模式"的路子，努力使本专业学生具有理论与新技术相结合、电子系统与电力系统相结合、现代信息处理与工程实际相结合的复合知识结构，整体提升学生的专业综合素质，满足电力装备制造业、电子信息产业的应用型人才需求，服务地方经济建设。

2.1 优化专业课程体系

根据应用型人才对知识、能力和素质的要求，以工程理论和工程实践教育为核心，整合知识体系结构，优化课程内容，形成了独具特色的专业课程体系，具体改革内容如下。

（1）对"模拟、数字电子技术""信号与系统""EDA 应用技术""高频电子线路""DSP 原理及应用""STM32 嵌入式系统"等专业核心课程进行了改革，优化了课程教学内容，完善了教学方法和手段，提高了教学效果。

（2）为加强工程通识教育，在第二学期增加"工程认知训练"，时间为 1 周。

（3）增设"电力工程概论"和"电力电子技术"两门课程，以主动适应电力行业需求，培养电力电子装备制造业人才。

（4）为适应现代电子信息技术迅猛发展对人才培养的需求，开设了"物联网技术及应用""现代电子总线技术""现代企业管理概论"三门课程。

2.2 加强实践教学环节

以实践能力、工程素质和创新能力培养为主线，构建"基础、综合、创新、应用"等多环节的实践教学体系。在教学计划制订中对实践教学环节作了精心安排，改革传统实践教学模式和内容，使学生在实践动手能力和创新能力方面得到真正意义上的提高。

（1）利用已有实验设备加强实践环节。在"电子技术应用实习"中安排"高性能放大器设计""高精度稳压电源""数字频率计""数字时钟设计"等 16 个工程案例，学生利用 Multisim、Proteus 等仿真平台完成设计任务，利用 Altium Designer 软件完成"电子线路 CAD 实习"中 30 余个电子产品的原理图、印制板图设计；使用 MATLAB 软件平台完成"数字信号处理课程设计"；使用 Quartus 和 FPGA 实验箱完成"EDA 课程设计"等 15 个课题的设计任务；使用 Code Composer Studio 和 DSP 实验箱完成 DSP 处理器及数字信号滤波、频谱分析等设计任务，使学生具备现代电子工程师的基本素养。

（2）真刀真枪训练的课程设计/实习。MCS-51 和 STM32 单片机是应用面十分广泛的实用课程，一味停留在几个基本实验或仿真实验，无法全面培养学生综合应用能力和创新能力，必须真刀实枪干才能使学生真正体验电子系统设计的完整过程，为此，在教学计划中将"电子工艺实习""电子线路 CAD 实习"与"单片机综合实习"有机结合起来，使学生经历从 MCS-51 单片机应用系统的原理图、印制板图设计到元器件组装、焊接、硬件调试、软件开发与调试等完整的应用系统开发全过程，并在此基础上进一步学习 STM32 单片机的硬件设计及编程。全程以小组团队为单位，自力更生，不仅大大提高了学生的专业兴趣和求知欲，提高了学生分析问题、解决问题的实际能力和综合创新能力，而且个人和团队的角色能力、沟通能力等得到普遍提升。学生的就业优势也恰恰体现在这里，一到工作单位就能马上上岗，融入工作团队。

（3）积极拓展校企合作平台。通过调研寻找校企合作意向企业并签订校外实训基地，在一定程度上补充校内实践教学的不足，加强与企业的合作，建设有湖南华自科技有限公司国家级工程实践教育中心、湖南科瑞特省级优秀实习基地等 13 个校企实习基地，另外送学生去企业进行顶岗实习，培养和锻炼学生的实践技能。

为了使学生在学习时能够理论联系实践，也为了使教学更有针对性，我们采取"请进来"和"走出去"相结合的办法，邀请电子信息技术方面的专家来我校进行专业讲座和担任实习指导教师，邀请有实际工作经验的专业人员作兼任教师承担本专业的部分教学任务，极大地提高了学生的学习热情和动手能力；与此同时，让电子信息工程专业的优秀教师参与社会和行业培训，为社会提供专业培训，有力地服务地方经济建设。

2.3 打造课外实践平台

随着行业企业为在校大学生提供实践的社会职能不断削弱，学生参与工程实践的时间、深度和广度都存在严重不足。与此同时，企业对人才创新实践素质的要求却日益提高。为解决这一矛盾，本专业构建了课外实践与课内教学有机结合的全方位育人模式，形成了"兴趣入门→基础拓展→分类提高→创新应用→创业就业"五阶梯进式课外实践平台。

在兴趣入门中，面向电子专业学生设计 50 余项电子小制作课题，开展电子趣味制作实践，提高学生学习专业的兴趣。在基础拓展中，可选择"电子技术""单片机""虚拟仿真""电路图 CAD"等六门课程提前开展课外教学，自 2015 年起，本专业教师利用周末课余时间，每学期为学生开展电子设计的基础培训并进行知识拓展，至 2019 年 3 月累计培训 1500 余人次。以一年一届的校级"电苑杯"电子设计竞赛为载体，实行专业老师全员指导学生参加电子竞赛，让每一名电子信息工程专业学生在校期间至少参加一次电子竞赛，实现了工程实践能力、创新能力培养的全覆盖。结合学生的个性、兴趣等因素，因材施教，参加各层次创新实验室进行分类提高，选拔优秀学生进入校级电子设计创新基地、参加全国电子设计竞赛，中间层次的同学进入学院级电子设计创新实验室以得到进一步提高，在其他学生中普及电子设计的基础知识和基本技能。围绕"全国电子设计竞赛""互联网+""挑战杯"等学科竞赛开展专项竞赛实训和大学生创新项目研究，在学习之余保持锻炼工程实践能力的连续性。

3 实践教学改革效果

经过三个教学周期的改革实践，我校电子信息工程专业实践教学结合 OBE 理念，"以学生为中心，以产出为导向"构建了课外实践与课内教学有机结合的全方位育人模式，形成了"兴趣入门→基础拓展→分类提高→创新应用→创业就业"五阶梯进式课外实践培养模式，取得了良好的教学成果，其中，"依托省级创新训练中心，构建大学生电子创新人才培养第二课堂的长效机制"2016 年获湖南省优秀教学成果三等奖。2016 年以来，本专业学生在全国大学生电子设计竞赛、全国"互联网+"大学生创新创业大赛、"挑战杯"全国大学生课外科技作品竞赛、"挑战杯"全国大学生创业大赛、全国智能机器人竞赛等一系列主要赛事中都取得了优异成绩，共获得国家级奖励 24 项、省级奖励 73 项，获得专利（软件著作权）5 项，发表学术论文 9 篇，学生的工程实践能力、创新能力得到很大提高。

最近三年，本专业就业率在 93%以上，在长沙理工大学 57 个本科专业中名列前茅。部分学生进入国家电网、南瑞电力、中国中车、联想、TCL 等知名企业，25%左右的学生在国内攻读硕士研究生或出国深造。2019 年 5 月前对本专业 100 余名近三年毕业生做了跟踪调查。调查单位涵盖电力、电子行业的 20 余家国企或民营企业等，其中湖南本土企业 6 家。从调查结果来看，毕业生对本专业的培养目标和培养过程比较满意，认为大学期间所学专业知识对于自己所从事的工作非常有益，特别是专业实践环节和课外创新能力培训的实施受到往届学生的普遍好评，认为提高了自己分析问题、解决问题的综合能力，使自己一到工作单位就能立马上岗、独当一面。毕业生对当前工作的满意度比较高，多数人经过三五年锻炼，很快成长为企业的技术骨干，深受用人单位好评。从统计结果来看，85%以上的用人单位对本专业毕业生整体上在单位发挥的作用比较满意，对本专业毕业生综合素质和工作能力的评价比较高；毕业生整体反馈较好。

4 结束语

本研究基于 OBE 的教育理念，探索了该理念在电子信息类专业实践教学改革中的应用。依据"以学生为中心，以产出为导向，持续改进"的原则，通过主动适应电力、电子行业对应用型人才培养的需求，优化专业课程体系；以实践能力、工程素质和创新能力培养为主线，加强实践教学环节；以学科竞赛为契机，打造五阶梯进式课外实践平台，构建课外实践与课内教学有机结合的全方位育人模式，不仅整体提升了学生的专业综合素质，而且学生工程实践能力、创新能力明显改善，毕业生行业认可度高，社会整体评价好。

参考文献

[1] 王鼎，赵大海，郝圣旺. 基于 OBE 理念的土木工程专业实践课程体系建设[J]. 中国建设教育，2019，4：27-79.

[2] 赵卫红，王彦斌. 基于"OBE"理念的精细化工专业实验课程建设[J]. 高等教育，2015，3：85.

[3] 张其亮，陈永生. 基于 OBE 的多维度阶梯式实践教学体系构建[J]. 实验室研究与探索，2018，3：206-209+225.

高校工科专业创新创业教育基地建设模式探讨

周开军，覃业梅，王莉，倪文志

（湖南工商大学计算机与信息工程学院　湖南长沙　410205）

摘　要：创新创业教育是国家对高校提出的新使命，而实践教学基地建设是基础。本文以提高人才培养能力为核心，以课堂教学革命为重点，结合电子信息类专业的实际情况，围绕创新创业教育过程中各个教学环节存在的突出问题，探索了创新创业教育基地建设模式。最后，从学科竞赛、校企合作、实验室建设等方面，提出了创新创业基地建设措施，为电子信息类专业的创新创业教育基地建设起到抛砖引玉作用。

关键词：创新创业教育；人才培养模式；基地建设
中图分类号：G482　　　　　　**文献标识码**：A

Discussion on the base construction pattern of innovation and entrepreneurship education for engineering majors in universities

Kaijun Zhou, Yemei Qin, Wang Li, Wenzhi Ni

（School of computer and Information Engineering, Hunan University of Industry and Commerce, Changsha, Hunan, 410205）

Abstract: Innovation and entrepreneurship education is the new mission of the state to colleges and universities, and the construction of practical teaching bases is the foundation. Focusing on improving the ability of personnel training, this paper focuses on the classroom teaching revolution, combined with the actual situation of electronic information majors, and explores the construction mode of innovation and entrepreneurship education base around the outstanding problems in the various teaching links in the process of innovation and entrepreneurship education. Finally, from the aspects of discipline competition, school-enterprise cooperation, laboratory construction, etc., the construction of innovation and entrepreneurship bases was put forward, which played a role in the construction of innovative and entrepreneurial education bases for electronic information majors.

Keywords: innovation and entrepreneurship education; talent training pattern; base construction

---

第一作者：周开军（1979—　），男，汉族，湖南常德人，教授，博士。主要研究方向：电子信息创新创业教育、生物特征识别。

1 引言

当前高校教育要主动服务产业转型升级和创新驱动发展新需求。为此，各个高校特别是工科高校正积极制定措施，开展理论研究和改革实践，大胆探索改革人才培养模式、教学内容和教学方法手段，推进产教融合、校企合作，加强教学基本建设，改进教学管理、教学评价和质量监控等建设。为了培养大学生的创新创业能力，有学者从四个方面阐述了如何通过搭建创新创业平台来提升大学生创新创业能力[1]。有学者根据校政企合作模式的特点，结合教育基地建设经验和模式应用的现状，提出校政企合作模式下高校发展的创新创业教学改革与探索[2]。有学者结合高校学生的学习能力、求职意向，探索在自贸区背景下亚洲大高校合作开设跨境电商专业的可能性，提出创新创业型跨境电商人才培养的思路[3]。有学者提出通过建设大学生创业教育基地，努力为大学生创业提供有利条件，逐步构建科学先进的大学生创业教育体系[4]。有学者提出了校企混合所有制模式，实现了创新创业教育模式的创新[5]。

2 创新创业教育基地建设思路与目标

统筹相关专业创新创业、创意孵化、素质拓展等一系列活动，让创新创业在组织上更加有效，系统上更加协调，行为上更加规范。积极整合校内外资源，通过进一步加强现有创新创业实训实验室的实训设备及场地建设，充分利用校外实习实训基地的资源，整体规划，建设功能完善、满足电子信息类相关专业学生实习实训的创新训练工程实践中心。通过校企联合、专业竞赛等方式加强学生创新创业工程实践能力，为致力于"大众创业、万众创新"电子信息类专业学生提供支持，通过项目化的运作，助力创新与创业。在电子信息创新型人才培养的理念、方法、模式、机制等方面进行全方位的探索与试验，努力构建具有特色的省级普通高校电子信息创新人才培养示范体系。

3 创新创业教育基地中心建设内容

3.1 设施条件的建设与完善

进一步加大力度，不断优化校内创新实训场地及创新实训设备资源，深化与优秀创业团队的合作，不断开发优质校友创业成功者资源，充分利用校外创新创业实训场所，将中心建设成能够满足较大规模和多个专业学生进行创新实践的电子信息实践场地，基本设施和配套设施齐备，能共享相关学科专业的大型教学科研仪器设备。具有较丰富的电子信息创新训练数字资源和便利的科研信息检索查询条件。具备全年不间断（含假期）接受学生进行电子信息创新训练的能力。每年参加训练的学生数累计不少于 5000 人次。

3.2 指导教师队伍建设

加强创新创业指导教师队伍建设，建设一支结构合理、素质较高、爱岗敬业、相对稳定的电子信息创新训练专职指导教师队伍。鼓励高水平教师投入大学生创新训练指导工作，选送教师参加创新创业培训及到企业挂职锻炼，提高教师创新创业意识及能力；制定健全的指导教师遴选及管理办法，完善教师考核评价体系，调动和发挥专职教师创新创业的积极性。

3.3 运行机制的建设与完善

探索并实行校院两级管理和学生自主管理相结合的电子信息创新训练中心运行管理模式，制定齐全的规章制度，严格管理。高校和院系制定能确保中心开放运行的政策、经费、人员等保障措施。

3.4 训练项目开发建设

逐步建立稳定的电子信息创新训练项目体系，通过校企合作带入企业实际项目、实训指导老师科研转化项目及在导师指导下的学生创新创业项目等多种形式，多方面广泛引入项目来源。为保障中心创新创业项目的正常进行及健康发展，创新创业教育基地中心将通过项目开发申报获得政府资金资助、高校及学院实践教学相关经费投入、实训指导老师科研转化项目及引入的实际项目相关经费、学生自主创新项目相关费用等多种渠道，形成多元化的项目经费筹措机制，确保训练项目所需经费。

3.5 创新创业教育基地中心运行管理

中心将实行校院两级管理和学生自主管理相结合的运行管理模式，向电子信息相关专业及全校其他专业学生的相关创新训练活动开放，并制定科学合理的规章制度，严格规范管理。主要管理工作包括：成立工程实践中心建设工作领导小组，负责中心建设的指导、协调与监控等工作；实行校院两级管理和学生自主管理相结合的运行管理模式；制定科学合理的规章制度，并严格按照规章制度进行规范管理；切实落实创新实践教学质量的监控和管理。

3.6 注重创新创业基地特色建设

注重引导学生参与学科专业竞赛，以赛促学，强化学生实践与创新能力。老师指导电子信息工程专业的学生参加全国大学生电子设计大赛、全国教育机器人大赛、全国挑战杯课外学术作品竞赛、大学生电子商务大赛，参与教师技术开发课题，参与企业项目的研发。

3.7 积极开展校企合作

中心在大力建设校内实验实训场地，加强学生实践能力的同时，还积极与企业联系，加强合作，通过带学生赴相关企业参观考察、参加项目实训，聘请企业精英来高校进行课堂指导、讲座等形式，切实加强校企合作，大大提高了学生的实践能力及创新创业经验。

4 创新创业教育基地建设措施

4.1 优化组织领导，完善齐抓共管工作机制

高校进一步增强深化创新创业教育改革重要性认识，将创新创业教育改革纳入年度工作计划，每个学期至少组织召开 1 次专题会议，研究制定相关政策，协调解决高校创新创业教

育改革面临的现实问题，动员各方面力量积极参与创新创业教育改革，完善齐抓共管协同联动机制。建立健全"高校—学院（部）—系（室）—班级"创新创业教育工作网络，确保校院两级创新创业教育工作的无缝对接和信息传达与反馈渠道的畅通高效。

4.2 加大资金投入，强化创新创业教育经费保障

为创新创业教育改革各项措施稳步推进提供经费保障，同时积极争取社会赞助和捐赠，鼓励各类社会组织和个人设立创新创业基金，为创新创业项目和团队提供资金支持。充分利用学科专业优势，加强与政府及行业企业的沟通，主动对接并整合校内外创新创业教育教学资源，多渠道筹措经费，建立健全激励机制，鼓励教师开展创新创业教育教学研究与改革，探索专创融合的有效途径和方法，合理确定学生创新创业项目和团队指导工作量及薪酬标准，进一步调动广大教师参与创新创业教育的积极性。

4.3 加强督导考核，促进主体责任落地落实

高校要将深化创新创业教育改革各项要求纳入高校目标管理考核评估体系，将参与创新创业教育教学改革、指导学生创新创业实践、提供创新创业咨询服务等工作纳入教师专业技术职务评聘晋升、绩效考核评价体系。同时，高校定期组织开展创新创业教育工作督导考核，评选表彰一批创新创业教育先进单位、创新创业优秀导师、创新创业优秀团队和创新创业先进个人。建立健全创新创业教育工作激励机制，确保高校创新创业教育教学改革各项任务落地落实。

5 结论

本文紧密结合工科专业实际，紧紧围绕现阶段重点任务和重要教学环节存在的突出问题，积极开展理论研究和改革实践，探索创新创业教育基地建设模式，改革人才培养模式、教学内容和教学方法，推进产教融合、校企合作，加强教学基本建设，改进教学管理、教学评价和质量监控等，为高水平本科人才培养模式提供借鉴经验。

参考文献

[1] 韩团军，尹继武，任亚杰，等．搭建创新创业平台提升大学生创新创业能力[J]．西部素质教育，2019，1：60-61．

[2] 张勇，方东辉，李湘吉，等．校政企合作提高育人质量，产学研结合促进协同发展——以吉首大学校政企合作创新创业教育基地为例[J]．当代教育实践与教学研究，2019，1：161-162．

[3] 潘锦文．跨境电商创新创业教育基地建设的实践探索[J]．现代经济信息，2019，1：401-402．

[4] 李浩然．高校普及大学生创业教育的若干思考[J]．继续教育研究，2018，4：42-45．

[5] 夏焘．校企混合所有制创新创业教育基地建设模式研究[J]．创新创业理论研究与实践，2018，4：90-91．

新工科背景下的电子信息工程专业创新创业教育模式研究

周开军,谭平,覃业梅,何静

(湖南工商大学计算机与信息工程学院,湖南长沙 410205)

摘　要:随着经济社会发展,传统工科教育模式已难以满足新形势下的人才培养需求。本文分析了新工科背景下的创新创业教育须具备的条件,给出了新工科背景下的创新创业教育新举措,将新工科背景下的创新创业教育模式应用于我校电子信息工程专业,取得了良好效果,这些实践经验将为高校新工科建设和创新创业教育提供参考。

关键词:新工科;创新创业教育;课程教学
中图分类号:G482　　**文献标识码**:A　　**文章编号**:

Research on innovation and entrepreneurship education pattern of electronic information engineering major under the new engineering background

Kaijun Zhou, Ping Tan, Yemei Qin, Jing He

(School of computer and Information Engineering, Hunan University of Industry and Commerce, Changsha, Hunan, 410205)

Abstract: With the development of economy and society, the traditional engineering education pattern is hard to meet with the needs of talent training under the new situation. This paper analyzes the conditions of innovation and entrepreneurship education under the new engineering background, which gives the new measures of innovation and entrepreneurship education. The proposed method will serve for the innovation and entrepreneurship education pattern under the background of new engineering to the major of electronic information engineering, which has achieved quite good affections. These practical experiences will also provide reference for the construction of new engineering and innovation and entrepreneurship education in some universities.

Keywords: new technology; innovation and entrepreneurship education; course education

---

第一作者:周开军(1979—　),男,汉族,湖南常德人,教授,博士。主要研究方向:电子信息创新创业教育、生物特征识别。

1 引言

新工科是教育部从新经济的角度，提出更新改造传统工科专业，满足新经济发展人才需要的工程类专业。对于新工科背景下的专业人才培养模式探讨一直是学术界的研究热点，研究人员围绕新工科的"新"开展了多方位的探讨。有学者提出了创新创业教育的具体对策，多方面、全方位、多层次给创新创业奠定基础性、引导性、框架性工作[1]。有学者通过优化培养方案，重构专业基础课程，调整和更新教学内容，搭建创新创业平台，增设研习性实践课程等举措，有效解决了创新创业中的实际问题[2]。有学者从高校与科研机构合作、与企业合作、利用教师科研项目和成立校内科研基金四方面提出了新工科背景下科教协同培养创新型人才的具体方法[3]。有学者构建了"创新课堂-项目-竞赛-校企合作"的链式模式，循序渐进培养大学生的创新能力，培养具有跨界整合能力和创新能力的一线工程技术人才[4]。有学者提出构建新工科背景下专业知识体系关联拓扑、构建螺旋式实验教学体系、构建基于"工程坊式"的实验教学平台、凝练新工科背景下实验教学团队等实践方案。然而，在国家提倡创新创业教育形势下，如何结合新工科和创新创业教育，改革电子信息工程专业人才培养模式，是亟待解决的问题[5]。

2 新工科背景下的创新创业教育条件

2.1 硬件支撑条件

对于电子信息工程专业而言，创新创业教育需要有独立的工程实践基地，该基地通常需要依托各高校二级学院、学校创客中心、省级重点实验室、实训场地等场所及其设施设备。若能够获得中央财政支持地方高校发展专项资金的支持，完成创新实训场所及实训教学设备等项目立项，将为实践中心建设奠定良好的发展基础。

2.2 网络平台支撑条件

创新创业教育实践中心除了运行场地外，还需网络平台。基地通常需要建设开放式的网络实验课程和学生在线学习平台，并鼓励教师建设实践培训课程，教师可根据个人需要选择相应课程进行网络教学或建设。同时，学生欲参加特定时间、预约式开放实验，可在了解有关实验室开放的基本情况后，到相应的实验室或通过网络报名预约，填写学生参加开放实验项目预约登记表或学生进入开放实验室申请表。由指导教师及实验室工作人员对学生进行考查和遴选，并及时通知学生。

2.3 课程教学支撑条件

电子信息工程、自动化、传感与检测、物联网工程、计算机科学与技术等相关专业的低频电子线路、数字电子技术、物联网技术、C 语言程序设计、面向对象程序设计、高频电子线路、电路分析、嵌入式系统开发及应用、单片机与微机原理、传感与检测技术、DSP 技术及应用、现代电子技术设计等多门专业基础、主干课程及选修课程的实践教学任务。由此可见，该专业创新创业教育模式需要大量的理论与实践课程教学资源。

3　新工科背景下的创新创业教育举措

立足新工科背景下的电子信息工程专业实践教学特色、创新创业实践性特点和国家创新驱动发展战略对应用型科技人才培养的要求，形成创新创业育人平台新理念，打造创新创业育人新体系。

3.1　形成育人平台新理念

立足学校办学定位和电子信息类专业人才培养特点，从应用型人才培养目标和创新创业重在实践的基本特点出发，形成了以"行业引领与实践导向两结合"构建创新创业育人平台的新理念，为高校电子信息类专业人才培养构建创新创业育人平台提供了新理念。

3.2　践行创新创业育人新模式

遵循"行业引领与实践导向两结合"构建创新创业育人平台的基本理念，按照创新创业教育"面向全体、结合专业、融入全程"的基本要求，根据学校"分层递进构建三级课程、产教融合构筑两类基地、系统集成强化四轮驱动"建设创新创业育人平台的基本思路，创建并践行了以学分带动、活动促进、项目推动、竞赛激励为主要内容的"四轮驱动"创新创业育人新模式。

3.3　组织与政策保障

电子信息创新创业工程实践中心受学院和学校创新创业中心的领导，负责人为分管院领导，并设中心主任 1 名。为了保障电子信息创新创业工程实践中心项目建设的顺利实施，学校和学院将制定能确保中心开放运行的相关政策。学校和学院还将进一步建立系统完善的中心管理制度，并切实落实。

3.4　基地人员保障

实践教学中心通常设主任 1 名，专职管理人员 2 人，教务 1 人，辅导员 1 人，导师 50 余名，学生干部干事 10 余名。其中，教务老师负责创新创业实习实训等实践教学环节的管理，辅导员老师分管素质拓展、创业和校友工作，学生干部干事分管学生会素质拓展部及校友服务部。

3.5　宣传与经费保障

学院官网下设工程实践、就业等专栏，进行具体的宣传工作，将开设创业专栏。学校和学院制定能够确保中心开放运行的经费保障措施。学校和学院均有稳定的项目支持经费，确保创新创业工程实践项目的开发活动所需指导、调研、会议、差旅、图书、学习、耗材、设备等经费。

4 新工科背景下的创新创业教育成效

4.1 广泛拓展课程教学维度

我校低频电子线路为省级精品课程，C 语言程序设计、计算机组成原理、计算机网络、电子商务网站建设等为校级精品课程或教学改革示范课，大学物理、面向对象程序设计实验等为课程考核改革试点课，面向对象程序设计、网络工程等课程及其他部分课程设计采用了校企合作模式进行共建，引入了企业案例和企业指导老师。

4.2 积极指导学生参加学科竞赛

2015 年组织学生参加全国大学生电子设计大赛，获省三等奖 2 项、优胜奖 1 项。2016 年组织学生参加湖南省大学生电子设计大赛，获一等奖、二等奖、三等奖各 1 项。2017 年组织学生参加全国大学生电子设计大赛，获全国二等奖、省一等奖各 1 项。组织学生参加全国教育机器人大赛，获特等奖 1 项、一等奖 2 项、二等奖 1 项。参加"挑战杯"课外学术作品竞赛，获得全国二等奖 1 项、省二等奖 1 项。参加湖南省大学生电子设计大赛，获省级二等奖 1 项、优胜奖 4 项。

4.3 认真组织学生参加各类训练项目

近五年来，中心组织大学生创新创业训练项目申报，共获得 52 项立项，其中国家级 3 个，省级 21 项，校级 28 项。中心专兼职教师通过多种形式，包括组建学生助研或研发团队，委托学生团队开发，接受学生进行实习等，积极吸引学生参与课题研究和技术研发项目。

5 结论

新工科教育是国家倡导的高校育人方向，而创新创业教育是高校人才培养的手段，本文融合新工科与创新创业教育，分析了新工科创新创业教育必须具备的条件。在此基础上，提出了创新创业教育新举措，并将提出的举措应用于我校电子信息工程专业建设，显著提升了人才培养质量。

参考文献

[1] 史恒亮，吴庆涛，高晶晶，等. 新工科背景下高校创新创业教育的分析及对策[J]. 教育教学论坛，2019，13：1-2.

[2] 李秀红，李文辉. 新工科背景下机械类专业基础课程改革研究[J]. 教育理论与实践，2019，3：36-38.

[3] 胡放荣，黄新，陈满娥，等. 新工科背景下科教协同培养创新型人才的方法研究[J]. 西部素质教育，2019，2：169-170.

[4] 谢永利，王妍玮. 新工科背景下应用型本科院校 TRIZ 创新方法学的推广应用[J]. 创新创业理论研究与实践，2018，3：108-110.

[5] 何欣，刘俊男，廖先富. 新工科背景下的网络工程专业实验教学体系[J]. 计算机教育，2018，9：133-136.

基于 CBE-OBE 的"通信系统"课程建设研究

丁宏，杨鹏，黄晓涛，熊辉

（国防科技大学电子科学学院，湖南长沙 410073）

摘　要：基于学习产出的教育模式是工程教育认证的核心理念，本文以 CBE-OBE 教学模式为导向，研究、设计了卓班"通信系统"的课程目标和教学内容，实现课程教学与部队需求的无缝对接。

关键词：CBE；OBE；课程目标；课程内容

中图分类号：G642.0　　　　　　　　　　**文献标识码**：A

Research on "Communication System" Construction Based on CBE-OBE Educational Mode

Hong Ding, Peng Yang, Xiaotao Huang, Hui Xiong

（School of Electronic Science and Engineering, National University of Defense Technology, Changsha, Hunan, 410073）

Abstract: Outcomes-based Education is the core concept of Engineering Educational Certification. In this paper, guided by CBE-OBE teaching model, we research and design the course objectives and content about "communication system" for outstanding commanding talents. The course teaching can realize the seamless docking with the demand of the army.

Keywords: CBE; OBE; course objectives; course content

1 引言

"通信系统"系列课程是我校通信与信息系统二级学科的核心课程之一，面向诸多专业开课，具有很强的理论性和实践性。

2015 年学校为培养新一代高素质指挥生长军官，创办"卓越指挥人才创新拓展班"（简称卓班）。本着围绕实战搞教学，着眼打赢育人才的培养思路，卓班致力于培养能够驾驭未来战

教改项目：湖南省普通高等学校教学改革研究项目 2016 年度课题。
第一作者：丁宏（1973—　），女，博士，副教授，湖南省长沙市国防科技大学电子科学学院认知通信系副教授，主要从事通信系统设计和区域定位领域的教学、研究。

争的具有军事家发展潜质的卓越军事指挥员,期望毕业学员能够引领部队建设和作战训练创新发展。"通信系统"是卓班培养方案设定课程之一,定位为军事科技基础类,安排在大四学年的上半学期开课。为达成该课程对卓班培养目标实现的支撑作用,课程必须在已有建设基础上,针对卓班具体需求,大力改革、创新,完成课程建设工作,并持续改进。

课程建设首先从课程目标设定、教学内容规划两方面展开。课程建设中实行 CBE 与 OBE 相结合的模式。与传统的强调学科体系的理念不同,CBE-OBE 模式强调以需求为前提。它要求以职业和能力为导向,关注学生在真实工作场景下应具备的能力和技能,以此作为课程设置、建设的依据。

2 CBE-OBE 模式下卓班教改总体思路

选择某种人才培养模式就要将该模式下的教育理念贯穿到培养目标和标准的制定中,而专业培养目标和标准决定着课程计划基本框架的构建,它将为整个课程计划的制订指明方向。传统的人才培养模式,更多地强调学科体系的完整性,从这个角度考虑课程体系、课程目标及课程内容规划,导致毕业学生实用型人才缺乏,毕业学生的能力与社会及军队需求脱节,用人单位往往需要对这些学生进行再培训,才能使其独立胜任相应工作。显然,对卓班学生的培养,这种传统模式不能满足卓班围绕实战搞教学的需求。

CBE(Competency-Based Education)即"基于能力的教育",或称为"以能力为基础(或为本)的教育",是一种具有广泛世界影响的职业教育模式。它的主要特征是将岗位需求作为专业设置的依据和基础,其课程体系以岗位要求和职责为出发点,培养目标明确具体。CBE 模式的培养方式是"一切以学生为中心",培养目标强调如何使受教育者具备从事某一特定的职业所必需的全部能力,使学生在知识、能力、素质三个方面与职业岗位应具备的综合能力协调一致。

但 CBE 教学模式在实践过程中逐渐凸显出自身的不足。主要表现在:一方面,它注重岗位单项技能培养及岗位显性知识的学习,知识缺乏系统性、全面性和综合性,使得学生发展潜力受到极大的限制;另一方面,在 CBE 教学模式下按照完全定好的行业标准来教和学,造成学生进入多变的实际工作岗位时,灵活性差,难以根据实际情况进行调整。

针对 CBE 的不足,教学模式持续改革,OBE 教学模式应运而生。

所谓 OBE(Outcome Based Education)是指基于成果导向的教育,或称为基于学习产出的教育,于 1981 年由 Spady 率先提出。目前它被认为是追求卓越教育的正确方向,也是国家工程教育专业认证标准的核心内涵。专业认证标准核心内容为构建"产出导向"的人才培养体系,并持续改进。

OBE 不是改革课程标准、教学大纲或展开某项工作的一种具体技术,它更多地应该是一种教学思考方式。在传统的"课程导向"理念下,教学是从学科出发的,强调知识的系统性。而基于"OBE(成果导向)"的教育理念下,教学是从需求出发的,更强调学生的学习成果。Outcome 对应于学习成果(Learning Outcome),指构成该专业毕业学生完整学习所需的基础知识、能力(技能)和态度(价值观、情志),它强调在与专业相关的真实环境和活动中,整合单项能力,发展综合能力,从而弥补 CBE 中知识缺乏系统性、技能缺乏全面性和综合性的问题。

图 1 给出了 OBE 教育理念下的教学设计过程。

（1）围绕学生成长成才，以学生"学习产出为导向"，根据社会需求和毕业生能力要求，确定培养目标。

（2）根据培养目标逆向设计各门课程，确立各门课程教学应达成的教学成果，明确各门课程对于实现预期"学习产出"的贡献及程度，实现一体化课程设计。

（3）通过配备师资和教学资源，通过支持系统、评价系统、持续改进质量保障系统等，共同达成学习成果要求，进而实现培养目标。

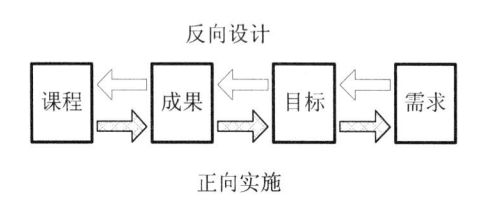

图 1　基于 OBE 教育理念的教学设计

OBE 的核心思想就是"成果导向下的人才培养体系建立"，根据目标逆向设计培养过程，最终实现培养目标。

图 2 给出了 OBE 教学模式下卓班教改的总体思路。在改革中，我们以预期毕业生能力驱动整个教育、教学改革，包括课程计划、师资、教学方法、教学评价等。整个教育架构由"培养什么样的人、怎么培养人、培养人效果评价"三部分组成，各部分环环相扣，形成以学习产出为导向的一个闭环系统。"通信系统"作为其课程体系中的一门重要课程，其教学结果应能对学生学习成果形成支撑。

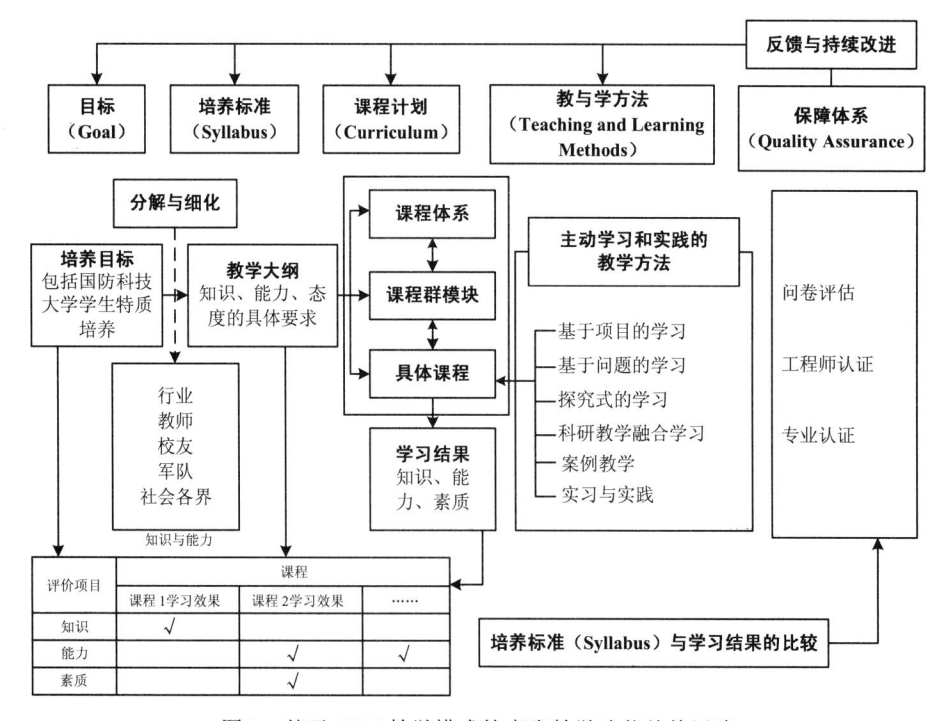

图 2　基于 OBE 教学模式的卓班教学改革总体思路

3 CBE-OBE 模式下卓班"通信系统"课程目标设定

课程建设需要完成课程教学大纲的制定，课程目标是大纲的重要内容之一，目标确立应该是大纲制定的第一步工作。课程目标包括了两方面内容，一方面要指出开课目标，另一方面要指出课程对学生达成毕业要求的贡献。因此"通信系统"课程目标要明确课程教学应该取得的成果，课程目标的达成应该为卓班学生培养目标的实现提供支撑。

卓班培养方案中，在科学文化、军事基础、军兵种和专业业务方面，培养方案从知识、能力、素质三方面提出了具体要求。方案指出，人才培养要以相关讲话精神为指导，围绕实战搞教学，着眼打赢育人才，着力培养有灵魂、有本事、有血性、有品德的新一代高素质指挥生长军官。要求遵循现代战争制胜机理，充分发挥学校优势特色，向部队、实战、未来贴近再贴近，全力满足部队的现实和长远需求，使毕业学员能够引领部队建设和作战训练创新发展。

从课程性质地位来讲，"通信系统"是卓班的军事科技基础课程。在信息战中，军事通信已经从过去独立于武器装备之外的保障单元，发展成现代一体化武器装备的重要组成部分，从保障战斗力生成发展为战斗力的重要因素。各类通信系统和数据链是连接信息化战场、数字化部队、信息化武器系统的"纽带"，是信息作战的"神经"，是实现信息互通和共享的"桥梁"。

结合卓班人才培养要求以及"通信系统"课程的性质、地位，确立课程目标为：使学生了解当今通信领域主要的通信系统的关键技术，培养学生从系统整体考虑问题及根据战场情况灵活应用的能力；通过课程学习，使学生掌握扎实的通信系统相关理论知识，掌握系统的组成、工作原理及核心技术，掌握系统在军事领域的具体应用，了解军事实践中面临的特殊问题及解决方法，使学生早日做好信息作战的通信准备，为适应联合战役信息作战要求奠定初步基础。

4 CBE-OBE 模式下卓班"通信系统"课程内容规划

传统课程导向教学模式下，教师主要关心的问题是：教什么——教学内容；怎么教——教学方法；教怎样——教学效果。

这其实是一种以教师为中心的教学模式。

而基于 OBE 的教学模式，即成果导向教育，也关心这些问题，但是关注的角度不同。它是以学生为中心的教学模式，主要关心的问题是：为何教这些——课程目标；为何这么教——毕业要求；为何教这样——能力分解。

OBE 模式不是全盘否定传统教学模式，甚至在实际教学中，它们具体工作内容会有一定的重合，但是 OBE 教学模式提供的是一种教育思想，它思考问题的角度不同。OBE 模式使教学的核心从以老师为中心转向了以学生为中心，这是理念上的一个重要突破。

根据"通信系统"课程目标，课程内容设置如图 3 所示。课程着眼指挥人才成长成才的目标要求，紧贴军事应用实际。课程主要针对当今军事通信领域典型通信系统，从基本概念、系统组成、工作原理、核心技术、系统设计方法、典型应用等方面展开教学工作，期望通过课程教学，知识层面上使学生了解相关关键技术，能力层面上培养学生从系统整体考虑问题及根据战场情况灵活应用的能力，进而为毕业学员的军事指挥应用奠定初步的理论基础。

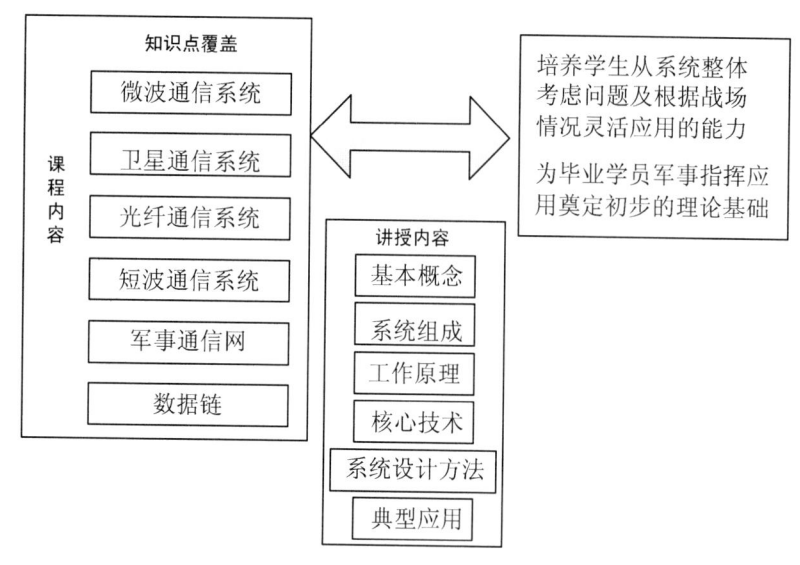

图 3 "通信系统"课程内容规划

5 总结

为达成围绕实战搞教学，着眼打赢育人才，着力培养有灵魂、有本事、有血性、有品德的新一代高素质指挥生长军官的目的，国防科技大学创办卓越指挥人才创新拓展班，制定培养方案，展开课程建设。"通信系统"作为军事科技基础类指挥控制模块设定课程，采用CBE-OBE 教学理念，制定课程教学大纲，课程取得的学习成果为卓班毕业学员培养目标实现提供了帮助。

参考文献

[1] 吕帅, 朱泓, 赵磊. 基于成果导向理念的教育改革实践与探索——以英国邓迪大学为例[J]. 重庆高教研究, 2017（3）：101-106.
[2] 申天恩. 基于成果导向教育理念的人才培养方案设计[J]. 高等理科教育, 2016（6）：38-43.
[3] 丁兆奎. OBE 导向下教学大纲的编制与设计[J]. 淮海工学院学报（人文社会科学版）, 2017（1）：120-122.
[4] 凤权. OBE 教育模式下应用型人才培养的研究[J]. 安徽工程大学学报, 2016（6）：81-85.
[5] 张桂丽. 基于 CBE&OBE 的基础会计课程教学改革探索[J]. 课程教学, 2016（5）：75-76.
[6] 郭鑫, 丁小庆. 基于 OBE 教学模式的本科教学课程改革研究[J]. 百家讲坛, 2016（4）：181.

间歇采样案例教学研究

潘小义，肖顺平，王雪松

（国防科技大学电子科学学院 CEMEE 重点实验室，湖南长沙 410073）

摘 要：将科研案例带进 MOOC 课堂，借助 MOOC 灵活的教学平台，将带来教学理念和方法的一场革新。本文试将间歇采样作为科研案例，从其提出的基本背景、原理和方法角度出发，进行案例思路设计，阐述其创新性与特点，探讨如何进行科研案例与 MOOC 教学的有机结合。

关键词：间歇采样；MOOC 教学；教学研究
中图分类号：G642.0   **文献标识码**：A

Research of Intermittent Sampling Case Study

Xiaoyi Pan, Shunping Xiao, Xuesong Wang

（State Key Laboratory of Complex Electromagnetic Environment Effects on Electronics and Information System, National University of Defense Technology, Changsha Hunan, 410073）

Abstract: Bringing scientific research cases into the MOOC classroom, with the help of the flexible teaching platform of MOOC, will bring about an innovation of teaching ideas and methods. This paper tries to take intermittent sampling as a scientific research case, and from the perspective of its basic background, principle and method, carries out case design, expounds its innovation and characteristics, and discusses how to organically combine scientific research case with MOOC teaching.

Keywords: Intermittent sampling; MOOC teaching; Instructional research

1 引言

20 世纪末，部分研究型美国大学充分利用其研究优势，开始在本科生和研究生教育过程中引入科研成果，在教学活动中加入科研内容，推动科研案例向教学资源的转化，为学生参

教改项目：湖南省学位与研究生教育改革项目（2019JGZD003）；国防科技大学研究生教育教学改革研究课题（科研案例走进 MOOC 课堂实例研究）。

作者简介：潘小义（1986—   ），男，博士，国防科技大学电子科学学院副教授，主要从事雷达对抗技术教学和研究工作。

与科研创造条件[1-4]。近年来，多所国内研究型大学如清华大学、电子科技大学等多所大学开展了科研案例引入课堂以及研究型教学等教育理论研究探索和尝试，并取得一定的理论研究和实践成果[2]。

如今，MOOC 课堂的教学内容虽覆盖各个领域，但以常规的基础理论教学为主。真正将科研案例以 MOOC 课堂形式呈现的情况鲜少出现。当前，学科间交叉融合发展日趋明显，无论是科研需要还是产业需求，都对人才培养提出了更高要求。深耕专业的本领要有，眼观六路的视野更不可或缺。把成果转化为 MOOC 课程教学案例，为的就是让课堂内容贴近学科前沿，为学生今后的科研实践奠定基础。利用 MOOC 灵活的教学平台，将科研案例带进 MOOC 课堂，带来的也是教学方法的一场革新。在这一课堂上，知识新、话语新、问题新，鼓励的就是师生畅所欲言，思维相互碰撞。

国防科学技术大学作为以建设具有特色的世界一流大学为目标的国内知名研究型大学，承担着大量的先进国防科技研究项目和人才培养工作。电子科学学院以工科教学为主，科研项目的工程应用性强。将科研成果引入 MOOC 课堂是电子科学院充分发挥学院科研优势，推动学院科研成果进入人才培养的主要环节，是一项提高人才培养质量、增强创新实践能力的教改项目。本论文将作者所在研究团队提出的间歇采样转发干扰作为科研案例，探讨如何将科研与 MOOC 进行紧密的结合，在教学改革中完善科研与 MOOC 教学的转化机制，让人才培养与科学研究"两翼齐飞"、共同成长。

2 间歇采样转发干扰

现代雷达普遍采用大时宽带宽信号，一方面可以提高雷达距离分辨率，实现目标精细特征测量；另一方面能够扩大雷达威力范围以及抑制噪声等非相干干扰。先进的雷达信号处理方式迫使干扰系统必须针对性地采用相应的干扰技术，相干转发干扰即是针对宽带相参雷达而提出的，目的之一就是通过转发雷达发射信号的高保真复制品来抵消大时宽带宽雷达信号处理时的相干处理增益。目前相干转发干扰实现器件主要包括数字射频存储器（DRFM）、直接数字合成器（DDS）等，工程上基于 DRFM 或 DDS 的相干转发干扰基本流程是通过模数转换器（ADC）对雷达截获信号进行高精度采样、经过处理后再由数模转化器（DAC）恢复为模拟信号转发回雷达的过程。一般地，为满足干扰快速响应的要求，全脉冲信号相干转发干扰通常需要采用收发隔离良好的双天线体制，以期将干扰信号尽快辐射出去；单天线体制会导致转发干扰信号至少比雷达信号延迟一个脉冲。在诸如小型化干扰机等应用领域，由于平台、载荷等实际情况以及干扰多样化需求等，不仅要求干扰响应速度足够快，还对天线尺寸、数量以及干扰信号生成本身提出了更高的要求，传统收发同时工作体制下的相干转发干扰技术在工程实现上存在一定的实际困难。

为了解决弹载干扰机等实际工程应用背景下收发天线同时工作带来的隔离度难题，国防科技大学王雪松教授所在研究团队于 2006 年首次提出间歇采样转发干扰理论[5]，至今已发展十余载。间歇采样转发干扰的基本思路是对雷达截获信号高保真地采样一小段后，将该段信号转发出去，然后接连采样下一小段信号并转发，如此交替进行，直至完成整个雷达截获信号。间歇采样转发干扰过程在数学上等价于用一个矩形包络脉冲串对雷达截获信号进行采样[1,2]，相邻的两个矩形包络脉冲间的非采样时间内用于干扰信号转发，其示意图如图 1 所示。

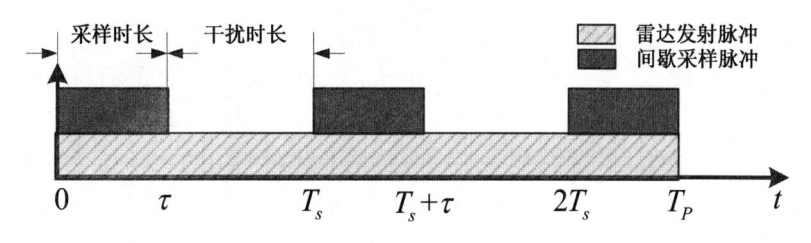

图 1　间歇采样转发干扰示意图

间歇采样转发干扰为收发分时相干干扰奠定了理论基础，在干扰机收发共用天线条件下用收发分时体制来解决工程应用中的收发天线空间隔离难题[5,6]。除此之外，间歇采样转发干扰还具有一些额外的优势：一是能够对雷达截获信号进行快速干扰响应，相较于传统相干转发干扰而言其不需要等待一个完整雷达脉冲信号，这也使其具备对抗波形捷变雷达的潜力；二是对于线性调频脉冲压缩等体制雷达能够形成导前假目标群干扰效果。

3　案例设计思路

基于国防科技大学电子科学学院"科研成果进课堂工程"先期获得的教学成果，总结推行前期工作的经验，根据学院科研以应用研究为主的特点，该案例设计主要设计思路包括：

第一步，以信号与系统、随机信号分析、雷达对抗等课程为基础，梳理出间歇采样转发干扰对应的知识点，做成讲课PPT；

第二步，将间歇采样转发干扰与课程内容相关的应用研究项目总结整理为教学案例，录制成MOOC视频，作为对理论课程内容的补充。

实现先进科研案例向MOOC网络平台教学资源转化，为人才培养提供先进、生动、现实的学习内容，而且能使科研与网络教学从实质上统一到人才培养的基点上来，让学员在科学研究的氛围中养成发现问题、分析问题和解决问题的能力，切实提升学员的创新水平，同时将院校教育和部队建设有机结合起来。具体包括以下几个方面的工作内容：

（1）围绕"间歇采样转发干扰"理论课程中信号采样、信号检测与估计、线性系统、雷达信号处理、匹配滤波等基本知识点，结合教师科研项目，利用在项目中获得的实测数据，编辑整理间歇采样理论在处理实际数据中的应用。

（2）将上述材料整理成教学案例，编写相应的教学PPT、仿真支撑素材。

（3）录制教学视频，上传到"学堂在线"平台，作为课程内容的有效补充。

实现科研条件进MOOC课堂作为实施"科研案例进MOOC课堂"的有效支撑，在现有的共享科研条件资源基础上，充分利用MOOC平台的便捷优势，将某些科研仪器、设备以及科研实验环境、工作详细流程通过网络平台呈现在学员面前，并有效结合虚拟实验手段、开放的难题，推动"科研案例进MOOC课堂"向纵深发展。

4　案例设计的创新之处

"科研案例进MOOC课堂"是一项促进科研与教学互动，本文中的间歇采样转发干扰案例教学以科研反哺教学为手段，实现学院课程建设不断完善、理论教学和实验教学水平不断提高和学员创新能力不断提高的复杂系统工程。创新之处包括以下几方面。

（1）科研思想进课堂。建立信号理论、雷达、雷达对抗等专家名师与学员深入、广泛交流的网络化 MOOC 平台与常态机制，传播工程观点、系统观点、辩证观点和实践观点。

（2）科研产出进课堂。间歇采样作为一项针对具体科研中的实际难点问题，经多年实践检验的科研成果，是科研案例向教学资源转化、提高科研成果进课堂的效能的典型代表。

（3）科研骨干进课堂。建立教学与科研相结合的课程组的组织结构优化和团队建设方案，研究科研骨干与教学名师之间相互学习、相互促进的工作机制。

（4）科研条件进课堂。发展科研资源共享机制，将科研仪器、设备以及科研实验环境、工作流程通过 MOOC 平台展现，建设虚拟实验在"科研案例进 MOOC 课堂"中的应用方法。

5 结束语

我校近年十分重视教学改革研究，出台了多项政策措施加强课程建设，尤其是本科教育质量年的开展，使得 MOOC 教育教学工作被提到了重中之重的地位。作为教师，应积极参与科研项目与 MOOC 教学实践，探求两者的共性和结合点，研究科研案例向教学素材转化的有效手段；特别关注科研项目获得的实测数据的处理方法中所用到的检测与估计方面的理论，将其进行收集整理，转化为教学案例，这样才是理论联系实际的。

参考文献

[1] Kay J, Reimann P, Diebold E, et al. MOOCs:So many learners, so much potential [J]. IEEE Intelligent Systems. 2013, May/June:70-77.

[2] 王颖，张金磊，张宝辉. 大规模网络开放课程（MOOC）典型项目特征分析及启示[J]. 远程教育杂志，2013（4）：67-75.

[3] Brinton C G, Chiang M, Jain S, et al. Learning about social learning in MOOCs from statistical analysis to generative model[J]. IEEE Transactions on Learning Technologies. 2014, 7(4):346-359.

[4] 李建平，丁吉超，吴强，等. 高等数学 MOOC 课程讨论区开放性问题在线讨论实证调查与思考[J]. 高等教育研究学报. 2014, 37（4）：9-12.

[5] 王雪松，刘建成，张文明，等. 间歇采样转发干扰的数学原理[J]. 中国科学 E 辑 信息科学. 2006, 36（8）：891-901.

[6] Wang X, Liu J, Zhang W, et al. Mathematic principles of interrupted—sampling repeater jamming[J]. Science in China. 2007, Series A-Mathematics 50(1):113-123.

浅谈如何设计一门优秀的 MOOC 课程

潘小义，赵锋，肖顺平，王雪松

（国防科技大学电子科学学院 CEMEE 重点实验室，湖南长沙 410073）

摘　要：MOOC 的开放性、免费性以及广泛参与性使其成为近两年教育研究领域的热点，MOOC 课程是 MOOC 教育的核心内容。本文试从课程资源、讲演方法、交互体验和课程团队等方面进行初步梳理，阐述如何设计一门优秀的 MOOC 课程。

关键词：MOOC 教育；课程设计；优秀课程
中图分类号：G642.0　　　　　　　　　　　　**文献标识码**：A

A brief talk of how to design an excellent MOOC course

Xiaoyi Pan, Feng Zhao, Shunping Xiao, Xuesong Wang

（State Key Laboratory of Complex Electromagnetic Environment Effects on Electronics and Information System, National University of Defense Technology, Changsha, Hunan, 410073）

Abstract: Due to its openness, free and extensive participation, MOOC has become a hot topic in the field of education research in the past two years. MOOC courses are the core content of MOOC education. This paper attempts to make a preliminary analysis from the aspects of course resources, lecture methods, interactive experience and course team, and to explain how to design an excellent MOOC course.

Keywords: MOOC education; course design; excellent course

1　引言

随着国内外 MOOC 的快速发展，为展现名校风采，传播大学精神，引领高等教育事业的走向，越来越多的大学积极加入 MOOC 平台。目前国际著名的 MOOC 平台有 edX、Coursera、Class2Go、Udacity、Course Builder 以及 Lernanta 等[1,2]。这些 MOOC 平台涵盖的课程类型也

教改项目：湖南省学位与研究生教育改革项目（2019JGZD003）；国防科技大学研究生教育教学改革研究课题（科研案例走进 MOOC 课堂实例研究）。
作者简介：潘小义（1986—　），男，博士，国防科技大学电子科学学院副教授，主要从事雷达对抗技术教学和研究工作。

颇具多样性，仅从授课目的来区分，既有讲授知识的，也有传授技术的，还有说明道理的。国内一流大学多与这些 MOOC 平台合作推出 MOOC 课程，例如，北京大学和 edX、Coursera 两大 MOOC 平台合作，设计制作了涵盖计算机科学、生物学、中文、艺术等领域的多个相关课程[3]；清华大学正式加盟 edX，而复旦大学、上海交通大学也相继与 Coursera 正式签约。国内"爱课程网"中国大学 MOOC 平台也于 2014 年 5 月 8 日正式开通，国防科学技术大学"高等数学"成为首批上线的课程之一[4]。MOOC 课程需要经历确定授课内容、讲演录像、修片上传、提问讨论以及作业考核等诸多过程，而整个 MOOC 课程的完成需要大量人力和物力支持，它不仅需要主讲教师对原有课程的内容进行重新梳理分类与讲授，还需要一个专业的团队来维护整个视频课程的正常运行[5]。也就是说，设计制作一门 MOOC 课程的过程是相当烦琐的，而如何设计一门优秀的 MOOC 课程则更应该是当前每一位 MOOC 教育研究者亟须思考和探索的问题之一。要设计一门优秀的 MOOC 课程，要考虑以下几个要素：科学的课程内容、引人入胜的讲演方式、良好的在线课程交互体验以及专业的 MOOC 课程团队。

2 科学的课程内容

课程内容是 MOOC 教育的核心，决定着 MOOC 教育的受众面。完善的课程内容意味着 MOOC 课程所传授的知识丰富、有用，从而也更广泛地吸引学生。MOOC 课程内容选取必须首先考虑课程面向的对象，不同对象的水平不一、基础各异，且对学习课程有不同的愿望和期许，而 MOOC 课程内容是没有办法做到让每一个选课的学生都满意的。因此，只有对象明确了，才能合理地选定 MOOC 课程内容。其次，传统课堂上授课内容长度是有时间要求的，太短了讲不完，太长了学生注意力又难以集中，MOOC 课程内容的长度也应该科学分配时间。再次，MOOC 课程内容还要考虑知识的完备性，也就是说不仅要考虑已有的 MOOC 课程授课内容，还要设计与该课程相配套的其他 MOOC 课程。

当前，国际知名 MOOC 平台推出的课程大部分来源于名校中业已有名的相关课程，这些传统课堂上由优秀名师教授的课程经过内容的增补、删减及更改，制作成符合 MOOC 特点的网络视频课程。这种方式的优势在于这些课程本身已经过多年的积淀，课程内容经过了实践的检验，能够基本保证课程内容的科学性和实用性。但这种方式也存在着不足，例如，很多 MOOC 平台中已经推出的 MOOC 课程其内容本身是针对较高层次研究者的，这些课程的学习需要比较系统的基础理论知识，但在 MOOC 平台中却没有对应的基础 MOOC 课程与之相配套，当前已有 MOOC 课程内容还需进一步丰富和完善。此外，MOOC 课程内容不能一味贪多，讲究"大而全"，并不是所有的课程内容都适合采用 MOOC 教育的方式[6]。

3 引人入胜的讲演方式

讲演方式影响 MOOC 教学质量，同样也是评价 MOOC 课程设计优秀与否的关键因素之一。传统课堂上，教师面对学生"谈笑风生"的教学方式在 MOOC 课程中被录像机摄录的方式取代了，教师面对的常常是毫无生机的机器。很多教师表示在镜头前讲课要远比传统的课堂授课不自然得多，毕竟教师不是演员，很难去调和"授课"和"表演"之间的冲突[6]。但不得不承认的是，表演的好坏直接影响学生的注意力，MOOC 课程需要教师的出色"表演"，完成"对着学生讲"到"对着镜头讲"的过程。

　　MOOC 课程的学生就是观看视频课程的人，这些人与传统课堂教学中的学生相比，最大的不同是他们处于不同的地域和时间，有着不同的文化背景和行为习俗，讲演者需要考虑如何恰到好处地运用讲演技巧来辅助教学。在 MOOC 视频讲演过程中，教师一般需要经过专业的培训，在形象、神态、语速、语调和姿势上都要做适当的改变；同时还要在着装、场景上做适当的设计，把讲演技巧提高到比在传统课堂中更高的地位。在 MOOC 教育中，教师不仅要讲明白课程内容，还要做一名出色的表演者，用"表演"技巧和激情激发学生的学习兴趣，把课程内容讲得精彩，让学生学得有味。

4　良好的在线课程交互体验

　　一款应用软件是否能够得到用户认可并打开市场，其功能是否实用和完备固然是必不可少的前提条件，但软件界面是否友好、用户使用是否方便也是核心要素。与此类似，在 MOOC 课程学习过程中，视频的观看、随堂练习的提交、交流与讨论的反馈以及作业和考核等，都是需要学生在线进行操作的，其交互过程是否便利将影响学生对该课程的学习体验。MOOC 教育中学生的主动性极为重要，如若 MOOC 课程交互体验十分不便，将极大影响学生的学习主动性。

　　国际互联网的开放性让所有 MOOC 课程的开放性有了基本的技术保证，除掉一些外围因素的影响，如网络带宽大小、机器新旧等，具体到每一门 MOOC 课程，其设计的课程交互方式也间接地影响着课程教学质量。例如，传统的课堂练习或者考核一般通过发试卷的方式，由学生做完后教师统一评改，而在 MOOC 课程教学中，就不可能采取这种方式，一方面是因为任务量太大，另一方面是实时性难以保证。在 MOOC 教学过程中，可以设计更加灵活的实时在线评判系统和同伴互评系统。尤其是当题目涉及主观类型试题时，更加需要设计一套灵活的由教师主导的、学生广泛参与的在线评卷和打分系统。此外，在如今的触屏时代，将触屏方式引入 MOOC 课程教学过程，也有望提高在线课程的学习体验和便利性。

5　专业的 MOOC 课程团队

　　一门优秀的 MOOC 课程不仅需要授课教师的出色表现，同时还需要服务于 MOOC 课程的其他人，他们与授课教师一起组成了一个完整的 MOOC 课程团队。这是因为 MOOC 课程相比传统课程更加费时费力，具体体现为一方面需要授课教师在承担诸多学术和科研工作任务期间，额外地花费时间选择课程内容、修改讲稿、录制视频课程等，从而导致承担一门 MOOC 课程教学的工作量是承担一门传统课程教学工作量的数倍[7]。另一方面，MOOC 在线课程的学员数量相比传统课程大幅度上涨，由此仅靠授课教师一人之力势必难以开展教学工作，必然需要一个团队共同进行课程准备、视频拍摄、课程管理及疑难解答等[8]。

　　如果把 MOOC 课程比作一部电影，那么授课教师就是电影的主演，而其他人可以比作电影的导演、编剧、剧务等。主演固然十分重要，但若没有其他人的保障和支持，MOOC 课程只能是拍摄好的"母片"，而不会成为一部精彩的院线"大片"。

6 结束语

MOOC 还在继续发展和壮大中,针对 MOOC 教育还有很多值得研究和探讨的问题,面向更大规模和更加复杂的 MOOC 受众群体,如何设计好、开发好、维护好 MOOC 课程成为保障 MOOC 教学质量的关键,也是 MOOC 教育能否取得成功的核心要素。要重视优秀 MOOC 课程设计,真正使 MOOC 成为人人都能平等享受优秀教育资源的广阔平台,防止 MOOC 教育在我国走上函授教育、电大教育、成人自考等教育梦想的"卖文凭"老路上。

参考文献

[1] Kay J, Reimann P, Diebold E, et al. MOOCs:So many learners, so much potential [J]. IEEE Intelligent Systems. 2013, May/June:70-77.

[2] 陈希,高淼. MOOC 课程模式及其对高校的影响[J]. 软件导刊. 2014,13(1):12-15.

[3] 王宇,韩斯超. 教师退出 MOOC 课程建设原因分析——以"艺术史"课程为例[J]. 工业和信息化教育. 2014,11 月刊:83-90.

[4] 李建平,丁吉超,吴强,等. 高等数学 MOOC 课程讨论区开放性问题在线讨论实证调查与思考[J]. 高等教育研究学报. 2014, 37(4):9-12.

[5] 范逸洲,冯菲. 浅析 MOOC 发展中不可忽视的群体——MOOC 助教[J]. 工业和信息化教育. 2014(11):29-36.

[6] 朱青生. 北京大学 MOOC 研究——以"艺术史"课程为例[J]. 工业和信息化教育. 2014(11):75-82.

[7] 王颖,张金磊,张宝辉. 大规模网络开放课程(MOOC)典型项目特征分析及启示[J]. 远程教育杂志,2013(4):67-75.

[8] Brinton C G, Chiang M, Jain S, et al. Learning about social learning in MOOCs from statistical analysis to generative model[J]. IEEE Transactions on Learning Technologies. 2014, 7(4):346-359.

电子信息类专业人才培养探索

庞礴[1], 代大海[1], 丁锦灿[2]

（1. 国防科技大学电子信息系统复杂电磁环境效应国家重点实验室，湖南长沙 410073）

（2. 国防科技大学研究生院，湖南长沙 410073）

摘　要：电子信息类专业是一类具有自身特点的专业，因此，需要探索高等工科院校电子信息类专业人才培养模式。论文通过研究指出，高等工科院校应该进行教学改革，完善教学体系，充分体现因材施教的教学思想，真正提高教学质量，培养出创新能力强、实践技能高的新型人才。

关键词：电子信息类专业；教学改革；人才培养

中图分类号：G642.0　　　　　　　　　**文献标识码**：A

The Exploration of Talent Training for Electronic Information Specialty

Bo Pang[1], Dahai Dai[1], Jincan Ding[2]

（1. State Key Laboratory of Complex Electromagnetic Environment Effects on Electronics and Information System, National University of Defense Technology, Changsha, Hunan, 410073）

（2. Graduate School, National University of Defense Technology, Changsha, Hunan, 410073）

Abstract: As electronic information specialty is one specialty that has its own characteristics, it is necessary to explore talent training mode of electronic information specialty in high engineering course college. Through research, this paper points out that high engineering course college should carry out teaching reformation, construct an integrated teaching system for electronic information specialty, in order to make tutorial plan well suiting to the individual student, improve teaching quality and finally train eligible talents with strong creativity ability and high practice skill.

Keywords: electronic information specialty; teaching reformation; talent training

---

第一作者：庞礴（1984—　），男，博士，讲师，国防科技大学电子信息系统复杂电磁环境效应国家重点实验室教师，主要从事电子信息科学与技术的教学、研究。

1 引言

随着科技的不断进步和社会的不断发展，以电子信息类产品制造、软件产业和集成电路/芯片制造为代表的电子信息类产业由于消费群体广、技术含量高、工业附加值大、经济/社会效益高，成为我国国民经济的支柱产业之一，同时也是国家重点发展的产业方向，在国民经济中具有举足轻重的地位。正因如此，当前，整个社会对电子信息类专业技术人才的需求十分旺盛，同时对人才培养的质量也提出了更高的要求[1]。

进入新的发展时代，我国要紧跟工业革命的步伐，实现可持续发展，就必须占领电子信息产业这样一个科技发展的制高点。为了实现该目的，就要求高校这样一个人才培养的重要阵地紧跟时代发展，锐意进取，不断进行教学改革，不断创新电子信息类专业的人才培养模式以及课程建设内容，使其更加先进、更加科学，从而使培养出的电子信息类专业的学生既具有深厚的理论功底，又能熟练运用所学专业知识解决实际问题，为科技进步和社会发展做出更大的贡献。例如，作为一类紧贴工程实践的专业，如何加强电子信息类专业的实践教学，培养学生的创新精神和实践能力，就是一个非常值得研究的课题。因此，非常有必要对电子信息类专业人才培养进行探索和研究[2]。

2 人才培养改革创新思路

2.1 课程体系建设

课程体系建设是课程实施和人才培养的基础和前提。首先，高校应该根据自身实际情况和发展的需要构建课程体系，一般来说，可以将课程体系划分为基础类课程、拓展类课程、应用类课程等[3]。其中，基础类课程主要是让学生学习电路分析、模拟电子技术等电子信息类基础内容，建立基本概念，为进一步学习奠定基础；拓展类课程主要是让学生学习数字信号处理技术等，进一步加深学生对电子信息技术的认识，开发学生的潜能；应用类课程主要是让学生学习单片机基础、大数据等，进一步使学生接触前沿的电子信息技术，提高学生的专业知识及专业技能，不断强化学生的创新意识，让培养出的学生能够与社会发展以及技术发展的需求相符。要实现以上目的，同时使课程体系的设置更加科学，相关教师需要深入进行调研，深入了解相关人才需求，从而进一步分析如何进行课程体系建设，让学生得到全面的指导，从而获得全方位能力的锻炼[4]。

2.2 教学团队建设

在课程体系建设的基础上，高校应该秉承教师是教书育人的根本理念，重视对教师的培养。一方面，积极组织教师到国内更高平台进修，或者出国培训交流，不断提高教师的专业水平和师德师风，构建一支高水平、高素质的教师队伍[4]。另一方面，应该加强教学团队建设。具体的建设内容包括培养教学团队带头人、核心骨干教师以及兼职教师等。其中，培养教学团队带头人主要是将一些熟练掌握电子信息类专业相关先进技术并且学术思想活跃的人才作为培养的对象，让他们在国内或者国外知名研究机构、高校、企业等进行培训，不断学习先进的电子信息技术知识，从而在电子信息技术领域不断增长才干，扩大影响力，起到引领团队发展的作用。培养核心骨干教师主要是通过选送优秀、有潜力的教师到国内外的高校进行深入交流培训，或者进入科研单位学习、研发新的电子信息技术，不断提高核心骨干教师的教学水平、专业技术能力及实践水平，让核心骨干教师逐渐成为电子信息类专业教学的主力[4]。兼职教师队伍建设主要是依靠聘请行业中具有影响力、知名度的高级职称技术专家，或者聘请企业中工作经验丰富的工程技术人员。作为接触科技前沿和现代化工业发展的专家或工程师，他们可以为学生传授现代社会中不断进步的电子信息工程技术及相关的知识内容，同时有利于做到校企联合，搭建起从学校到企业的人才培养和就业桥梁。为了保证兼职教师队伍的稳定性和延续性，高校对于聘请的兼职教师，应该签订相应的工作协议，一方面保证一定的工作量和课时量，另一方面也要考虑到兼职教师的实际情况，保证其授课的时间灵活[5]。

2.3 理论教学改革

有了课程体系建设和教学团队建设作为支撑，下面，就应该对具体的教学内容进行革新。

俗话说，没有规矩不成方圆。因此，在理论教学方面，首先应该制定并实施一系列教学管理的规章制度，例如，设立教育教学委员会、教学管理办公室、教学督导组、教学团队、实验中心、试讲及验收制度、专家跟课/听课制度等，对教学整个过程实行质量监控。在此基础上，还应开展教学检查、教学督导、网上听查课等，鼓励教师互相听课，相互学习借鉴，评估授课情况，并及时反馈，开展评比[6]。另外，学校、学院还应该定期或不定期举办教学开放日活动，由学校、学院主要领导、各系负责人、学科带头人、教学团队负责人参加，通过这样的活动，近距离和学生接触，认真听取学生对教学的意见和建议，并及时加以改进。

在此基础上，应避免"重科研轻教学"的倾向，鼓励教师，特别是副高职称以上教师积极投身本科教学工作，并设立教学评估和激励机制，将教学成果奖、"金课"建设、指导学生竞赛获奖、优秀教学论文、教学平台建设等给予奖励，将教学成果奖、教学名师、国家"金课"等作为正高级职称评定和教授业绩考核的条件并形成制度[6]。除此之外，还应鼓励教师在教学形式和方法上进行创新，从探索小班教学入手，改革传统课堂教学方式方法，多采用雨课堂、翻转课堂等新兴教学手段，丰富教学方法，改善教学质量。

2.4 实践教学改革

电子信息类专业是一类紧贴工程实践的专业，因此应该加强其实践教学，培养学生的创新精神和实践能力。首先，应该完善实践教学结构。在课程设置上，紧跟时代发展，做到推陈出新，整合、淘汰一批落后实践课程，同时新增、革新一批先进实践课程，同时优化、提高实践教学环节比例，并在最终的评价机制中增加实践成绩所占的比重，必要时实行实践教学"一票否决制"[6]。同时，在实践教学活动中，强调理论和实践的结合，学以致用，引导学生参加学科竞赛、挑战赛、大学生科研、社会实践、科研机构参观见学等活动，并组织有较丰富实践经验和较强科研能力的教师参与指导，为学生提供实验条件、技术指导和经费支持。

其次，应不断创新实践科目，以提高学生创新意识和实践能力为核心指导思想，在具体形式上，主要采用兴趣小组、创新社团、暑期学校等，探索紧密结合工程实际的创新实践模式[6]。同时，在实践项目的选择上，应坚持因材施教，将学生的实际情况和兴趣爱好和创新实践科目相结合，不断整合优化创新实践科目，形成一个鼓励创新，且有利于创新的创新实践模式，倒逼教学改革，形成良性循环[7]。

电子信息类专业人才培养改革思路如图1所示。

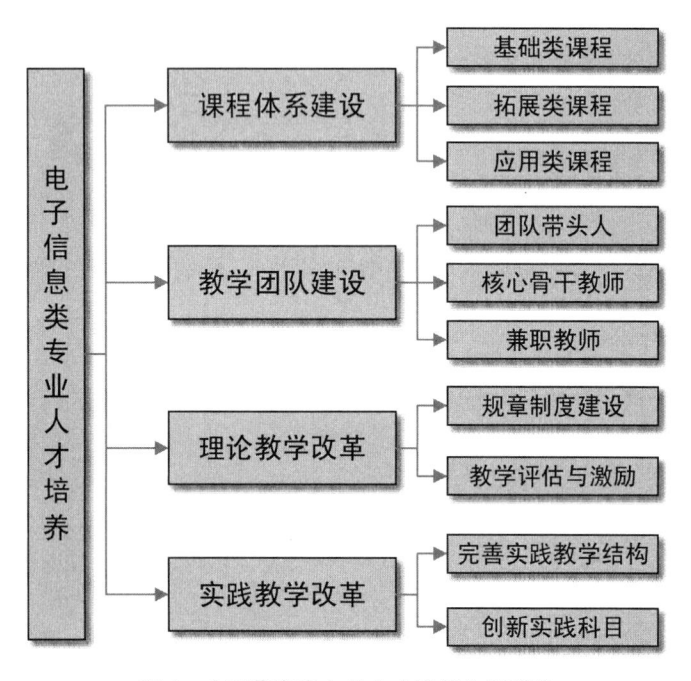

图1 电子信息类专业人才培养改革思路

3 结束语

综上所述，新的发展时代对电子信息类专业人才培养提出了更高的要求，为了实现该目标，需要对电子信息类专业人才培养进行探索。作为一项系统化的工程，我们需要首先建立合理的课程体系，并以此为基础构建高水平、高素质的教学团队，为人才培养提供智力支持。有了这样的支撑，还应该在具体的教学实践中，明确目标导向，在理论和实践教学中开拓创新，建立规章制度，创新教学教法，丰富课程构成，形成理论结合实践的教学理念，最终实现培养适应新时代发展的高素质人才的目标。

参考文献

[1] 丁道一,何焰兰,黄松筠,等.构筑一个完整的金字塔教学体系——教学实验与科学实验接轨[J].高等教育研究学报,2011,34（1）：77-79.

[2] 丁保华,陈军.建立相对独立的实验体系,深化实验教学改革[J].实验技术与管理,2007,24（4）：22-23+44.

[3] 许志华,梁艳.电工电子实验教学改革探析[J].信息系统工程,2010（2）：115-117.

[4] 龙晓庆.电子信息工程技术专业建设及人才培养模式的探讨[J].现代信息科技,2019,3（22）：192-193+196.

[5] 李晓东，吴永烽，张济龙. 任务驱动方法在微机原理与接口技术实验课程中的应用[J]. 西南师范大学学报（自然科学版），2013，38（2）：133-137.

[6] 王晓艳，杨光义，隋竹翠，电子类创新实践体系的构建与研究[J]. 电气电子教学学报，2019，41（6）：114-117.

[7] 赵娟，郝国成，余志华. 大学生创新实践平台研究与实践[J]. 实验技术与管理，2014，31（03）：20-22.

基于OBE理念的信息工程专业形成性考核实践

熊伟，陈浩，李沛秦，欧阳雪

（国防科技大学电子科学学院，湖南长沙 410073）

摘 要：对比分析了国内外信息工程专业现状。现有的教学考核方式存在面向相关专业课程的可持续更新的配套实验项目体系不够完善，教学效果评估框架缺乏学习数据支撑等问题。梳理了专业特色的课程体系，建立了基于开放资源的实验支撑环境，探讨了线上线下混合的考核全过程管理方法，以及案例驱动的教学模式和形成性考核实践。

关键词：基于成效的教育；形成性考核；信息工程；教学实践

中图分类号：G642.0　　　　**文献标识码**：A

The Formative Assessment Practices of Information Engineering Major Based on Outcomes-based Education Concept

Wei Xiong, Hao Chen, Peiqin Li, Xue Ou-Yang

（College of Electronic Science, National University of Defense Technology, Changsha, Hunan, 410073）

Abstract: Information engineering majors in foreign and local university are analyzed and compared. There are some problems in the existing teaching assessment methods for the sustainable updating supporting experimental project system of related professional courses, and the assessment of the teaching effect is lack of a teaching data evaluation framework. The curriculum system with professional characteristics is reorganized. The experimental support environment based on open resources is established. The online and offline mixed assessment process management method is discussed, and the case-driven teaching model and formative assessment practice is presented.

Keywords: outcomes-based education; formative assessment; information engineering; teaching practices

---

基金项目：国防科技大学教育教学研究课题重点课题。
第一作者：熊伟（1976— ），男，汉族，湖南益阳人，博士，副教授，研究方向为空间数据库和地理信息系统。

1 引言

以新一代信息技术为代表的技术革命浪潮正在席卷全球。技术革命导致产业变革与结构调整的速度不断加快,新技术引领的新产业与新业态不断涌现,推动着技术与产业的跨界融合。"互联网+教育"、"智能+教育"、在线教育与慕课、智慧学习等教与学的新形式引导了信息工程教育不断改革与创新[1,2]。新技术与信息化发展的跨界性与快速变化特征要求信息工程人才具备更高的创新创业与跨界整合能力,具有适应未来技术与社会变化的可持续竞争力。如何培养具有可持续竞争力的人才成为信息工程教育面临的新挑战。未来的高校使命既要通过教育快速提升学生的知识、能力和素质,培养合格的毕业生,更要努力保持和提升学生在其终生职业生涯中的可持续竞争力与胜任力。这要求高校应该从传统的固定学制式教育向为学生提供终生可持续竞争力的教育服务转型[3,4]。这一新使命将引发信息工程教育形态与模式的大革命[5]。

"基于成效的教育"(Outcome Based Education,OBE)已成为当今工程教育认证的核心标准内涵。OBE 是一种培养目标导向的教育模式,强调以学生为中心、以学习成效为导向、不断持续改进[6]。新兴的技术产业不断跨界融合且日益复杂化,使得工程教育越来越关注面向未来产业的学科交叉和综合能力培养。2017 年 8 月,麻省理工学院启动了"新工程教育转型"(New Engineering Education Transformation,NEET)计划,代表着美国工程教育的最新发展方向[7,8]。NEET 计划强调工程教育以学生为中心,变革学生的学习方式与学习内容,以培养能够引领未来产业界和社会发展的工程领军人才为目标,构建面向未来的新机器与新工程体系,培养未来工程领军人才。

信息工程类课程的教学内容,大多可以分为基础型和前沿型两类,即已经发展完善的相关原理和方法,以及正在发展中的原理和方法。后者对于实践类教学环节的设置,提出了更高的要求。作为一门工程实践性很强的学科,很多专业知识点需要学习者在一定的情境下,借助教师或者同学的帮助,通过构建实例体验才能获得深刻理解和巩固。以往教学活动常常是重理论、轻实践,学员的主要精力在于识记,对学习知识的体验感非常低。同时,大数据、智能化以及互联网环境下的开放共享理念,为相关学科人才培养教学实践环节带来新的机遇。很多经典知识点已经广泛应用到了产业界和生产生活中,学术界也开发了不少开源软件、平台工具等。在教学过程中有选择地使用这些开源工具或者借助相关信息化开放平台[9],可以很好地为学员营造具体生动的知识点关联场景和情境,提高学员的学习体验,有效提升教学效果。

综上所述,高校现在需要以信息工程高素质专业人才培养为中心,以学习成效为导向,以不断持续改进课程教学和考核为目标。面向信息工程系列课程特点,重点研究面向 OBE 理念的信息工程课程体系和教学模式,基于在线开放资源的课程实验案例设计,基于信息化教学平台的形成性考核环节全过程管理,案例驱动的教学模式与形成性考核实践方法等,从教学方法分析、实验教学体系构建、形成性考核手段设计等方面展开研究,构建 OBE 驱动的教学体系和形成性考核体系,以更好地满足新工科时代背景下信息工程人才的培养要求。

2 国内外信息工程专业比较

一直以来，信息工程专业的定位存在两个不同的方向：计算机方向和电子方向。这两个方向实质上反映着专业所侧重的两个不同的一级学科：计算机科学与技术和信息与通信工程。国外大学通常并没有"信息工程专业"这个独立的名称，但是在其电气电子工程系或者电子工程与计算机科学系中都设置了相近专业。两个不同的分化方向分别产生了不同的人才培养目标，前者重点培养信息工程领域的工程与研究型人才，而后者由于其所在学校的定位，更侧重于培养技能型人才。

2.1 麻省理工学院相近专业定位

麻省理工学院（MIT）电子工程和计算机科学系中的电子工程与计算机科学（EECS）专业领域非常广泛，包括计算机和通信网络、电子电路系统、激光及光电子、半导体和固态器件、纳米电子学、生物医学工程、计算生物学、人工智能、机器人等诸多领域，EECS 本科生教育主要涉及电子工程和计算机科学两个核心科目，系统地建立起学生基础知识和理论深度，根据个人的兴趣爱好，选定主题领域进行培养。

对于 MIT 的本科生，电子工程和计算机科学系提供学士和硕士工程学位课程。本科专业分为电子科学与工程（ESE）、计算机科学与工程（CSE）和电子工程与计算机科学（EECS）。对四年制学生，针对上述三个专业，分别提供三个系列的课程。ESE 系列课程侧重于电子，培养从事电子科学与工程的学生；CSE 系列课程侧重于计算机，培养从事计算机科学与工程的学生；EECS 系列课程则在上述两个系列中进行交叉选择，兼顾电子和计算机两个领域，培养跨电子科学与工程和计算机科学与工程学科的学生，这与国内的信息工程专业类似。学士学位的课程建立在校级基本要求（General Institute Requirements）上，使学生能够尽快动手实践自身的想法和创意，参与活动和学习，体验电子工程和计算机科学魅力。MIT 本科学习大体划分为三个阶段，见表 1。

表 1 MIT 本科学习阶段划分

阶段	课程要求	备注
阶段一	数学 电子科学与计算机科学导论（含实验）	基础课和导论性质课程
阶段二	3～4 门基础课（Foundation Subjects）	专业基础学习
阶段三	3 门先导课、1 个系实验室项目（实验课）（Department Laboratory）、2 门高级本科课程（Header Subjects）	专业领域学习。允许学生有 4 个自由选修课，自由地形成学习计划。一方面可以配合不同的兴趣，另一方面确保在选定领域的专业水平和研究深度

2.2 伦敦帝国理工学院相近专业定位

伦敦帝国理工学院（ICL）的电气与电子工程系包含两个专业：电气与电子工程（EEE）和信息系统工程（ISE）。EEE 专业主要学习电气、电子、通信和硬件设计相关课程，相当于国内通常理解的电子工程专业。而 ISE 专业的设置则是注意到了计算机技术成为众多电子科学和计算机科学领域的重要支撑技术，跨电子科学和计算机科学两个领域的交叉研究成为当前学术界和工业界的研究热点，为了平衡电子科学和计算机科学所开设的交叉学科专业。该专业的学生需要学习、掌握软件工程和硬件设计，需要学习计算机科学专业中实用性较强的课程以及电子工程专业中电学和通信学相关的课程，这就相当于国内的信息工程专业。

ICL 本科的前两年属于专业必修基础课程学习阶段，EEE 和 ISE 两个专业的学生分别按照教学大纲规定，学习相应专业的必修课程。其中，EEE 专业更偏向学习电子和硬件相关课程；ISE 专业则平衡地学习电子工程专业和计算机专业的课程。本科的后两年属于专业选修课程学习阶段。EEE 和 ISE 两个专业的学生根据不同学制分为三年制和四年制两类，不同学制需要学习的年限和选修的课程数目不同，毕业时授予的学位也不同。

2.3 国内大学信息工程专业定位

从总体上看，国内知名大学信息工程专业的设置主要依托信息与通信工程这个一级学科，强调对电子信息的分析和处理，强调信号与系统的联系，这类学校包括清华大学、北京航空航天大学、天津大学、复旦大学、华中科技大学、东南大学、电子科技大学等等。与之相适应，专业名称在这些学校中有的具体化为"电子信息工程"，这个方向目前是信息工程学科建设的主流。

这些高校的专业定位与学科建设相结合，本科专业、硕士点学科、博士点学科及博士后流动站等协同发展，形成了一个合理的层次结构。同时各大高校又根据自身的专业特色，确定了各自的主要发展方向，例如，华中科技大学的电子信息工程专业以光电子信息处理为龙头，构成中国的"光谷"基地，电子科技大学的电子信息工程专业以图像信息处理与传输为重点，西安电子科技大学的电子信息工程专业则以雷达信息处理及移动通信中的信息处理为特长。这些高校专业特色鲜明，学科优势突出，适应社会发展的需要，从而培养的人才供不应求，为国家和地方经济做出了较大贡献。

从另一方面看，在一些高校的二级学院和大部分高职和专科学校中，信息工程专业则是侧重于培养学生利用计算机处理信息的技能，强调在计算机信息系统中对信息的分析和理解。这类院校信息工程专业建设主要依托计算机科学与技术一级学科，以培养计算机应用能力为主。

3 基于 OBE 理念的信息工程专业形成性考核实践

在"互联网+"和"智能+"时代，新一轮信息技术革命不仅引发了社会与经济变革，也促使各种新的教学模式不断涌现。以学位教育项目为主导的传统教育模式必将转向以学生终生持续发展能力为目的的新工科型教育模式。因此，必须通过开展个性化定制培养模式、推动开放的多阶段累加式实验教学、采用线上线下混合教学和案例驱动教学等形成性实践，形成涵盖敏捷教学体系、教育质量评价与改进机制、信息化教学支撑系统、开放教育生态等的形成性考核体系。

3.1 面向 OBE 理念的信息工程课程体系和教学模式分析

信息工程是一个极其宽泛的专业领域，包含了许多专业方向。首先结合国家本科教学工程和国内外信息工程专业的特点，从我校的实际出发，研究信息工程专业的内涵及其在电子科学和计算机科学这两大学科中的地位，从而找准定位，为专业建设奠定坚固的学科基础。深入分析了国内外知名高校信息工程专业人才培养方案，对其具有共性的部分加以提炼，找出信息工程专业人才培养的基本规律，并结合当前信息技术的发展，分析人才培养的发展趋势，建立特色体系。专业课程体系梳理和实践平台支撑如图1所示。

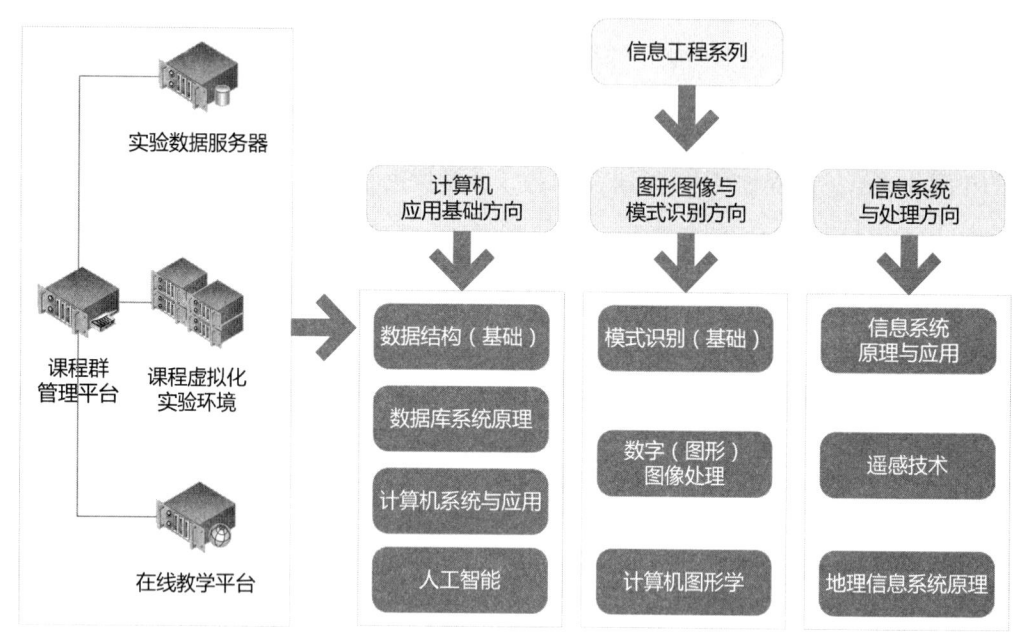

图1 专业课程体系梳理和实践平台支撑

图1梳理出以计算机应用基础、图形图像与模式识别、信息系统与处理三大方向的课程体系和教学内容，围绕课程系列，建立了包含实验数据服务器、课程虚拟化实验环境、在线教学平台和课程群管理平台的信息工程专业实践平台支撑，最终形成科学合理的信息工程专业形成性考核体系建设。

3.2 基于开放资源的课程实验案例设计体系

根据我校信息工程专业培养方案，参考在线开放教学平台Educoder[10]，复用共享教学资源，设计符合我校实际的课程实验案例体系。如图2所示，针对数据结构与算法课程，实践项目设计可涵盖诸如线性表/队列/栈的应用等基本知识单元的实例；针对人工智能与模式识别课程，实践项目设计可以涵盖神经网络算法等主流模型等。

在分析具体模型时，还可以引入其他互联网开放系统。例如，在讲授深度学习为什么要用深层网络而非浅层网络时，可以借助使用谷歌开发的Tensorflow Playground平台，演示二层感知器网络不能处理"异或"问题而多层网络可以的事实，学员学到的理论能够马上得到验证。教员还可利用该平台提供的不同数据集，要求学员通过探索不同激活函数、不同层数的神经网络进行分类效果探索，加深对知识点的理解和掌握。

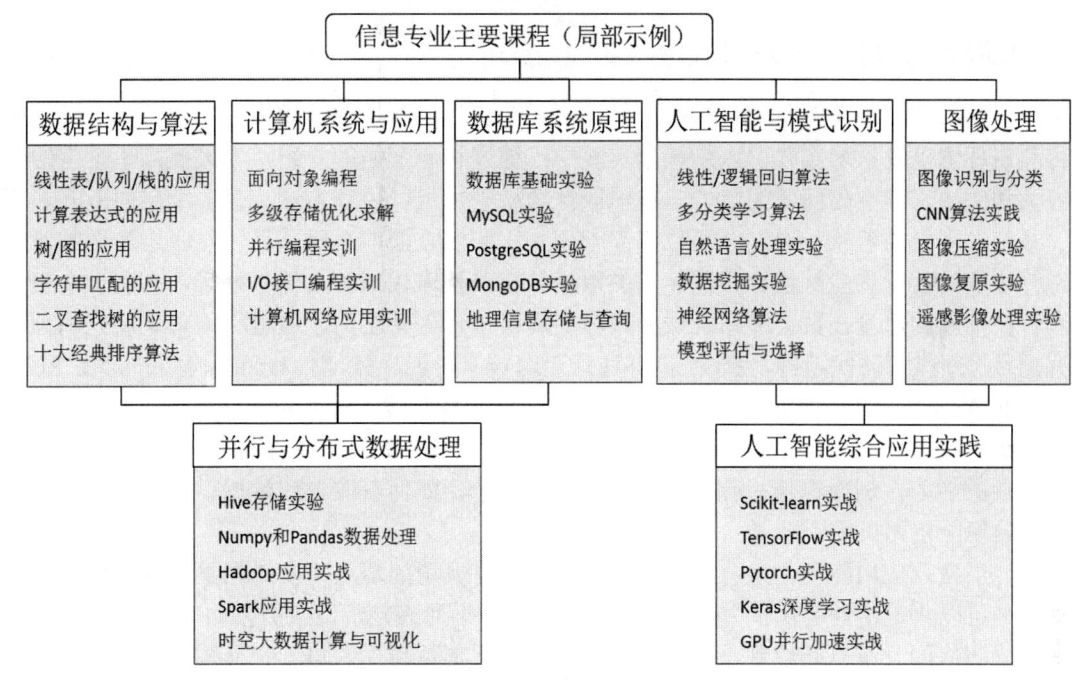

图 2　开放式实验体系

3.3　线上线下混合的形成性考核环节全过程管理

形成性考核环节全过程主要包括如图 3 所示的几大主要步骤：教员创建课堂、布置实训（并且可自主选择是否将该实验案例共享）、结果评测（可自动化）、查看学生对实验作业的完成情况报告；学员加入课堂、浏览实训、完成作业并查看自己的得分，班级内的完成水平统计情况等报告。

其中，线上教学可以结合腾讯课堂、ZOOM 视频会议或 B 站直播等方式，实践中发现，在线直播的方式学生课堂参与感比线下课堂更高，参与方式更丰富也更体现互联网特色，如使用弹幕、举手、讨论板、签到等。

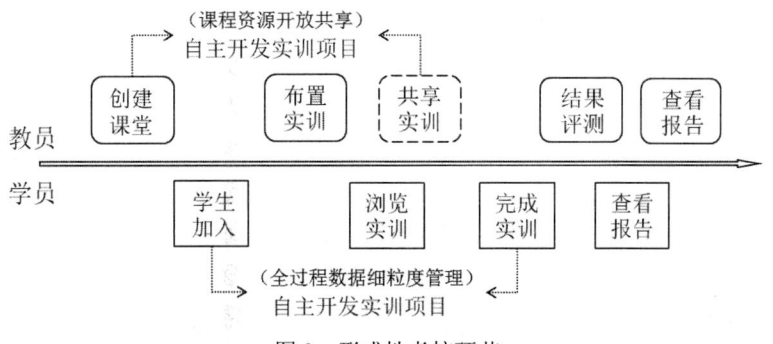

图 3　形成性考核环节

线下形成性考核环节全过程管理可以利用雨课堂等教学软件实现，通过创建课堂、布置作业、发布课件等，包括细粒度查看具体任务的提交次数、每名学生每次提交的报错详情、代码修改过程详情等个性化数据，班级内学习指标等各项统计值随时间变化的趋势分析等。

3.4 案例驱动的教学与形成性考核实践方法

第一层次，科研案例驱动。科研项目和工程案例融入课堂已经成为教学的重要手段，教师将科研理念以及学术实践引入到课程实践中，通过科研案例的介绍，大大提高了学生的创新能力和解决工程实际问题的能力。在形成性考核中，可以由浅入深，分多个层面展开。例如，系统实现层面考核，通过介绍数据库管理系统研发方面的科研项目，对底层实现的源代码进行讲解，使学生能够设计实现相关的数据结构、程序代码和文件系统等，有利于学生理解和分析抽象的理论在数据库系统中的具体实现；技术创新层面，通过引入理论研究和预先研究项目等新技术研发项目，使学生能够注意追踪技术发展趋势，对 Hadoop、MongoDB、Redis 等最新的 NoSQL、内存数据库技术进行介绍，了解和体验技术的最新发展趋势；应用开发层面，介绍与应用紧密结合的科研项目，面向具体的工程实践，提高学生提出问题、分析问题、解决问题的能力，例如在新冠肺炎监控与预测应用中，如何获取在线数据、提出分析和预测模型、展现分析结果等。

第二层次，应用驱动。信息工程专业的课程具有典型的理论与实践相结合的特点。在课程教学中可以大量结合实际应用案例，激发了学生的学习兴趣，以应用驱动理论学习。例如，在信息采集方面，可以介绍到，日常生活中的手机、消费型无人机、社交网络等都可以成为数据来源；在形成性考核方面，让学生使用手机 GPS 软件采集 GPS 轨迹数据，使用数据库管理，通过 GIS 软件可视化，利用无人机拍摄影像再校准到地图上，还可以设计自动在网络获取开放数据的程序，更深入地让学生体会信息模型从现实世界如何进入信息世界，又如何进行呈现。这种从应用背景出发的案例教学方式，一方面加深学生对课程中基本理论的理解，另一方面通过综合运用多种专业软件进行实验，培养学生将理论知识结合具体的工具，提高解决现实问题的能力。

第三层次，课程研讨。信息工程领域是理论和技术发展迅速的研究方向，在教学过程中，除了基本理论和技术的讲解外，还可以设置多个研讨主题，让学生通过查阅相关研究文献、论坛资料、技术新闻等，结合新的应用背景，开展课程研讨，增加形成性考核的多样性。在研讨主题方面，可以紧密结合大数据时代的信息系统应用背景，例如，环境监测与污染预报领域中，如何进行空气质量指数实时监测与污染情况分析（如城市雾霾、PM 2.5 值监测等）；在交通流量监测与拥堵治理中，如何利用无人机等手段来解决堵点问题；在应急响应与救援中，如何快速获取人员流动数据。这些应用主题对信息系统中的数据描述、存储管理、分析模型等知识点都会涉及。在研讨过程中通过师生交互的动态过程，实现教学相长的目的，促进知识的吸收。在研讨形式上可以不拘一格，例如，以教师为主导，通过设定研讨的主题，以提问—回答的方式，形成技术磋商的研讨过程；教师也可以采用多种方式制定研讨课件，引入视频、图片、网页等激发学生的参与意识；或者由若干学生组成专题研讨组，发挥学生的积极能动性，通过团队协作、主题辩论、技术争鸣等活跃课堂氛围，实现对技术的深入理解。

4 结论

通过对比分析国外一流大学麻省理工学院、伦敦帝国理工学院，以及国内一流大学信息工程类专业的定位，发现信息工程专业建设更趋向于以产出为特色的目标导向。基于 OBE 理念的形成性考核对于信息工程专业人才培养来说也越来越凸显其重要性。现有的教学考核方式存在的主要问题是：实验项目体系持续改进手段不够完善，实践学习信息化评估框架还有待建立。

本论文梳理了信息工程专业特色的课程体系和教学模式，设计了基于开放资源的实验支撑环境，探讨了线上线下混合的考核全过程管理方法，以及介绍了案例驱动的教学和形成性考核实践措施。

下一步将继续开展向多学科交叉融合培养的教育转变，为学生提供更加多样的能力训练、教育环节及训练方式，引入各种创新项目的实践来提高综合素质与创新能力。

参考文献

[1] 吴岩. 新工科：高等工程教育的未来——对高等教育未来的战略思考[J]. 高等工程教育研究，2018（6）：1-3.

[2] 徐晓飞，李廉，傅育熙. 发展中国特色的慕课模式提升教改创新与人才培养质量[J]. 中国大学教学，2018（01）：23-24.

[3] 计算机教育20人论坛报告编写组. 计算机教育与可持续竞争力[M]. 北京：高等教育出版社，2019.

[4] 徐晓飞，李廉，战德臣，等. 新工科的新视角：面向可持续竞争力的敏捷教学体系[J]. 中国大学教学，2018（10）：44-49.

[5] 吴爱华，侯永峰，杨秋波，等. 加快发展和建设新工科，主动适应和引领新经济[J]. 高等工程教育研究，2017（01）：7-15.

[6] Rajaee N, Junaidi E, Taib S N L, et al. Issues and challenges in implementing outcome based education in engineering education[J]. International Journal for Innovation Education & Research, 2013, 1（4）: 1-9.

[7] Graham R. The global state of art in engineering education[R]. Massachusetts Institute of Technology（MIT），March 2018.

[8] 肖凤翔，覃丽君. 麻省理工学院新工程教育改革的形成、内容及内在逻辑[J]. 高等工程教育研究，2018（2）：45-51.

[9] 熊伟，刘露，陈荦，等. 开源软件在空间数据库课程实验教学中的应用[J]，高等教育研究学报，2013，36（3）：40-41+44.

[10] Educoder 智能学习平台 [EB/OL], https://www.educoder.net/.

以学科竞赛为重要载体，推动引领大学生创新创业实践教育
——基于电子信息类工科院校的若干思考

晏行伟[1]，王玮[2]，张敏[1]，柳征[1]，黄知涛[1]

（1．国防科技大学电子科学学院 CEMEE 国家重点实验室，湖南长沙 410073）

（2．国防科技大学前沿交叉学科学院，湖南长沙 410073）

摘　要：学科竞赛是高校进行创新人才培养的重要抓手，对增强大学生的创新实践能力，推动教师教学方式转变，促进高校教育教学改革具有至关重要的作用。本文结合电子信息类工科院校，立足学科竞赛，聚焦锻造师生的竞争意识和创新精神，切实提高学生的创新能力，革新指导老师的思想观念和教学方法，推动院校管理方式和方法改进，探讨构建大学生学科竞赛长效工作机制，促使院校以学科竞赛为载体推动引领大学生创新创业实践教育。

关键词：学科竞赛；大学生；创新创业；实践教育

中图分类号：G642　　　　　　**文献标识码**：A

Promoting the Practical Education of Innovation and Entrepreneurship for College Students with Discipline Competition as an Important Carrier——Several Speculations on Engineering Colleges of Electronic Information-Majors

Xingwei Yan[1], Wei Wang[2], Min Zhang[1], Zheng Liu[1], Zhitao Huang[1]

（1．CEMEE State Key Laboratory, College of Electronic Science and Engineering, Changsha, Hunan, 410073）

（2．Frontier Interdisciplinary College, National University of Defense Technology, Changsha, Hunan, 410073）

Abstract: Discipline competition is an important way for the cultivation of innovative talents in colleges and universities. It plays a vital role in enhancing the innovative practice ability of college students, promoting the transformation of teachers' teaching methods and promoting the reform of education and teaching. This paper concentrates electronic information engineering colleges, based on discipline

---

基金项目：2018 年教育部第二批产学合作协同育人项目（201802234013）。

第一作者：晏行伟（1985—　），男，博士，讲师，国防科技大学电子科学学院 CEMEE 重点实验室教师，主要从事电子信息科学与技术的教学、研究。

competitions, focusing on the competitive consciousness and innovative spirit of forging teachers and students, effectively improving students' innovative ability, innovating the teachers' ideological concepts and teaching methods, and promoting the improvement of college management methods and ways. This paper explores the construction of a long-term work mechanism for college students' discipline competitions, and promotes the use of discipline competition as a carrier to promote the practice of college students' innovation and entrepreneurship.

Keywords: discipline competition; college students; innovation and entrepreneurship; practical education

1 引言

2014 年 9 月，国务院总理李克强在夏季达沃斯论坛中提出要在我国掀起"大众创业""草根创业"的新浪潮；2015 年 3 月，国务院总理李克强在其所做的政府工作报告中再次明确提出"大众创业，万众创新"，总理的两次讲话在掀起了我国"双创"热潮。另一方面，2010年，教育部在其发布的《关于大力推进高等学校创新创业教育和大学生自主创业工作的意见》（教办〔2010〕3 号）中强调——高校开展创新创业教育，积极鼓励高校学生自主创业，并将双创教育列为深化高等教育教学改革。由此可见，无论是国家领导人还是教育部，都非常重视大学生的创新创业实践活动，高等教育院校该如何实现"双创思想"的落地生根，既保证正常的教学任务开展，又能很好地推动创新创业实践活动，成为高等教育院校面临的一个重要课题。

高校该如何寻找突破，找到一个推进大学生创新创业实践教育的有效载体至关重要，而学科竞赛作为高校大学生接触最多的一项课外实践活动，已经成为绝大多数高校[1]，特别是电子信息类工科院校的共同选择。为了推动"双创"热潮，为建设"双创"型社会提供坚实的人才保障，电子信息类工科院校必须以学科竞赛为抓手，坚持"以赛促学、以赛促教、以赛促改"，加强学科竞赛工作的顶层设计，充分发挥学科竞赛在创新创业人才培养工作中的重要作用，努力培养知识、能力、素质协调发展的创新型人才，不断推动大学生创新创业实践教学改革，多角度全方位合力助推学科竞赛工作，营造"敢于创新、勇于创业"的文化氛围。

2 立足学科竞赛提高师生的基础能力，为创新创业实践打下坚实基础

学科竞赛是创新创业型人才培养的重要方式，在电子信息类工科院校的学生"双创"能力素质培养方面具有不可替代的作用和意义。

2.1 备战学科竞赛，推动学生课外实践能力的有效提升

为了在学科竞赛中取得好成绩，电子信息类工科院校必须更加系统地规划学科课程设计，逐步引导学生主动进入电子设计等竞赛的大门。从大学开始就激励和引导学生刻苦学习，打牢基础：大一着重培养学生对电子信息类相关学科和课程制作的浓厚兴趣，大二打牢学科类的基础知识，大三支撑形成专业知识体系，大四锻炼学生的实践能力。特别是针对实践性较强的课程，如微机原理、嵌入式系统以及 C 语言、DSP、FPGA 程序设计等课程，需要运用现

实生活中的具体实例，结合现场讲解和视频剖析，分解课程中所对应的知识内容，采用卷面考试和实践考核相结合考查学生，充分锻炼和提高学生在硬件测试、软件编程、嵌入式设计等课外实践能力，引导学生多动手、多实践，做好学科竞赛前的知识储备和实践锻炼。

另一方面，注重引导学生加强基础学科和专业基础课程的学习。如果不注重基础学科（如高等数学、大学物理等）和专业基础课程，必将导致学生后续发展乏力，电子信息类竞赛需用到的实验设备如示波器、信号发生器、万用表、数控电源和功能模块电路，只有熟练掌握基础学科的数学和物理知识，并在专业基础课程中系统地训练，才能在电子设计竞赛等赛事中运用自如，从而为创新创业实践打下坚实的理论知识和专业基础。备战学科竞赛阶段是循序渐进的。除了课程学习和课外实践外，在赛前会安排暑期培训，复习实践性强的课程，并出一些模拟的竞赛题，让学生进行"模拟竞赛和评比"，同时参赛学生会向金牌指导老师和往届获奖学长取经，他们会针对热难点问题，用简单而形象的方式辅导参赛学生，传授一手的实践经验，对学生实践能力进行锻钢淬火，进一步有效提升学生的课外实践能力。

2.2 服务学科竞赛，促进教师教学能力的革新

为了更好地指导学科竞赛，指导老师需要摒弃陈旧的教育理念，将学科竞赛指导和传统的课堂教育放在同样重要的位置，像对待专业基础课程一样认真对待学科竞赛的教学。

针对学科竞赛指导的特点和规律，革新教学模式，提高教学能力水平。把学科竞赛的教学理念融入到课堂教学中来，采用"培训指导+竞赛模拟项目"方式推进电子信息类创新创业型人才教学模式转变，充分做好学科竞赛的培训指导[2]。所有竞赛指导教学活动中以参赛学生为中心，充分发挥其主观能动性，把所传授内容以竞赛项目的形式展现到学生面前，让学生自由组队，主动参与竞赛模拟项目，推动和引导大学生实践能力的提升。同时把握"竞赛模拟项目"的设计，将学科知识融入模拟竞赛，构造一系列可操作性强的"竞赛模拟项目"。

同时，打造多元化竞赛指导教师队伍，提升创新创业实践教育的层次水平。学科竞赛的指导老师团队中既需要教学经验丰富的教学型老师，又需要心无旁骛搞科研的科研型老师，还要有工程能力突出的工程实践型老师，只有多元化的指导老师队伍，才能满足竞赛指导期间学生对电子信息类学科知识的多样化需求。在竞赛准备阶段，除了常规的培训，还要举办专家讲座等活动，促进专家教授将相关科研成果更好地转化为学生学科竞赛优势，以多元化的指导老师队伍和竞赛辅导方式探索新的实践教育教学理论，提升创新创业实践教育的层次水平。

在辅导竞赛过程中，教师需要强化"以赛促教，以教助赛"，强化学科竞赛与相关课程建设的结合，围绕学科竞赛加强教学课题研究，不断推动教学内容与方法的改革，不断提升自身创新创业实践教育的水平和能力。

2.3 保障学科竞赛，引导学校学院管理方式的改进

院校作为学科竞赛的组织者和管理者，首要责任是加强组织领导。将组织学科竞赛作为培养学生创新创业能力的一项重要工作来抓，制订周密计划，构建竞赛组织机构，完善竞赛章程和组织实施方案，全面做好竞赛的组织领导工作。

加强指导教师队伍建设，打造专业化的指导老师队伍。加紧实施专业化指导教师团队建设，加强对创新创业师资团队常态化培训，提高师资教学水平。通过派遣指导教师到高科技

企业锻炼、出国交流、国内高校访学等各种途径提升教师自身能力素质[3]。同时坚持"请进来、走出去"战略，邀请校外专家学者、高科技企业高管、创业成功人士等作为兼职教师，用他们丰富的实践提高老师指导创新创业实践能力水平。

打造稳定的竞赛平台和创新创业环境，给学生多层次、多平台、多样化的赛事选择。院校可搭建阶梯式的竞赛平台，对竞赛项目进行分类分层选拔，以电子设计竞赛来说，某"985"工科类院校有学院级的启航赛、精英赛、校级大学生电子设计竞赛、湖南省大学生电子设计竞赛、全国大学生电子设计竞赛，同时辅以相关的国家级大学生创新创业训练计划项目、"挑战杯"全国大学生课外学术科技作品竞赛和"挑战杯"创业设计大赛等综合类赛事，通过分层的学科竞赛平台，进行层层选拔，构建电子设计竞赛的培养路径，一步一个脚印地推动学生在竞赛中成长成才。

3 围绕学科竞赛优化院校实践教学，加快培育师生创新创业能力素质

始终坚持"以赛促学，以学强赛"的育人导向，激发学生的兴趣和潜能，培养学生突破求新的创新能力与死磕到底的创业精神，增强其团队协同能力和综合素质。

3.1 依托学科竞赛平台，锻造学生的创新和创业能力

参加学科竞赛并不仅仅是为了取得一个好成绩，更为关键的是通过竞赛培养学生的工程实践能力、锻炼意志品质、开拓学术视野，在一次次竞赛模拟和真实竞赛中锻炼学生的创新精神和创业能力。以电子信息类工科院校的电子设计竞赛为例，从选题分析、系统设计方案论证、硬件设计、软件设计直至最终调试测试的整个过程，是未来学生从事创新创业的一次实战练兵，这也正是学科竞赛的真正魅力所在。

学科竞赛是一个成长平台，也是一个新的起点，学生在学科竞赛过程中，会发现各式各样的问题，从而展开思考，并且会坚持探索，从而主动和教师、学长、同学进行课后交流，通过MOOC等网上在线课程学习，借助图书馆、公共资料寻找解决方案，并与志同道合的同伴组成学习小组，这无不帮助参赛学生提高专业素养，增强学习兴趣及研究主动性。可见，一个高水平的学科竞赛可以帮助学生短时间内提高发现问题和解决问题的能力，这种解决实际问题的方法和习惯，不会随着学科竞赛的结束而消失，会引导学生铸就科学的思维方式和行动准则，帮助学生形成敢于创新、勇于突破的行为模式，持续锻造学生的创新创业能力。

3.2 优化学科竞赛指导，聚焦学生团队协同精神和竞争意识培养

学科竞赛过程中，老师对于参加竞赛学生的指导，除了传授理论知识和实践经验以外，更进一步地，还需要从教知识转化为培养学生的团队协同能力和竞争意识。

指导学科竞赛，锻炼学生的团队协作精神是重要一环。学科竞赛中，技术上的难题，经过指导老师的悉心教导，大多数竞赛团队通过努力可以完全解决。难的是把每一个细节做好，从而使最终完成的竞赛作品达到最优的组合状态，而做好每一个细节的关键在于团队协作，这也是指导老师需要教导学生的。老师可以通过鲜活的事例让学生明白：个人能力再强，失误也在所难免，只有组员间高效互动、明确分工、相互支撑，每个人的潜能都被激发，团队协作精神得到充分发挥，才能在学科竞赛中获得好成绩。

同时，学科竞赛是天然的优胜者"表演场"，非常适合培养参赛学生竞争意识。虽然所有参与学科竞赛的学生都能通过竞赛提升实践能力，但是唯有获奖的团队才能获得奖励和荣誉。哪怕只差一分，不能获奖，之前付出的所有努力和自身能力都很难得到他人的承认。唯强者胜，唯胜者扬名，这无疑会深层次激发起学生的斗志和求胜欲，此时指导老师可引导学生树立正确的竞争观念和竞争意识，为学生们未来的创新创业埋下良性竞争意识的种子。

3.3 铸就学科竞赛良性循环，加快院校转变教育教学观念

在"双创"的热潮下，院校必须坚持以"符合学生需求、结合专业教学、体现双创导向、锻炼学生能力"为学科竞赛开展的出发点，激励与引导学生在竞赛中形成良好的赛风，真正做到"以赛促学，以赛促教"，通过学科竞赛的良性循环，加快院校转变教育教学观念[4]。

首先向欧美发达国家学习如何更好地进行创新创业实践教育。就美国高校经验而言，需要强化院校自身相关工作能力，如美国高校联盟定期组织的学科竞赛，是一种规范化的长效教育机制。而德国的大学则重视通过见习平台加强校企合作，将学科竞赛作为载体，使其与创新创业教育、实践能力提升实现有机结合，这些措施对学生"双创"能力的提升非常有帮助。这两条经验很值得我国电子信息类工科院校参考和学习。

同时，需要将学科竞赛激励制度化和机制化[5]。创新考评机制和奖励标准，对学生和老师同样重要。要鼓励教师积极指导大学生学科竞赛活动，将教师参与学科竞赛的积极工作和表现与其工作考评挂钩，高度认可参与指导的教师计算教学工作量，将教师的职称、奖金与学科竞赛成绩关联考虑，对优秀指导教师给予表彰奖励。对参赛学生，解除他们竞赛阶段正常学业的后顾之忧（专门协调老师补课和补考），同时实行竞赛学分奖励制，学生参加学科竞赛实践可获得的学分和奖励，在评选优秀学生、奖学金、推荐免试研究生时予以适当鼓励。通过制度化和体制化的规定促进学科竞赛的良性循环，加快院校转变教育教学观念。

4 扩展学科竞赛的内涵和外延，扎实培育校园创新精神和创新文化

竞赛作为深化创新教育改革的重要抓手，拓展学科竞赛的内涵和外延，主动服务国家创新驱动发展战略，通过创新人才培养机制，加快校园创新精神和创新文化的培养。

4.1 从严从实搞好学科竞赛，锻造学生拼搏争先的创新精神

为了激发学生的创新求实热情，必须从严落实竞赛的各项规程，从实搞好竞赛的选题、评审和评奖各个流程，维护公平、公正、公开的竞赛环境，充分营造"敢于创新、勇于创造"的良好氛围，大力培育学生创新精神和实践能力，培养未来社会创新创业的生力军。

对于参加竞赛的学生而言，通过学科竞赛中的激烈竞争和顽强拼搏，不仅能锻炼能力水平，更可锻炼大胆创新、求实创造、人人争先的意志品质，从而激发求知欲和创造力，逐步养成创新精神和创新思维。这样锻造出的创新精神和创新思维会一直伴随着学生的成长，对于学生们走上社会实现"双创"实践的成功具有重要意义。

4.2 以学科竞赛促进教学相长，回炉教师的竞争意识和创新精神

院校的老师长期待在自成一体的小圈子中，容易懈怠和丧失斗志，进而丧失竞争意识和

创新精神。而指导学科竞赛促使指导老师成为创新型教师。

高等院校学科竞赛赛事种类繁多，但要想在这些大赛中取胜就必须要有创新，这无不呼唤创新型指导老师。一名竞赛指导老师，想让自己指导的学生在竞赛中取得好成绩，必须先让自己成为一名创新型教师：只有具备开放的思维与视野，善于求新求实，勇于思考研究，敢于研究新理论、尝试新方法新思路，关注相关学科的最新技术与动态，并将最新的技术信息及时传授给参赛学生，对学生的新思想给予积极的鼓励和指导，帮助学生实现从理念创新到实践探索创新的发展过程，和学生共同研究和探索新的实践问题的指导老师，才更可能带出取得好成绩的参赛队伍。老师的创造性正是通过学生的创造性表现来体现的，同时也通过教师不断探索创造性教学来有效提升学生的创造素质。

另一方面，学科竞赛的指导老师也面临着多方面的竞争压力，首先是院校内部的横向对比竞争，同一个学校不同参赛队伍之间的竞赛成绩谁好谁差，指导老师的水平立见高低，而学校也必然会采取能者上、庸者下的机制对指导老师团队进行优化重组，这种时刻存在的竞争态势迫使指导老师保持奋斗进取的心态，具有不断进取、不断创新、力求第一的竞争意识和创新精神，不断提高提升自身的实践教学水平，更新教学指导方式方法，不断指导参赛学生获得好成绩。

4.3 扩展学科竞赛的内涵和外延，培育院校的创新精神和创新文化

首先，注重发挥学科竞赛在学生科技创新中的辐射作用。以学校本级为重要支撑设立校级学生科技创新计划，构建国家、省级、学校、院系四级大学生科技创新体系，以各主要学科竞赛体系示范性学生创新团队为龙头，让本科生参与科技创新活动，丰富校园的科技创新活动，培育创新精神和创新文化。

其次，围绕学科竞赛举办创新论坛，引导学生自主学习、主动实践和科技创新。实施学生创新团队基地建设计划，建设示范性学生创新团队。以创新基地的榜样和标杆，为学生进行研究型学习、主动实践、创新训练、学术交流等活动提供自主发展的平台及各类资源，将电子信息类学科竞赛中获奖的团队成员展示出的动手能力、实践能力、合作能力进一步传递给全体在校大学生，激发全体学生的坚持精神、实践精神、创新精神。

进而，以学科竞赛为契机，打造与办学理念一致的校园特色文化。学校的灵魂是办学理念，而校园文化是办学理念的重要外在形式[6]。结合不同类别的学科竞赛建立论坛、讲座和特别课程，建设学科竞赛作品展览室和获奖证书荣誉室，营造浓厚的拼搏进取的学科竞赛氛围，让取得较好竞赛成绩的学生进行经验交流，丰富不同层次学生的交流与合作，打造创新创业的精神底色，促进校园形成良好的创新教育环境，让创新创业实践需要的首创进取精神、冒险拼搏精神、创业求实能力在校园环境中得到积聚和升华，培育院校的创新精神和创新文化。

5 结束语

美国教育学家威廉姆斯认为，学科竞赛对学生的创业意识能够起到积极的培育作用，其在美国常青藤大学联盟发起过调查，结果表明，参与过两次以上学科竞赛的学生，其创业概率远高于未参加过相关竞赛的学生。可见，通过加强电子信息各级别学科竞赛，努力营造良好的竞争氛围，激发大学生的创新动力和创业热情，引导和鼓励广大学生全面锻炼和培养"双

创"能力，可很好地引领大学生创新创业教育实践，同时推动教学方式转变，促进高校教育教学改革，从而不断提升电子信息类工科院校的创新创业教育水平。

参考文献

[1] 陶剑飞，梁军．以学科竞赛为抓手，提升大学生创新创业能力[J]．高教论坛，2016（12）：40-42．

[2] 刘怀强，李景兰．基于"培训指导+竞赛项目"电子信息类创新创业型人才教学模式研究[J]．新教育时代，2018（6），205．

[3] 王利，李养良，刘良文，等．基于学科竞赛的大学生创新创业能力培养研究[J]．教育教学论坛，2017（23）：54-55．

[4] 邹高祥．以学科竞赛为载体开展创新创业教育的探讨[J]．教育观察，2018（9）：22-23．

[5] 尹彩霞，张平湖，柯锦泉．基于大学生创新创业能力培养的学科竞赛"五化"长效机制构建[J]．中国现代教育装备，2018（1）：88-91．

[6] 黄玉昌．基于学科竞赛的应用型高校特色校园文化培育探索[J]．教育教学论坛，2017（52）：129-130．

用成果导向教育理念引导的"军事通信系统"课程教学改革

杨鹏，丁宏，熊辉，郑林华

（国防科技大学电子科学学院，湖南长沙 410073）

摘 要：在强调"新工科"教育改革以适应新时代需求的背景下，本文基于成果导向教育理念，从课程内容的组织、教学模式的优化和考核机制的完善等方面探讨"军事通信系统"的课程教学改革，旨在满足军队院校新型军事人才的培养目标，实现人才培养与部队需求的无缝对接。

关键词：成果导向教育；任务导向；雨课堂
中图分类号：G642.0 **文献标识码**：A

The Curriculum Teaching Reform of Military Communication System Based on the Idea of Outcome Based Education

Peng Yang, Hong Ding, Hui Xiong, Linhua Zheng

（College of Electronic Science and Technology, National University of Defense Technology, Changsha, Hunan, 410073）

Abstract: Under the background of emphasizing the reform of "emerging engineering education" to adapt to the requirement of new era, this paper probes into the curriculum teaching reform for Military Communication System in three aspects which are organization of the course content, optimization of the teaching methods and the evaluation mechanism based on the idea of outcomes-based-education. The goal is designed to meet the training objectives and the seamless docking with the demand of the army.

Keywords: Outcome Based Education(OBE); task orientated; rain classroom

1 引言

"军事通信系统"课程是我校通信与信息系统二级学科的核心课程之一，面向电子、通

教改项目：湖南省普通高等学校教学改革研究项目 2016 年度课题。
第一作者：杨鹏（1983— ），男，博士，讲师，湖南省长沙市国防科技大学电子科学学院认知通信系讲师，主要从事通信系统的教学和研究。

信、信息工程等诸多专业开课，具有很强的理论性和实践性。随着军队信息化建设的快速发展，部队对通信系统保障人才和创新人才的培养目标提出了更高的要求，与此同时，军队院校也朝着培养能够担当强军重任的新型军事人才的方向发展，制定了相应的人才培养目标，这给通信系统类课程教学带来了难题：第一，传统的"课程导向"理念主要强调知识的系统性，没有突出部队需求的牵引作用，难以满足不同岗位的需求；第二，传统通信系统教学模式"重学术、轻应用"，与联合作战保障人才培养目标结合不紧密。在实际工作中，军队院校的工科专业如何在这些方向和目标的导引下，开展具体、扎实、有效的工作，最终达到培养目标，是亟待解决的问题。

成果导向教育（Outcome Based Education，OBE）是指，教学设计和教学实施的目标是学生通过教育过程最后所取得的学习成果[1-3]，主要强调四个问题：

（1）想让学生取得的学习成果是什么？
（2）为什么要让学生取得这样的学习成果？
（3）如何有效地帮助学生取得这些学习成果？
（4）如何知道学生已经取得了这些学习成果？

根据 OBE 的教育理念，教学活动的展开从以老师为中心转向了以学生为中心，教学工作从需求出发，强调学生的学习成果。目前 OBE 被认为是新时代背景下"新工科"教育改革的发展方向，也是国家工程教育专业认证标准的核心内涵[4]。用 OBE 引导课程教学改革工作，就是根据目标逆向设计培养过程，最终实现培养目标。图 1 给出了 OBE 教育理念下的教学设计。

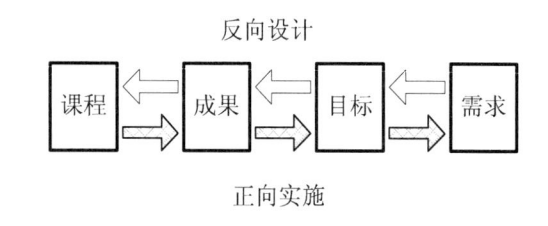

反向设计

课程 ← 成果 ← 目标 ← 需求

正向实施

图 1　基于 OBE 教育理念的教学设计

针对"军事通信系统"课程教学中出现的问题，教学组用 OBE 理念引导课程教学改革，从课程内容的组织、教学模式的优化和考核机制的完善等方面探讨"军事通信系统"课程教学改革。首先，瞄准不同专业和类别学生培养要求的差异，优化课程教学体系，构建面向不同教学需求的课程群；其次，面向联合作战保障需求，提出"任务导向"教学方法，优化课程内容的组织；最后，强调 OBE 理念中"持续改进"的过程，为了把握学生知识和能力的发展水平，注重对学生的过程化考核，使用雨课堂智慧教学环境设计随堂测试，实时了解每个学生的问题。希望本文的讨论能够为从事这方面教学工作的教师提供借鉴。

2　围绕应用组织教学内容

目前我校合训类指挥技术、技术类通信工程/非通信工程、无军籍通信工程/非通信工程等多个本科专业都需要上通信系统课程，但是教学要求差异较大，需统筹兼顾不同专业和类别学生的培养要求，深入研究军事院校通信系统课程的教学规律，对通信系统专业知识进行梳理，做好课程内容的有效衔接，做到有的放矢，提高通信系统课程的教学质量和效果。教学组以学校的人才培养目标为导向，在"军事通信系统"课程教学中，立足系统讲原理，围绕应用组织教学内容，采用反向设计的思路，构建面向不同群体的核心知识体系。

"军事通信系统"课程的知识体系是由不同的知识点模块通过紧密联系组成的集合，教学组根据不同专业的需求和特点，为每个专业对应的课程知识体系选择合适的知识点模块，按照一定的原则组织成最终的授课内容。为了构建合理课程体系，教学组围绕应用组织教学内容，将整体内容划分为6个模块，每个模块分为A（应用型）、B（设计型）和C（技术前沿型）三种类型，A（应用型）侧重于系统基本原理和组织运用，B（设计型）在应用型A的基础上增加系统设计内容，C（技术前沿型）侧重于军事通信系统前沿技术和发展动态。根据不同教学需求，选用合适模块组织教学内容，构建了多层次的课程群，具体模块见表1。

表1 通信系统系列课程模块划分

系列课程	模块	分型
通信系统	微波中继通信系统	A、B、C
	卫星通信系统	A、B、C
	光纤通信系统	A、B、C
	短波通信系统	A、B、C
	军事通信网	A、B、C
	战术数据链系统	A、B、C

根据各专业的教学要求，选用合适模块进行课程体系建设，构建了通信系统课程体系，教学类别、分级选择见表2。

表2 通信系统课程体系

教学类别	分级选择
无军籍通信工程专业	微波中继通信系统B，卫星通信系统B，光纤通信系统B，短波通信系统B，军事通信网B，战术数据链系统B
技术类非通信工程专业/无军籍非通信工程专业/合训类指挥技术专业	微波中继通信系统A，卫星通信系统A，光纤通信系统A，短波通信系统A，军事通信网A，战术数据链系统A
技术类通信工程专业	微波中继通信系统B，卫星通信系统B，光纤通信系统B，短波通信系统B，军事通信网C，战术数据链系统C

3 任务导向的教学模式和考核机制

着眼我校的军事特色，学校提出努力实现人才培养与部队需求无缝对接的方向和目标。但传统教学模式"重学术、轻应用"，人才培养与应用能力结合不紧密，学生难以从系统层次把握军事通信系统，不善于用所学知识解决实际问题。教学组在通信系统系列课程的教学中，贯彻"以军事应用需求为导向，立足系统讲原理，以系统组成、关键技术、系统设计、性能分析为核心"的理念；以常用的军事通信系统为主线，培养学生从系统层面解决问题的能力；采用围绕通信系统设计和应用的"任务导向"教学模式，使学生每节课的学习目标更加明确。在任务驱动和问题解决的过程中培养学生的知识运用能力和创新意识，为今后的工程设计和应用奠定了坚实的专业基础。

提出"任务导向"方法组织教学内容的思想，例如，以构建长沙到北京的 1920 路 PCM 话路和 16 路数字电视的传输系统为任务牵引，引导学生采用多种军事通信手段完成系统构建，激发学生探索问题和解决问题的兴趣，使整个课程的系统性更强，最终使教学效果显著提升，学生的能力显著提高。

针对上述"任务导向"方法组织的教学内容，充分利用信息化教学手段设计多元反馈及考核评价体系，采用随堂测试、课后习题、通信系统设计和期末考试相结合的考核形式。随堂测试主要采用雨课堂，以选择题、判断题和填空题为主，课后习题要求学生提供纸质材料，以计算题为主，这两者是学生平时成绩的主要考核依据，考查学生对知识体系中知识点的掌握情况；通信系统设计主要考查学生对某个通信系统的知识体系的掌握和运用情况，主要包括资料调研、设计方案、结果展示等环节；期末考试是对平时成绩的补充，考查学生对军事通信系统整体知识体系的掌握情况。通过上述考核评价体系，学生除了掌握常用通信系统的基本概念、组成和工作原理外，还能掌握通信系统设计的一般方法，为今后的工程设计和应用奠定初步的理论基础。

4 结束语

新时代呼唤新工科，新工科要有新理念，只有结合部队岗位的需求和军队院校工科专业培养目标的改革，才能真正为部队提供能够担当强军重任的新型军事人才。针对部队对联合作战保障人才的需求以及通信系统课程在传统教学方式下存在的不足，本文结合成果导向教育理念，构建适应不同教学需求的课程群，围绕通信系统设计"任务导向"教学模式和考核机制，大力推进以 OBE 理念为导向的军事通信系统课程教学改革与实现。

参考文献

[1] 吕帅，朱泓，赵磊. 基于成果导向理念的教育改革实践与探索——以英国邓迪大学为例[J]. 重庆高教研究，2017，5（2）：101-106.

[2] 申天恩. 基于成果导向教育理念的人才培养方案设计[J]. 高等理科教育，2016（6）：38-43.

[3] 范崇袆，黄晓涛. 工科专业基础课"以学生为中心"的课堂教学探索[J]. 高等教育研究学报，2017，40（4）：113-118.

[4] 李志义，朱泓，刘志军，等. 用成果导向教育理念引导高等工程教育教学改革[J]，高等工程教育研究．2014（2）：29-34.

欧美高校工科创新人才培养模式研究

张亮，程江华，杜湘瑜，罗笑冰，刘通

（国防科技大学电子科学系，湖南长沙 410073）

摘 要：创新人才培养是世界高等教育改革与发展的共同追求。总结和借鉴欧美高校工科创新人才培养模式中人才培养方案、课程体系、教学模式、实践活动的经验，提出我国新工科建设的具体举措，为培养新时代适应国家发展需要的工科创新人才提供了参考建议。

关键词：欧美工科；创新人才；培养模式
中图分类号：G642.0　　　　　　　　　　　**文献标识码**：A

Research on cultivation mode of innovative talents in engineering in European and American Universities

Liang Zhang, Jianghua Cheng, Xiangyu Du, Xiaobing Luo, Tong Liu

（College of Electronic Science, National University of Defense Technology, Changsha, Hunan, 410073）

Abstract: The cultivation of innovative talents is the common pursuit of the reform and development of higher education in the world. Experience of talent cultivation program, curriculum system, teaching mode and practical activities in the innovative talent training mode of engineering talents in European and American universities are summarized. Concrete measures of the construction of the new engineering department in our country are presented. It can provide reference for the scientific and technological innovation talents that meet the needs of national development.

Keywords: engineering in Europe and America; innovative talents; cultivation mode

1 引言

习近平总书记在党的十九大报告中指出，创新是引领发展的第一动力，是建设现代化经济体系的战略支撑。未来新兴产业和新经济需要的是工程实践能力强、创新能力强、具备国际竞争力的高素质复合型"新工科"人才。创新人才培养已经日益成为世界高等教育改革与

第一作者：张亮（1984— ），女，博士，讲师，国防科技大学教师，主要从事电子技术系列课程的教学、研究。

发展的趋向，成为高等教育最具时代特色的价值追求和精神品格，成为高等教育核心竞争力的根本体现和重要标志[1]。在这样的背景下,高校要主动布局面向未来技术和产业的人才培养，加快培养具备更高创新能力的"新工科"人才。

欧美高等教育发展水平位居世界前列，逐渐形成了独具特色、卓有成效的创新人才培养模式。他山之石，可以攻玉，探寻和借鉴欧美高校工科人才创新能力的培养模式，能够为我国加快工程教育改革创新、推进新工科建设提供有益的经验与启示。

2 欧美高校工科创新人才培养模式

欧美高校经过多年来创新教育的实践和探索，形成了各有侧重、各具特色的创新人才培养模式，但也表现出一些共同的教育理念和运行模式。总结起来，欧美高校的创新人才培养模式主要具有以下特点。

2.1 欧美高校人才培养方案研究

人才培养方案是对人才培养的顶层设计，体现人才培养的目标、实施计划等。欧美高校工科专业的人才培养方案经过多年教学改革的优化，可提供丰富的信息和非常有价值的参考。

（1）人才培养目标定位明确清晰，重视非智力因素的培养。世界一流大学的培养目标则各具特色，如剑桥大学注重"学习力"，致力于"通过教育提高学生在生活中的学习力"（Education which enhances the ability of students to learn throughout life），伦敦大学则着眼于学生未来，提出"将学生培养成为引领者"（We will provide our students with the knowledge and experiences that equip them for their future roles as leaders）。

各校普遍重视的非智力因素包含品行（责任感和诚信）、开放思维方式、团队合作能力（尤其是跨文化的团队合作能力）以及公共场合的表达能力等。比如，巴黎综合理工大学的培养方案明确规定学生应具有以下能力：学术能力、实践能力、责任感和诚信、开放思维方式、跨文化的团队合作能力以及公共场合的表达能力。根特大学的培养方案中也对学生的能力进行了明确：一个/多个科学学科的能力、科学能力、智力能力（学习能力）、合作与沟通的能力以及社会能力。

（2）灵活、宽松的选课原则。除了必修核心课以外，任选课比例非常高，可以满足学生不同的需求，充分调动他们的学习主动性。瑞典斯德哥尔摩大学本科包括六个学期，要求180学分，其中一个学期学生可以选择另一个科目的课程，可以在本校读也可以在别的学校读，甚至还可以选修研究生课程。除了选修不同课程以外，瑞典大学不同课程之间老师相互做讲座的情况也比较常见，比如A和B课程有交叉，A课程老师就可能会邀请B课程老师做相关的讲座，如软件工程课的老师请软件测试课程的老师做讲座。

（3）强调学科交叉和知识跨界融合。跨学科、跨领域的协同创新是培养具有创新人才的重要途径。巴黎综合理工大学第二年选修的8门主课，必须包括6个学科；剑桥可交叉招生，比如，制造学院招收少量法律或其他文科学生。

2.2 欧美高校课程体系研究

适合创新人才培养的课程体系，为创新人才培养提供了重要支撑。欧美高校在这方面进行了有益的探索和实践。

(1) 欧美高校课程涵盖面广,呈现出多学科、多专业融合的趋势。以美国斯坦福大学电子类课程为例,从电子电路与器件到数字化图示,从信号处理到计算机数据的操作,课程体系均有涉及。如麻省理工学院的电气工程与计算机科学方向,课程体系不仅融合了电路、信号、微波、集成电路、微电子技术、电力电气等常规电气科学与工程课程,以及计算结构、计算机理论科学、计算机系统与体系结构等常规计算机科学与工程课程,还包括了人工智能、机器视觉等生物电气工程领域的课程。相互融合的课程设置使学生视野开阔,知识覆盖面广,有利于培养高素质复合型人才。

(2) 注重分层次按计划教学。前一阶段学习比较基础的知识,后一阶段学习高层次的知识,由易到难,并结合实验教学,强调学生的自我动手能力和创造能力,在探讨和交流中掌握基本知识。比如,英国南安普顿大学的电子电气专业,学制为三年,前两年每年都开设"电子电路"课程,难度、广度、深度又有所增加,让学生在潜移默化中学得更专更精。这种深度学习的教学方法,无疑更适合创新能力的培养[3]。

(3) 通识教育与专业教育的融合度较好。通识课程与专业课程具有一致性,强调应用性,而且尽可能少地占用学生有限的学习时间。通识教育针对专业领域,注重在专业学习的过程中融会理工、人文学科的知识与视野。比如,英国南安普顿大学的电子电气专业,数学课程开设的是电子与电气工程专用数学;麻省理工学院的电气工程与计算机科学方向和计算机科学与工程方向,开设的数学课程也是有针对性的计算机科学数学,体现出"通"上求"专"、"专"中求"通"。

2.3 欧美高校教学模式研究

创新性人才的培养目标要求创新型教学模式。欧美高校的创新型教学模式为创新人才培养目标的实现提供良好的保障。

(1) 强调学生的自主学习能力。学习过程由学生主导,老师提供解答和帮助。课程内容多以基本知识的讲解和讨论为主,具体知识细节一般会布置成作业形式,以此培养学生自主学习和查找资料的能力。当然,一般会有一门必修的基础课程,介绍学术研究的基本方法,如论文检索、参加学术会议等。

(2) 注重教学方式的多样化和灵活化。教学方式主要有讲课、讲座、辅导答疑、研讨、课堂练习、项目研究和课程论文等形式,注重教师辅导与学生自主学习相结合,有利于学生独立研究能力、口头与书面表达能力和团队合作能力的培养。

(3) 突出"理论服务于实践"的教学思路。注重学生实验技能和工程素质的培养,绝大部分理论课均配置了1:1以上的实践课时,如多伦多大学ECE系"模拟电子技术"课程的实验、课堂讲授和辅导课时比例为6:3:2,实践形式包括穿插学做、综合性实验、课程设计等;许多学校还专门设置了历时1年以上的企业工程培养计划,如多伦多大学的the Professional Experience Year(PEY)项目等,学生可以在毕业前后通过相应的工程教育认证体系认证,获得行业工程师资格。

(4) 重视项目式学习。首先,项目式课程贯穿整个培养过程,比如,南安普顿大学电子电气专业,本科三年,从单元小项目、课程项目、独立项目、小组项目过渡到团队合作项目,逐步培养学生从基本知识能力过渡到专业应用能力,最后到科研开发能力。其次,项目内容跟踪科技前沿。例如，代尔夫特理工大学电气工程、数学和计算机科学专业课程设置中，包含 4 个项目课程以及一个毕业设计项目，涉及音频处理、智能机器人、芯片设计制作和智能驾驶等领域，本科毕业项目在科研团队或企业完成，比如设计一个系统来优化 Nuna 太阳能汽车电池的能量。其他学校如麻省理工学院、瑞典皇家理工学院等也有类似内容的项目课程。

2.4 欧美高校创新实践活动研究

创新人才培养终究是一个实践命题，不能仅是逻辑推演式的探讨，也不能仅是"域外窥豹"式的借鉴，更不能仅是经验总结式的报告。欧美高校经过多年教学实践和改进，提出了紧扣实际、结合实践、注重实效的思路和举措[2]。

（1）注重科研驱动教学。具体的做法包括构建研讨性的教学体系，尤其是新生研讨课，研讨课带有导论课性质，重在引导和激发学生对学科和科研的兴趣，以柏林大学、哈佛大学、杜克大学和斯坦福大学为代表；开展本科生科研项目，学生加入教师研究项目，或者自己提出研究方案，以麻省理工学院、加州大学伯克利分校、华盛顿大学为代表；改进教师评估激励机制，鼓励资深教授从事教学。

（2）与产业界全面对接。具体的做法包括校内管理委员会有产业界代表，产业界人士参与共同协商制订培养计划、专业设置、教学内容与方法以及实践教学等；学校与产业界人士相互到对方处兼职，共同发展；学校设立与专业相对应的工作车间及实验室，学生研究课题大都来自产业界；产业界为学生提供实习机会。

（3）实践活动丰富多样。比如，暑期学校，一般为期一到两周，有学校开办的，也有欧洲科研机构统一组织的，学生有来自本校、本国其他学校的也有来自其他国家的。还有各种展示交流活动，比如 Poster 展、学术成果展、艺术作品展、企业或科研机构研究专题讨论活动等。丰富的交流活动不仅在学生之间、师生之间展开，也在学生与相关领域从业人员（企业技术人员、科研机构人员）之间进行，为灵感的迸发提供了可能。

（4）服务周到的创新创业活动。比如，瑞典皇家理工学院鼓励学生从事创新创业活动，不仅每年有创新创意大赛，而且针对有潜力的创新技术，有专门的创业基金团队，负责除了研究之外的一切工作（市场调研、组建团队、招募资金等）。学校不定期还会组织各样的活动，比如邀请成功的创业团队和创业人进行报告演讲，而且有针对每个人不同特点设置的培训和初期支撑基金。

3 欧美高校工科创新人才培养模式的启示

加强高水平科技创新型人才的培养，提高大学生科技创新能力，关系到社会生产力的长足发展与进步[4]。借鉴国外高校创新人才培养的经验，我国高校必须大力推进新工科建设，从而顺利达成创新教育的目标和任务。

（1）新工科创新人才培养目标必须定位明确清晰。人才培养目标是大学本科教育的工作方针，需要加强创新人才的需求调研，综合考虑学校整体的办学定位、发展阶段、战略目标、资源状况，科学确定人才培养目标定位，明确培养人才的类型。

（2）要调整教育观念，确定学生主体教学地位。在人才培养方案和教学过程中给予学生充分的自由度，尊重学生的兴趣和个性，尤其是相对稳定的、具有发展潜能的兴趣，因材施教，逐步培养其创新精神和创新能力。

（3）科研驱动教学。一方面，提高学生科研兴趣和能力。比如，开设新生导论课，激发学生对学科的兴趣；将前沿科研内容引入项目课程，锻炼学生实践能力；鼓励和吸收学生进科研团队做项目，锻炼学生科研能力。另一方面，激发科研型教师投身教学的热情。比如改革教师考评机制等。

（4）密切与产业界的联系。这种联系应该是多层次的，包括管理人员（企业领导、学校领导）、实施人员（企业工程师、教师）以及学生等。学校与产业界共同参与协商制订培养计划、专业设置、教学内容与方法以及实践教学等。

（5）坚持国际化与本土化的结合。新工科人才培养必须努力营造良好的国际学习、国际教学、国际研究的氛围，不断提高国内高校的国际竞争力。

4 结束语

工科发展日新月异，科技发展对工程技术人员的素质要求逐步提高，世界各国的高等教育时刻面临着严峻的考验。为适应技术和人才需求的不断提高，高等教育改革的步伐从未停息，新体系、新方案、新技术、新思路、新方法层出不穷，因而高等教育改革无疑是一个持续性问题。毕竟，世界高等教育改革的步伐将永不停息！

参考文献

[1] 张典兵. 国外高校创新人才培养模式的经验与启示[J]. 高等农业教育，2015，3（3）：125-127.

[2] 李亚员. 国外创新人才培养研究进展与实践框架[J]. 中国高校科技，2017，1（2）：46-50.

[3] 钞秋玲，王梦晨. 英国创新人才培养体系探究及启示[J]. 西安交通大学学报（社会科学版），2015，35（2）：119-125.

[4] 李志勇，周劲辉. 工科类高校科技创新人才培养与理论教学实践研究[J]. 教育教学论坛，2018，5（20）：195-198.

基于MOOC+的信号与系统课程建设与改革

王炼红，李树涛，陈洁平，李成

（湖南大学电气与信息工程学院，湖南长沙 410012）

摘 要：针对信号与系统课程难学、难教的特点，通过充分利用慕课优质资源，结合先进的信息技术手段，介绍了信号与系统课程改革的思路与措施，重点阐述了混合式教学方式的开展、理论与工程实践的结合、形成性评价机制的运用。以上的改革实践表明：利用MOOC+及互联网技术等手段能有效提高课程的教学效果、提升学生分析与解决问题能力以及工程素养，其改革举措具有参考与推广价值。

关键词：慕课；课程建设与改革；信息技术；信号与系统
中图分类号：G642.0   **文献标识码**：A

Construction and Reform of Signal and System Course Based on MOOC +

Lianhong Wang, Shutao Li, Jieping Chen, Cheng Li

（College of Electrical and Information Engineering, Hunan university, Changsha, Hunan, 410012）

Abstract: This paper mainly aims at the characteristics of signal and system courses which is difficult to teach and learn. By making full use of the quality resources of MOOC and combining advanced information technology, we proposes the ideas and measures for the reform of signal and system course. Particularly, three aspects are focused on in this paper: the development of a hybrid teaching method, the combination of theory and engineering practice, and the application of a formative evaluation mechanism. Finally, reform practice shows that: the use of MOOC+ and Internet technology can effectively improve the teaching effect of the course, enhance students' ability to analyze and solve problems and engineering literacy. And the reform measures will have value for reference and promotion.

Keywords: MOOC; course construction and reform; information technology ;signal and system

---

基金项目：湖南省教育厅2018年教改项目（湘教通〔2018〕436号）、湖南省教育厅2019年教改项目，湖南大学教改项目。

第一作者：王炼红（1971— ），女，博士，副教授，湖南大学电气与信息工程学院教师，主要从事电子科学与技术的教学与科研工作。科研主要研究方向为数据挖掘技术、信号处理、现代网络与通信技术。

1 引言

2018年4月，国家教育部发布《教育信息化2.0行动计划》，指出要提高我国教育事业的信息化应用水平和师生信息素养，建成"互联网+教育"大平台，努力构建"互联网+"条件下的人才培养新模式[1]。新型的教育体系将以"人工智能服务教育"的理念为指导，利用高速发展中的移动互联技术等，打造出"人人皆学、处处能学、时时可学"的智能化教育环境，促进学习方式变革和教育模式的创新，为学习者、教师和各级教育管理者提供适合、精准、便捷、人性化的优质服务[2]。

慕课借助互联网提供高质量的学习内容和黏性较强的学习体验。You[3]，Jovanovic[4]等人都曾跟踪调研课程开始前学生的在线学习痕迹及其最终课程表现，结果发现，这些学习痕迹中的部分行为是最终课程成绩的最强解释因子。因此，利用慕课资源开展课程教学改革是合理且很有必要的。我国也出现了很多这方面的探索案例[5-7]，包括完全慕课学习、慕课学习+落地化考试、慕课学习+（不同程度）翻转课堂教学等。这些教育教学和信息技术的深度融合尝试使大学的教学模式开始改变，从知识在课堂内被正确地从教师传递给学习者，过渡到以学习者为中心，课堂中更多关注学习成效、加强课堂交互或者提高学习灵活性。教师的角色也从单一来源的优质教育资源提供者，逐渐向学习者学习的引导者、伴随者和支持者转变[8]。清华大学于歆杰教授认为，翻转课堂和混合式教学模式是今后课堂教学发展趋势，无论是MOOCs平台和雨课堂中积累的大量教学数据，还是一线教师在实际教学过程中积累的直观经验和感受，都还没有得到充分的分析、挖掘和利用[9]。

"信号与系统"课程的数学基础要求高、理论知识抽象、工程应用背景突出，长期的教学实践表明，该课程难教、难学。本课程将充分利用互联网+技术和现代信息技术与手段，建设好课程慕课，以学生为中心，根据学生先修知识结构及认知规律，梳理教学内容、优化教学进度安排，注重课程的基础性与工程性结合，实现没有空间、时间限制，无论何时、何地教师都能与学生进行教学交互，使学生和教师能充分利用碎片化的时间，进行授业、学习。

2 课程改革建设思路与措施

本课程改革与建设的核心思想是贯彻落实国际工程专业认证理念以及新工科建设要求：以学生为中心，以输出成果为导向，实现持续改进。首先建设好本课程慕课，通过利用丰富的网络资源、采用雨课堂与智慧教室，实现课内与课外、线上与线下的全方位学习与交互。学生利用电脑或手机App，可随时随地完成慕课的预习与复习；教师利用雨课堂工具不仅能实现课堂上与学生的交互，也能通过雨课堂工具和慕课手机App、智慧教室查看学习状态、学习进度、了解回答学生问题、推送学习要求等。课程建设思路如图1所示。

为了充分利用现代信息技术手段、高效达成课程目标，课程建设采取的主要措施在于：

（1）首先分析本课程在电子、通信、电气、自动化、测控等专业中的定位，凝练共性的、主要的知识点内容，制订好慕课教学大纲，建设好慕课视频、课件、习题、作业、测试等资源，重点关注学生对基础理论的深入理解、熟练掌握与工程运用。

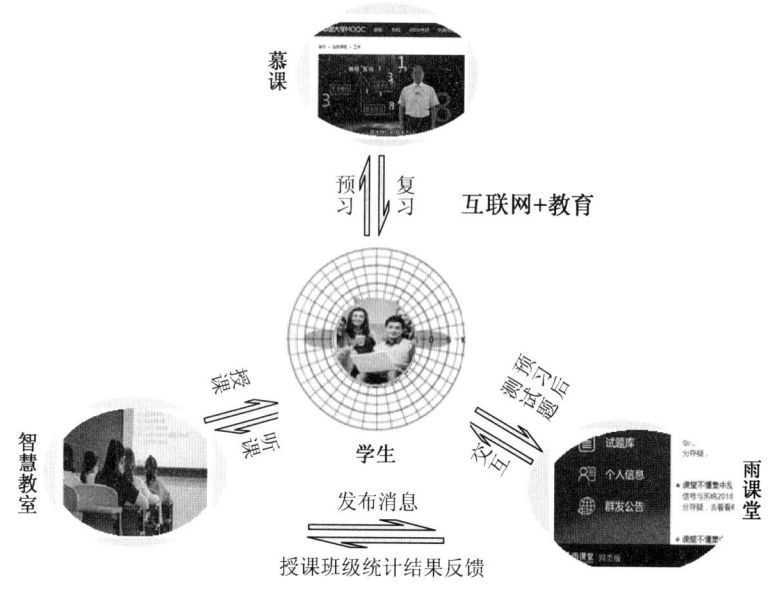

图 1 课程建设思路

(2) 抓住课程特点，研究学生学习与认知规律，合理安排教学内容与顺序。长期实践表明：本课程按照先信号后系统，先时域后变换域、先连续后离散的顺序来组织安排教学内容效果最佳。由此制订出了教学实施计划，由浅入深、由旧到新、由简到繁，循序渐进地培养学生分析问题能力与工程问题解决能力。

(3) 建设配套的新形态教材、同步数字学习资源、扩展阅读资料库等，构建立体化的资源体系。在慕课平台上建设选择题、填空题、判断题、主观题、设计分析题等多种数字资源；配套教材建设成新形态教材，教材中习题解答、扩展阅读、分析与研究程序以数字资源形式提供。所补充的工程应用方面的扩展阅读资料，加强了学生对课程的理解，为理论联系工程实际起到桥接作用。立体化资源的建设，为开展面向信息化、互联网+、人工智能+方向的教学研究及教学模式改革奠定了基础。

3 课程改革情况

随着本课程的慕课建设、新形态教材建设、同步学习资料建设的完成，对本课程教学方式进行了如下三个方面的改革探索。

(1) 利用本课程慕课和雨课堂工具等信息化技术与手段，以学生为中心，实现线上线下混合式教学改革。在整个课程教学实施过程中，通过采用"互联网+"技术、移动技术突破了传统课堂教学在时间与空间上的限制。课程教学大纲和教学日历在课程的第一堂课就会发布给学生，让学生了解本课程在四年专业学习中的地位、应掌握的知识与具备的能力。每次课堂授课前，会根据教学日历与教学安排通过雨课堂工具布置学生需要预习的慕课视频、PPT或其他阅读资料。学生预习进度、预习中遇到的问题可通过雨课堂工具及时了解与回复，并给出预习进度与整体情况预警。基本内容，特别是先修课程所学过知识的复习，都可通过慕课自学完成，为学生在课堂上讨论与拓展节约出了时间。通过在线课程建设、整合数字化教学内容，实现了学习过程的即时管理与师生即时互动，调动了学习的积极性。

（2）根据新工科建设需求，精选教学内容，结合工程实际应用阐述理论应用，加强学习过程深度探究、思辨、互动与实践。下面以无失真传输与理性低通滤波器知识点的学习内容为例说明。在通过慕课自学及课堂重点、难点梳理后，联系工程实际对知识点进行拓展与工程应用。精选的工程案例是：脑电信号采集前端处理电路设计分析。脑电信号特点是一种只有微伏级的微弱信号，信号频率范围为 0.5~100Hz。前端处理电路主要功能是对脑电信号进行带限低噪放大，其原理框图如图 2 所示。然后引导学生思考：信号放大如何设计？普通放大器是否可行？通过这样的思考，前置放大电路是主要噪声来源，应选择低噪声放大电路，引出仪表级集成放大器有哪些产品型号，帮助理解理论与工程应用的区别。继续探讨在此信号频率范围的带通滤波器如何设计？告诉学生实际上是采用了低通滤波器和高通滤波器的组合实现频带内信号的无失真传输，带外信号的滤除。最后给出系统的实际电路设计，推出系统函数与频率特性，并通过 MATLAB 仿真验证系统功能。这样，不仅加深了学生对理论知识的理解，更重要的是联系工程实际，采用现代仿真工具，培养了学生研究、应用与开发的能力。

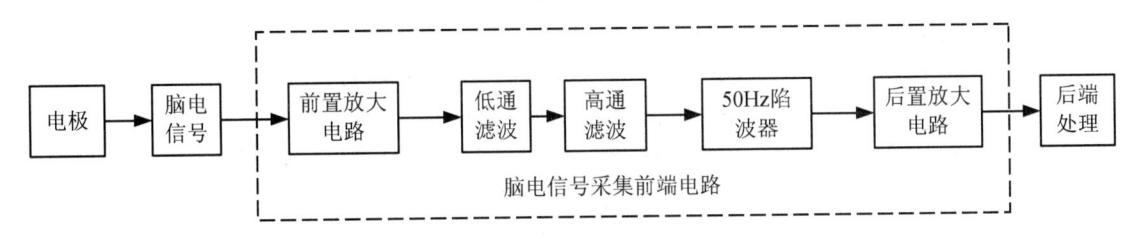

图 2 脑电信号前端采集电路原理框图

（3）通过线上线下学习记录、作业、测试等完成形成性评价与终结性评价结合，保证课程目标的达成、学生能力的培养。本课程采用"N+1"过程考核的方式进行考核。最终成绩由慕课学习、小班讨论课成绩、作业、课堂测试、期中考查成绩、期末考试成绩和实验成绩等综合而成。通过形成性评价机制，能及时发现学生问题，及时给予指导与解决，保证了课程的顺利实施与整体效果。

4 课程改革实践效果

湖南大学电气与信息工程学院"信号与系统"课程利用在线 MOOC 课程，采用混合式教学，学生通过线上预习、课堂掌握重点难点、课后线上作业与测试、讨论，激发了学生的学习兴趣，提升了教学质量，提高了学习效果。在讨论区与答疑区，学生不仅能通过老师的解答解决问题，还能发表自己的理解与看法，学生之间相互答疑解惑。据统计，湖南大学电气与信息工程学院共 481 人参加"信号与系统"线上考核，其中优秀 183 人，合格 210 人，考核优秀和合格的学生，颁发了电子认证证书。该课程学生期末总评成绩与线上学习成绩正相关，年级平均成绩较上一年提高了 15%，不及格率由 17.48%降至 12.01%。

由于网络教学良好效果，本课程于 2018 年 8 月入选湖南省普通高等学校省级精品在线开放课程。

5 结束语

在新工科背景与教育信息化 2.0 时代下,如何充分利用慕课平台上的优质网络资源和移动互联网新技术,改革课程教学方法与模式,进一步提升中国高等教育质量,特别是工程教育质量,是每一位一线教师探讨与实践的重要工作。论文介绍了信号与系统课程在此方面的教学改革思路、举措与实施成效,对相关课程教学具有借鉴意义;利用 MOOC+方式实现课程的信息化改革,具有一定的推广价值。

参考文献

[1] 中华人民共和国教育部,教育部关于印发《教育信息化 2.0 行动计划》的通知(教技〔2018〕6 号),2018-04-13.

[2] 吴永和,刘博文,马晓玲. 构筑"人工智能 + 教育"的生态系统[J]. 远程教育杂志. 2017（5）：27-39.

[3] You J W. Identifying significant indicators using LMS data to predict course achievement in online learning[J]. Internet and Higher Education, 2016, 29: 23-30.

[4] Jovanovic J, Mirriahi N, Gasevic D, et al. Predictive power of regularity of pre-class activities in a flipped classroom[J]. Computers & Education, 2019, 134: 156-168.

[5] 陈后金,胡健,陶丹,等. "信号与系统"慕课建设实践[J]. 电气电子教学学报,2018,40（1）：29-30+41.

[6] 赵宜珍. 基于 MOOC 面向个性化学习的课程实训模式构建研究[J]. 课程教育研究,2019（31）：242.

[7] 谢永利,王妍玮. 新工科下创新方法学的 MOOC 课程改革[J]. 黑河学院学报,2019（7）：114-116.

[8] 于歆杰,中国慕课处于探索期课程会逐渐分化为两种类型[J]. 中国教育网络,2018（6）：74.

[9] 朱桂萍,于歆杰. 基于翻转课堂的主动学习策略[J]. 中国大学教育,2018（5）：29-32.

一种虚拟实验仿真平台的设计方案

谢文武，童耀南，彭鑫，余超，朱鹏

（湖南理工学院信息科学与工程学院，湖南岳阳 414006）

摘　要：在国家大力推进高校课程教学改革进程中，虚拟仿真实验项目是重要组成部分。本文结合实际教学工作中的思考讨论了一种虚拟实验仿真平台的方案设计。该方案采用 B/S 架构，通过 MATLAB Production Server、Python 和 Vue.js 三者之间的交互，服务端采用 Web 方式实现，很大程度上提高了实验平台的仿真效率。

关键词：虚拟实验；仿真；方案；Web 服务；B/S 架构
中图分类号：G642.0　　　　　　　　　　文献标识码：A

The Scheme of a Virtual Experiment Simulation Platform

Wenwu Xie, Yaonan Tong, Xin Peng, Chao Yu, Peng Zhu

（College of Information and Communication Engineering, Hunan Institute of Science and Technology, Yueyang, Hunan, 414006）

Abstract: The virtual simulation experiment project is one of the important components in the teaching reform of the course of the university which the state gives great efforts to promote. In this paper, the design of a virtual experiment simulation platform scheme is discussed. This scheme adopts the B/S architecture, the service end is realized by a Web mode through the interaction between the MATLAB Production Server, Python and the Vue.js, which greatly improved the simulation efficiency of the experimental platform.

Keywords: virtual experiment; simulation; scheme; Web service; B/S architecture

---

基金项目：湖南省教育科学"十三五"规划课题（XJK17BXX004）；湖南省学位与研究生教育教学改革研究课题（JG2018B119）；湖南省普通高校教学改革研究项目（湘教通〔2018〕436 号，湘教通〔2019〕291 号-630, HNJG-2020-0671）；湖南省教育科学规划课题（XJK19AGD007、XJK17AGD003）
第一作者：谢文武（1979— ），男，讲师，湖南理工学院信息科学与工程学院教师，主要从事通信工程相关教学与研究。
通讯作者：朱鹏（1990— ），男，讲师，湖南理工学院信息科学与工程学院教师，主要从事通信工程相关教学与研究。

1 引言

在当今信息时代的发展趋势下，网络信息行业不断发展，各大用人单位迫切需要综合型人才，单一型人才已经不能满足当前社会需求。传统实验教学一般很难满足实际教学的需求：首先实验资源不足；其次实验仪器设备价格昂贵，损坏和报废不可避免；学校实验室开放时间一般固定在上课期间，难以为学生进行灵活调整。而且若无实验课程则实验设备一直处于闲置状态，导致实验室的利用效率低。近年来，运用虚拟仿真的虚拟现实、多媒体、人机交互、数据库和网络通信等技术，模拟出各类实验场景和设备越来越受到高校教学人员的重视。这类技术能够打破实际实验资源紧张、实验和理论课程教学进度不同步等的局限，使学生在开放、自主、交互的虚拟环境中进行高效、安全的模拟实验操作，从而有效培养学生的实践能力、研究能力和创新能力，达到传统实验教学难以实现的教学效果[1-3]。这种教学模式称为虚拟实验室，能够为虚拟实验室提供管理系统的平台则称为虚拟实验仿真平台。基于互联网的虚拟实验仿真平台的研发与探讨已经发展成当今信息时代的一大热点。

在国外，美国和部分西方国家早已将虚拟实验室列入科研发展的重要战略纲要，在该领域的研究已处于领先地位，同时将虚拟实验系统的各类技术应用相关课程列为各大理工科学生的一门必修课。美国斯坦福大学研究开发出的分布式虚拟现实系统：PARADISE/Inverse 系统；新加坡国立大学自主研发的 BrickNet 系统，建立示波器实验，将 LabView 作为 Internet 工具之一，充当仪器设备图形化用户操作平台，实现信号处理、数据分析、储存和现实工作；美国苹果公司自主开发研究的新一代虚拟现实技术 QTVR（QuickTime Virtual Reality），基于静态图像处理，在微机平台上能够实现初级虚拟现实技术；还有德国汉诺威大学建立了虚拟自动化实验室。除此以外，西班牙、意大利和日本等发达国家也建立自己的虚拟实验室或者虚拟仿真系统[4,5]。

在国内，虚拟实验相关的研究和建设起步较晚，但由于得到高度重视，很多高校陆续开展了虚拟现实技术应用与实践教学的探索。国内研究在虚拟实验室的高校主要有清华大学、中南大学、四川联合大学、北京科技大学和吉首大学。清华大学自主构建了汽车发动机检测系统的虚拟仪器，专用于汽车发动机的出厂虚拟检验。北京邮电大学和吉首大学主要关注基于 MATLAB Web Server 的远程通信网络虚拟实验室，但只能完成部分给定实验，局限性大。北京科技大学虚拟现实实验室主要在虚拟现实、人机交互等方向开展技术研究，构建冶金生产全流程虚拟平台。中南大学则使用自己创建组件的模式，用 Java 和开源包 Jmatlink 将 Java 和 MATLAB 联系起来，通过 Java Applet 完成部分简单的通信原理实验的模拟仿真。四川联合大学基于虚拟现实技术和虚拟仪器的设计思路，研发出航空电台二线综合测试仪，将 8 台仪器集成，搭建出虚拟仪器系统[6]。

2 虚拟实验仿真平台关键技术

2.1 MATLAB Production Server

MATLAB Production Server（MPS）可将自定义分析算法或应用集成到专用服务器上或云

端运行的 Web、数据库和企业生产应用程序中。可采用两种方式，第一种是在 MATLAB 中实现相关运算，使用 MATLAB Compiler SDK 进行封装，然后将其部署到 MPS，无需重新编码或创建自定义基础架构。第二种方式通过 Python、Java 或 C#等编程语言编写的桌面、服务器或数据库应用程序，调用已部署到 MPS 的 MATLAB 分析算法/程序中的函数实现。第二种方案不需要 MATLAB Compiler 的编译，具有较大的灵活性和可拓展性。

MPS 可同时管理多个 MATLAB Runtime 版本，因此，不同版本的 MATLAB 与其他语言集成开发的算法都能部署到应用程序中。服务器运行于多处理器和多核计算机上，提供低延迟的并发请求处理。可以多个节点上部署 MPS，以扩展容量，并提供冗余，同时通过其无状态构架进行扩展，达到同时处理多个并发请求的目的，避免由于 CPU 使用率过高导致运行速率过低和卡顿[7]。

2.2 Vue.js

Vue.js（Vue）是一套用于构建用户界面的渐进式网页设计框架。与其他 React、Angular、Ploymer 等大型框架相比，Vue 更加轻便灵活。Vue 采用自底向上逐层应用的设计方式，是更加灵活、开放的解决方式，框架结构简单。Vue 核心库只关注视图层，容易与其他库或已有项目整合。另一方面，Vue 完全有能力驱动采用单文件组件和 Vue 生态系统支持的库开发的复杂单一应用和数据驱动+组件化的前端开发。Vue 响应式原理图如图 1 所示。

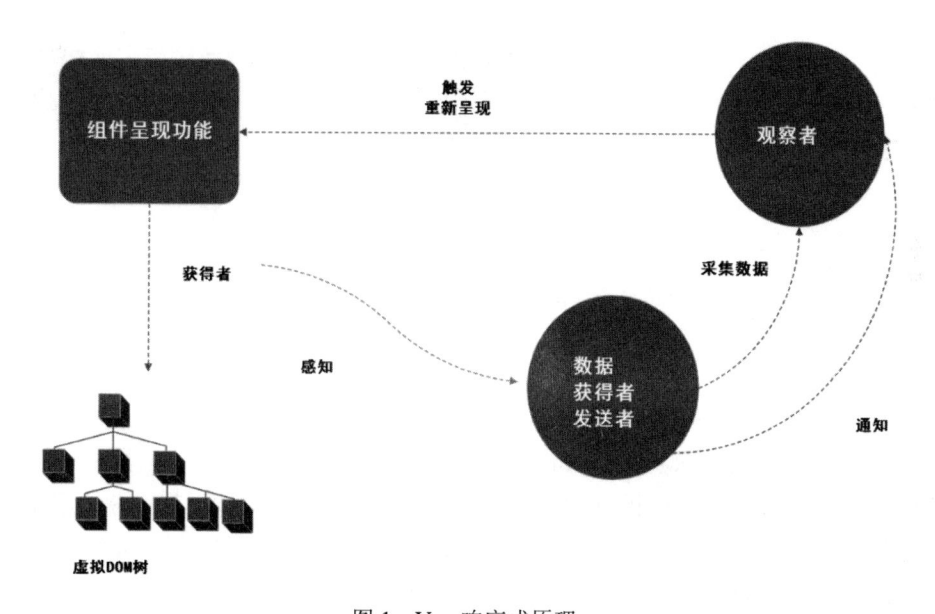

图 1　Vue 响应式原理

Vue 最具独特的核心——非侵入性的响应式系统。将一个普通的 JavaScript 对象作为 Vue 实例的 Data 选项，同时 Vue 将遍历此对象的所有属性，每个 Vue 实例都有一一对应的 Watcher 实例，它会在组件渲染的过程中将Vue所接触过的 Data 属性标记为依赖，之后当依赖项的 Setter 被触发时，会通知 Watcher 重新计算，从而达到使它关联的组件重新渲染的目的。Vue 以异步的方式执行更新 DOM，只要侦测到数据变化，Vue 将开启一个队列，并缓冲在同一事件循环中发生的所有数据变更。即使同一个 Watcher 被多次触发，也只会被推入到队列中一次，从而避免重复数据被推入 Date 中增加不必要的计算和 DOM，在下一个的事件循环中，Vue 将刷新队列并执行已去重的工作。Vue 采用双向数据绑定，即所谓的响应式数据绑定。这也就是 Vue 最大的优点，通过 MVVM（Model-View-ViewModel）思想实现数据的双向绑定，让开发人员不用再操作 DOM 对象，简化了 Web 前端的开发流程，缩减了开发所用时间。Vue 会自动响应数据的变化情况，并且根据用户在代码中预先写好的绑定关系，对所有绑定在一起的数据和视图内容进行修改，实时反映数据的真实变化[8]。

3 虚拟实验仿真平台的设计

基于 B/S 网络结构，将重要的数据操作和服务放在服务器端实现，而一些面向用户的交互型操作多在浏览器端实现。用户在浏览器页面提交表单操作，向服务器发送请求，服务器接收并处理请求，然后把用户请求的数据（网页文件、图片、声音等等）返回给浏览器，至此一次请求完成。B/S 网络结构如图 2 所示。

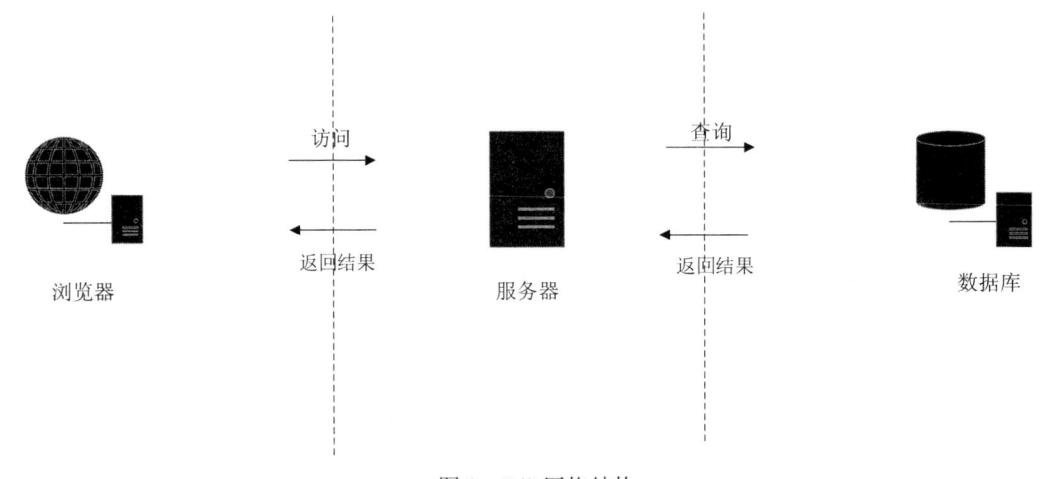

图 2 B/S 网络结构

用户在进行远程虚拟实验室时，可以在浏览器以网页交互形式与中间服务器通信，通过中间服务器调用 MPS 组件运行相应仿真软件的相关器件和脚本文件。与 C/S 网络结构不同，用户无须安装客户端软件，只需要在浏览器端使用正确的账号和密码登录服务器端后，再通过浏览器访问事先准备好的实验页面，进行实验操作[9,10]。

如图 3 所示，虚拟实验仿真平台的总体结构包括服务器端和客户端两个部分。服务器端通过 Python 架起 MPS 和 Vue 之间的桥梁，完成三者之间数据的交互；客户端包括管理端、教师端和学生端，其和服务器端之间通过 Python 和 Vue 的网络编程完成数据的传递。而客户端的界面则通过 Vue 的编程技术开发操作界面和用户登录界面，上传显示 MPS 调用本地 MATLAB 函数仿真结果。

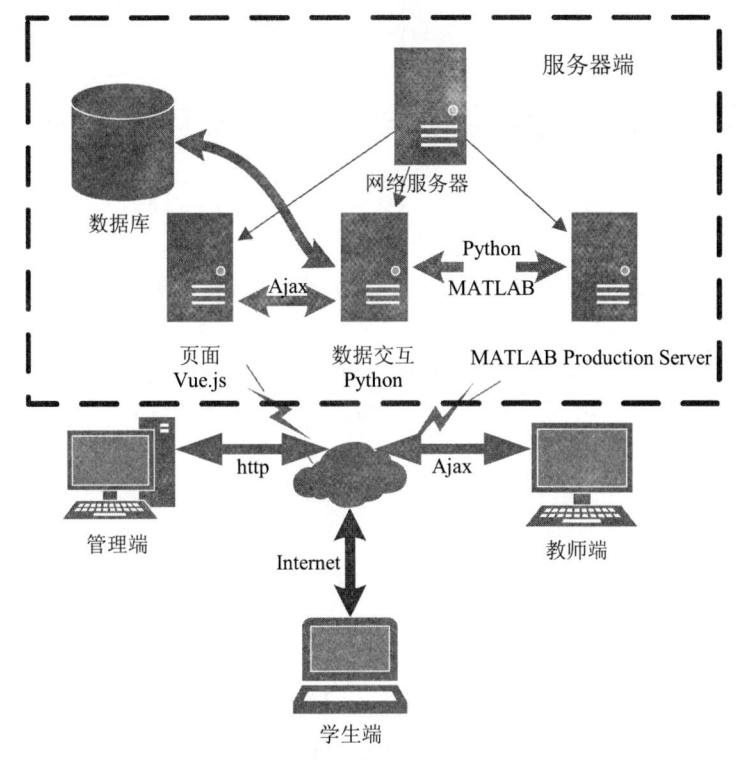

图 3　虚拟实验仿真平台总体结构

4　结束语

本文阐述的设计方案是作者对虚拟实验仿真的深入思考，旨在建立一个轻量级、易于实现的虚拟实验仿真平台。该平台具有较好的灵活性和可扩展性，充分利用 MATLAB 程序设计的便利性和网页交互的无平台差异性，能够较好地完成相关课程的仿真实验。

参考文献

[1]　王卫国．虚拟仿真实验教学中心建设思考与建议[J]．实验室研究与探索，2013，32（12）：5-8．

[2]　胡垂立，李散散．基于虚拟仿真的创新创业实践体系研究[J]．湖北函授大学学报，2017，30（7）：3-4+19．

[3]　张凯，陈东方．虚拟仿真实验教学资源的设计与研究[J]．科教导刊（下旬），2016（7）：33-34+103．

[4]　李任增，文福安．通信原理虚拟实验仿真平台的设计和实现[J]．软件，2013，34（6）：1-4．

[5]　王卫国，胡令鸿，刘宏．国外高校虚拟仿真实验教学现状与发展[J]．实验室研究与探索，2015，34（5）：214-219．

[6]　连丽红．基于 MATLAB 的信号与系统实验平台开发[J]．实验技术与管理，2016，33（6）：150-153．

[7]　https://ww2.mathworks.cn/products/MATLAB-production-server.html

[8]　https://cn.vuejs.org/

[9]　喻盼．基于 Java 和 MATLAB 的虚拟仿真实验系统的设计与实现[D]．荆州：长江大学，2018．

[10]　蔡大鹏，谭亮．计算机虚拟仿真实验平台的实现[J]．软件导刊（教育技术），2017，16（1）：76-77．

应用型高校产教融合协同育人模式与质量保障探索

侯玉宝，刘甫

（湖南涉外经济学院信息与机电工程学院，湖南长沙 410205）

摘 要：分析了产教融合的内涵，比较了不同校企合作模式下存在的问题，提出应用型高校在协同育人视角下深化产教融合需要充分发挥企业的积极性，进一步融合双方的文化、资源，共建应用型人才培养质量保障和人才质量评价体系。

关键词：育人模式；质量保障评价；产教融合
中图分类号：G642.0　　　　　　　**文献标识码**：A

Exploration on the Collaborative Education Mode and Quality Assurance for Industry-education Integration in Application-oriented Universities

Yubao Hou, Fu Liu

（School of information and Electrical Engineering, Hunan International Economics University, Changsha, Hunan, 410205）

Abstract: The connotation of integration education is analyzed in this paper, existing problems is put forward by comparing different university-enterprise cooperation modes. It is proposed that enterprises enthusiasm need to be given full play in collaborative education for applied university, further integration of the culture and resources of both sides, and set up the talents training quality guarantee and talent quality evaluation system.

Keywords: education model; quality assurance evaluation; fusion of production and education

　　随着近年来国民经济的产业转型升级与培养经济发展新动能的时代需求，产业与教育两大系统对各级各类人才的定义与培养有了新的认识，逐步形成了对"产教融合"的理解与期待，加强产教融合的呼声越来越高，2017 年出台的《国务院办公厅关于深化产教融合的若干

基金项目：湖南省普通高校 2018 年教学改革项目（湘教通〔2018〕436 号-775）。
第一作者：侯玉宝，男，副教授，主要从事电子信息方面的教学、研究。

意见》正是这种"新理解"与"新期待"的政策产物。新时期的高等教育,要满足社会与市场的需要,就必须更多地注意到理论与社会生产实际的紧密联系,这就使产业界、教育界有着天然的融合需求。"产教融合"已不再是早年职业教育的使命与行动指针,在传统的研究型、技能型人才之外,必须大力培养应用型人才,因为它是解决当前企业人才需求与高校人才供给脱节问题的有效途径。而应用型人才较技能型人才层次水平更高,单纯依靠行业培训无法胜任,高等教育必须承担必要的培育责任。因此,我们有必要重新剖析"产教融合"的内涵与性质,探索一条有效的应用型高校产教融合协同育人之路。

1 产教融合协同育人的内涵

德国学者 Haken 于 1971 年提出了"协同"的概念,指出系统中各子系统的相互协调、合作或同步的联合作用及集体行为,结果是产生 1+1>2 的协同效应。校企合作育人是指以高校、企业和科研院所为主体,以政府及行业机构为中介,按照教育教学规律和市场规律,通过人才、知识、物质资源交换与共享,将提高高校人才培养质量作为根本目的的系统性活动。协同育人是指两个或两个以上的办学主体根据人才培养的目标定位,共同制定培养方案,合理配置和充分利用各方面优质资源,全方位合作与协同,有效组织教育教学活动,使受教育者综合素质得以提高的教育活动。

校企合作具有具体性和微观性特点,产教融合则具有宽泛性和宏观性特点。从语义上看,校企合作着重的是学校与企业之间的单体互动,产教融合则可以看作产业与教育行业或系统之间的结合。合作体现的是在同一框架下,双方共同完成内容与任务;而融合则体现的是"我中有你,你中有我",相互交融、双方关系密切甚至合而为一;二者交融深度和广度是不尽相同的

从主体参与程度上看,校企合作主要体现的是学校和企业在人才培养、科技服务和社会培训等方面的互动。在这个过程中,学校常常因为自身需要而成为合作的主动发起方,企业常常是被追求的合作方。而产教融合则是校企合作深度交融,即将产业的理念、技术、资源整合到学校的培养体系、课程、实训以及师资建设中,同时将学校培养的学生、科研和双创成果带给产业,共享和优化产学资源配置,助力产业建设,培养高素质创新人才。校企双方都是合作主导者,形成发展的共同体。

从教学过程看,校企合作下的学校,开展的多是订单培养、合作办班、定向培训、企业冠名班等,对接的常常是某个企业,其教学标准也多囿于企业要求。而产教融合意义下的学校对接的则是行业统一性要求,教学采用产业、行业标准;实训、实习强调的也是在真实的工作环境中实干真做,成为教学计划的组成部分,学生学业水平的部分测评依据是企业标准。因此,学习与工作一体,学做人与学做事统一。

产教融合是行业、企业、政府、学校、中介机构等开展的大跨度整合合作模式,本质上是一种跨界融合,是通过相应的激励机制与约束机制来引导和促进教育资源和要素的有效汇聚,高校和企业将各自的一部分优质资源拿出来进行合作共用,通过突破教育主体间的壁垒,充分释放政校行企各方人才、技术、信息、资本等互补性资源而实现的深度合作,以达到资源互补、合作共赢的目的。

2 校企合作人才培养模式及存在的问题

目前常见的校企合作人才培养模式有以下几种：实习实训基地模式、订单培养模式、工学交替模式、产业（企业）学院模式、全面合作模式。

常见的问题有以下几种。

（1）合作深度较浅。目前的校企合作模式深度较浅，主要体现在三个方面。第一，校企合作的内容相对简单，基本上停留在人才提供层面，缺乏深层次、分阶段的培训模式。第二，校企合作形式相对单一，仅有企业专家进校讲座或安排学校教师进入企业进行实践学习，缺乏科研方面的合作项目。第三，校企合作信息沟通渠道不通畅。调查结果显示，学生获得校企合作信息的渠道并不通畅，缺乏学校、学生和企业之间的沟通交流平台。目前学校所设立的四导师制度没有起到应该起的作用。

（2）企业主体参与的内驱力不高。校企合作过程中企业积极性不高主要体现在两个方面。第一，企业的校企合作意愿不强烈，校企合作中企业的获益需要从长远角度考虑，难以满足企业短期人才诉求，当企业亟须引进人才时，校企合作并不能满足其需求。第二，校企合作中企业处于被动地位。校企合作通常为学校方提出需求，寻找合作企业，合作企业以民营企业为主，企业的战略规划中缺乏对校企合作的规划，不愿意在校企合作方面投入过多的人力和资金。

（3）合作质量有待提高。校企合作质量有待提高，主要体现在校企合作过程中很多方面不够深入，例如，校企合作的基本模式是顶岗实习，虽然学校多数学生可通过学校获得实习机会，但岗位以基层岗位为主，缺乏从专业维度考虑的岗位设置，比如技术型人才的培养。学生深入企业更多的是了解企业的文化和基础信息，缺乏对本专业信息的深入了解。一方面，学校对校企合作缺乏深入认识，校企合作中顶岗实习更多的是让员工能够学到知识，为此学校与企业应强化合作，制订有效的学员培训计划，为学生提供深入学习的机会，而非局限于基层岗位。另一方面，企业对校企合作不够重视，将顶岗实习视为廉价人力成本的投入，缺乏对人才储备和人才培养的认知。

（4）监督管理机构缺失。目前的校企合作缺乏有效的监管，虽然学校有成立专门的职能部门管理校企合作，但由于机制和人员等问题，监管不到位。国家有关校企合作的法律制度相对缺失，缺乏有效的法律监管机构对我国校企合作进行有效监管，缺乏校企合作评价机制。校企合作职能部门更多的是对校企合作进行引导，缺乏深层次的管理和监管，最终导致学校校企合作的流程混乱，容易出现信息缺失、学生满意度不高等问题。

3 协同视角下深化产教融合

深化产教融合、校企合作是应用型人才培养模式改革的核心。教育与产业只有坚持利益互补、资源共享、文化共融的思路，坚持产业链和教育链的有机融合，才能不断深化校企合作。产教融合可以在以下方面进行深化。

（1）协同育人中要充分发挥企业的积极性。企业在生产活动中必须考虑盈利的问题，但是校企合作在短期内只能给企业带来人力资源上的补充，不能给企业带来明显的经济效益，因为经济效益需要有一个较长的时间段才能体现。所以，在校企合作过程中容易出现学校热情而企业冷淡的情形。

产教融合、校企合作以满足校企两个主体的利益诉求为宗旨，共享共赢是其共同特征。互利互惠，使校企双方从感情机制走向利益机制，确保长期合作、深度融合。在校企合作中，学校的目标追求是培养符合企业需要的人才，学校各专业与行业、企业建立直接联系，了解和掌握行业发展趋势和需要，改革专业教学，为企业培养需要的人才；同时，学校还可以利用企业资源，进行"双师型"教师培养，发挥自身优势，提高学校的知名度和美誉度。而企业是以获取更大经济利益作为价值追求的，在校企合作中，企业可以便捷、高效地选择学校培养的人才加入企业，对职工进行继续教育，通过对教育的支持，起到宣传作用，树立企业形象；借助学校资源和政府政策支持，节约成本，进行新产品研发、新技术引进、设备技术改造等，提高整体效益。深化产教融合要建立校企双方利益共同体，共享和优化产学资源配置，培养高素质创新人才，助力产业建设。

（2）协同育人中校企双方的文化融合与沟通。校园文化是学校在长期的教育、教学和生活中所形成的学校价值观念、学校传统、精神追求、行为准则、道德规范和生活观念的总和，其内核是学校师生员工共同的价值观念。产业（企业）文化是指企业生产经营中长期形成的精神成果和文化观念，包括企业精神、企业道德、企业价值观念等，是企业意识形态的总和。产教融合、校企合作就是要将两种文化融合，在校企利益共同体层面形成集体文化。要实现有效、长期的合作，必须从文化融合机制建设入手，加强学校与企业文化的融合。应用型高校的学生在实践技能学习的同时，在企业实践教学场所——生产车间、工作坊和培训基地，直观地感受企业文化。让学生受到企业文化的浸染，培养学生的企业精神、企业道德、企业价值观念，使其更快地熟悉职场的情景。而企业吸取合作学校的价值观念、精神追求和科研成果，更新员工知识体系、创新员工思维方式。通过融合双方文化理念，为培养优秀人才奠基。

（3）推进校企资源融合、技术融合。资源融合是校企利益共同体存在的条件，是指一方资源为另一方所共享和使用。物质条件是学校办学的综合基础和实力的重要标志。学校建立实训室等相关资源要与行业、企业最新发展方向保持一致，学校资源建设对接企业发展方向，企业投资提高教育服务水平，合作共建、共管教学和科研机构、实习实训基地、技术工艺和产品开发中心及学生创新创业、员工培训、技能鉴定等，节约投资，相得益彰，使学生获得多方位的实践和学习体验，增加实践技能，使企业员工获得完善、先进的继续教育。

产教融合模式下，学校关注行业企业的发展动向和技术发展趋势，师生科研可为企业技术和产品研发、成果转移转化等提供支持；双方根据市场需求，合作设置专业、研发专业标准，开发课程体系、教学标准及教材、教学辅助产品，合作研发岗位规范、质量标准等，打造适应企业发展和区域经济发展需要的特色专业和专业群。产教融合可把学校理念层面技术与企业产品层面技术有机结合，推动相互转化，实现教育和经济社会价值。

（4）协同共建质量保障。人才培养评价体系是产教融合应用型人才培养的质量保障。评价体系包括两个部分。

一是人才培养质量保障体系，用以保障人才培养过程与教学条件。通过定量评价确保各类资源建设符合应用型人才标准的数量质量要求，通过定性评价确保人才培养过程契合人才质量标准、培养目标，并针对问题进行反馈调整。

应用型人才培养质量保障体系应该由学校与行业协会协同制定，应该贯穿人才培养全过程、全环节，覆盖人才培养全要素。资源投入部分可以有硬性的定量要求，而人才培养标准、目标是否达成，人才培养模式是否合适有效，课程教师质量是否满足要求，实验实践创新创业教学是否形成完整体系等，都需要进行定性的评估监控，对于发现的问题还需要进行反馈，不断改进提高，形成完整的闭环体系。社会、政府、学生家长等是质量评估的主体，将学校自我质量保障体系与第三方评价体系结合，才能发挥最佳效果。

二是人才质量评价，如通过对学生的知识、能力、素质评价，开展学生职业能力的评定，判别学生是否达到了标准、目标，发放相关资格证书。

应用型人才评价分为培养过程中的形成性评价以及培养结束后的终结性评价。形成性评价是为了促进学生发展而开展的评价，促进学生不断提高、达到质量标准要求，满足人才培养目标；同时也促进教师不断调整教学方法、人才培养模式，发现最佳教学方案。终结性评价是在学生完成学业前对其进行评价，比如校内的毕业资格审核、行业的职业资格认证等都属于终结性评价，用于鉴定、鉴别学生是否达到培养目标和质量标准，最终用于毕业、就业、职业资格审核。

目前在学生学业评价上还是以单一的学校评价为主，用人单位、行业协会、第三方评价等评价相对较少。还需要在学生终结性评价中充分考虑各类行业协会、第三方评价的认证。相关高校与产业界紧密协作、产教融合，共同构建完整的质量保障与评价体系。在评价专家的人员组成上，行业产业界专家与高校专家教授应占有绝对的比例。

4 结语

把产业界引入高校，产教融合共同建设大学，让共同培养人才从理念走向现实，进而走向兴盛，需要的不仅是政策、资源，也需要高校与产业界共同转变思想、达成共识，还需要教师和教学管理人员把产教融合的思想和理念落实到人才培养全过程、全环节中，从目标—质量、培养模式—课程、师资队伍—教学能力、实验实践—创新创业教学、质量保障—评价认证等进行人才培养的全方位改革创新，才能真正培养出符合社会主义现代化强国需要的应用型人才。

参考文献

[1] 戴维·查普曼. 发展中国家的高等教育：环境变迁与大学的回应[M]. 北京：北京大学出版社，2009：204.

[2] 柳友荣，项桂娥，王剑程. 应用型本科院校产教融合模式及其影响因素研究[J]. 中国高教研究，2015（5）：64-68.

电子信息类基础课程培养现状及教学模式的分析

兰浩，汪鲁才，林海军

（湖南师范大学工程与设计学院，湖南长沙 410008）

摘 要：专业基础课具有承上启下的作用，在完整的课程体系中至关重要。本文通过网络和问卷调查发现，电子信息类基础课程在实施和教学模式方面的现状不容乐观，着重论述课程实施与教学模式中的问题及原因，探究课程实施过程和教学模式的改革。

关键词：教学模式；专业基础课；改进措施
中图分类号：G712.307；G434   **文献标识码**：A

Analysis of Training Situation and Teaching Mode of Electronic Information Foundation Course for Specialty

Hao Lan, Lucai Wang, Haijun Lin

（College of Engineering and Design, Hunan Normal University, Changsha, Hunan, 410008）

Abstract: Foundation course for specialty is significant in complete curriculum system for its function of connecting the preceding and the following. Network and questionnaire survey find that the current situation of the implementation and teaching mode of electronic information foundation course for specialty is not optimistic. This paper focuses on the problems and reasons in the course implementation and teaching mode, and probes into the reform of the course implementation process and teaching mode.

Keywords: teaching mode; foundation course for specialty; improvement

电子信息类专业主要培养具有扎实的工程技术基础和系统专业知识的电子信息科学与技术学科领域的学生。具体而言，就是经过规范的科学训练，培养能够进行科研、教学、开发、设计、生产、管理，具有创新精神、实践能力的基础扎实、技能过硬的电子信息科学与技术人才，使其具有相近学科理论研究和技术开发的基本能力。

基金编号：2017年湖南省高等学校教学改革课堂"'电子技术'基础Ⅱ（数字部分）在线课堂教学模式的研究"（湘教通〔2017〕452号 No.182）。
第一作者：兰浩（1974— ），男，湖南长沙人，副教授，工学博士。主要研究方向：传感器检测技术及数据分析。

1 电子信息类基础课程实施的现状

电子信息类专业具有三大特色,一是多学科融合,电子信息类专业是现代科技的支撑,服务于生命科学、国防工业、制造业、自动化和消费电子等广泛领域,有较强的吸收及整合相关学术成果、技术成果的能力;二是处于科技前沿,在相关理论和技术的帮助下,可以探究生物学、生理学及医学现象和规律,给自然科学研究的前沿和发展带来技术支持;三是推动技术进步,电子信息类专业是现代科技的推动技术,其对于促进高科技与工业的发展和社会进步具有十分重要的意义[1]。

2 电子信息类基础课程实施的问题

2.1 课程设置具有同质性

所谓同质性,就是各实体事物普遍存在的、稳定的状态及属性,但是同质性并非完全相同,只是在某些方面存在逻辑上质的规定性的一致。自从我国推进高等教育大众化后,教育同质化的趋势明显,即通过建立一批示范学校、示范学科,其他院校纷纷效仿,而失去自身的办学特色[2]。其中课程实施情况表现得尤为一致,以电子信息类课程为例,专业基础课一般安排到第五个学期之前,集中到三、四、五学期,且课时数均在每周 4 课时以上。同质性已经成为学校发展的重大障碍。

2.2 忠实取向的课程实施

所谓忠实取向又称程序化取向,它强调课程实施者应"忠实地"反映课程设计者的意图,按照课程设计者建立起来的一套程序和方法将课程计划付诸实践,只有这样,才能达到预期的效果。也就是指,电子信息类专业课的课程实施是以教材为主,以教师的价值取向为主体,规划教学设计[3]。

2.3 课程评价概念不清

课程评价不等同于教师评价、学生评价,教师评价是指教学工作和教学绩效的评价过程;学生评价是指以学生的发展和学习为前提在课程技术后进行评价的过程。学生评价和教师评价又和课程评价有一定的交叉,评价主体的不清晰,使基础课的课程评价也存在一定的偏差。

2.4 教学模式"固化"

所谓"固化"就是指传统的应用型本科在理论课上采用"讲授法",在实践课上采用"实物教学法",二者之间并没有很好地结合。

随着"双一流"的不断深入,以追求教学质量、提高人才培养质量为目标的现代化教育模式已经促使各应用型本科院校不断地对教学模式进行研究与实验,比如必修先行课程、学分互认等,促进学生主动思考。以育人为目标的教学模式已经成为一种主流。但是,这也可以反映出现今本科院校在教学模式上存在较大的漏洞，即均是以教师为主导的教育模式。教学中的主体不清晰，不利于学校的转型发展，办学特色也不容易显现。

3 电子信息类基础课程的调查

针对电子信息类专业基础课程存在的一些问题，采用了网络和问卷两种方式进行调查，以获得准确的调查结果。

3.1 网络调查

通过网络主要了解并整理了清华大学、北京大学、北京信息科技大学、复旦大学、西安电子科技大学、武汉大学等高校电子信息类专业现状。清华大学在课程设置中遵循"厚基础、强能力、高质量、全面发展"的原则，合理构建三大知识平台，即公共基础平台、专业基础平台和专业方向平台；同时，学校整合课程内容并精简课时，以及通过与实践的配合，优化课程体系。北京大学强调学生需要具有坚实的数学、物理、电路、计算机和信息处理的基础知识，系统地掌握电子和信息科学所必需的基础理论、基础知识和基本技能与方法，受到良好的科学思维、科学实验和初步科学研究的训练，具有分析问题和解决问题的能力，以及知识自我更新和不断创新的能力。北京信息科技大学信息工程专业的课程因独立教学和相对分散的知识点而提出了"综合课程设计"，其内容需要整合最基本的专业课程和专业课相关知识[2]。复旦大学通过设计理论课程、实验课程和独立设置硬件实验课程三环节，来提高学生的实践能力[3]。武汉大学本着"厚基础、宽口径、高素质、强技能"的原则培养人才。武汉科技学院遵循垂直划分理念，将其分为宏观上的三个阶段：普通教育、专业教育和专业定位教育。

综上所述，学校都在通过教学改革来适应学校的定位和学生需求。

3.2 问卷调查

1. 问卷调查内容

为了更好地了解学生的真实想法，为本次研究提供有效数据，本次对 500 名电子信息类专业的学生开展问卷调查，主要调查以下内容：

（1）学生对电子信息类基础课程的大致了解。

（2）学生对现在开设的电子信息类基础课程有什么意见及建议。

（3）学生对电子信息类基础课程的教学内容是否满意，能否掌握教学知识。

2. 问卷调查结果

此次共回收问卷 468 份，经过剔除，收到有效问卷 429 份。经过了一系列的汇总统计之后，得出了培养对象对于电子信息类培养体系的具体需求。

各高校总体上以"厚基础、宽口径、高素质、强技能"为指导思想，越来越重视培养学生动手操作能力，强调基础课与实践性相衔接。在国家教育改革的大环境下，各高校力图突出学校自身特点，或根据学校所在经济区域对信息技术人才的需求开设相应课程，整合相关教学内容。各高校不断深化对基础课程体系的探索，渴望摆脱传统学科教学的束缚，寻找新的创新点，让学生在有限的课时中最大程度地学到更实用、更有深度的内容。

存在的问题也比较明显。

（1）专业基础课程要强化。半数以上的学生认为关于"电路理论"以及"C语言"的课程培养很重要，其次就是专业知识应用能力和自主学习能力，然后就是基础课程，如信号与系统、高频电子电路、数字电路原理、电磁场与电磁波、模拟电路原理、传感器与电子测量课程等。基础课程对学生成功步入工作岗位，提高其工作能力和效率起到了尤为关键的作用。培养单位应该把控好合理的方向，将这些课程作为培养的重心，培养出符合专业需求的、应用型的创新性人才。

（2）专业课程的实践训练单一。调查问卷结果显示，大部分学生在校期间没有参加过关于科研类的项目，少部分学生只参加过 1 项。课程设计的题目基本偏离实际应用，导致供学生选择的题目太少；75%以上的题目是教师自拟的，并非实际的项目。

（3）专业基础课程的方向性不突出。调查显示，有一半以上的学生反映本专业开设的基础课程过于类似，其中 25%的人认为课程设置不具有特色，不能凸显其专业的能力和特点；近 85%人认为专业基础课对于后面的专业课学习是有用的，但是有 25%的学生认为基础课的实用性不强。

（4）课程间联系不够紧密。调查问卷结果显示，在一、二年级时，学生对培养方案设置的课程之间的关系不了解，没有建立课程体系的全局观，其中 10%的人认为开课顺序不合理，使学生本应系统的学习成为零散的学习。

（5）课程对于新知识的应用不足。有 71%的人认为，课程设置中缺少本领域内前沿技术知识的讲解；其主要表现是相关基础课程没有顺应时代的潮流，与学生的需求和实际市场的需求不吻合。课程内容没有更新，部分专业课程难度过高，一些课程理念落后，使课程学习对人才的培养带来负面作用。因此，应从多方面、多渠道获取人才培养的根本需求，删除过时的课程，增加新内容到老课程中，增加与就业市场紧密联系的新课程，适时优化陈旧的课程体系。

虽然现有的培养体系在基础课程设置中已经凸显了实践性和创新性的重要地位，但是通过此次的问卷调查，仍发现了一些专业课程的不足之处。两部分的问卷调查都涉及了关于课程设置中所出现的问题。总体来看，优化和完善基础课程设置需要进行教学方法的改革、教学内容的更新、教学手段的丰富、实习环境的改善、实践环节的扩充等。

4 电子信息类基础课程教学模式的改进措施

（1）突出个性化的学习方式。基础课程要注意强调基础性、实用性和启发性，及时调整基础课的课时及课程难度；要丰富教学资源，及时更新教学设备，开发适合本校或本地区的教材，这样才可以在课程实施的过程中突出学生对周围教学环境的感知，有利于学生掌握基础技能和知识。

（2）转变课程组织方式。建立"小班式"的课程组织形式，以工学结合的课程形式推动学生自主性学习、合作性学习及探究式学习等，激发学生的学习兴趣。同时，也利于教师掌控教学进度，提高教学效率。

（3）建设一支"双师型"的师资队伍。重视"双师型"教师队伍的建设，了解"双师型"教师的概念，结合本专业的特点，制定"双师型"教师队伍的规划[4]。

（4）完善工学结合的课程改革方式。应以项目导向或者任务驱动型课程设计为基础，以校企合作的办学方式，使学生亲身经历"项目"的各个环节，熟悉课本上的每一个知识点。只有不断地深化学习，课程实施才能体现高质量的要求，在实践中优化模式组合，实现教学效果的最优化[5]。

总的来说，提高教学质量、提升教育效果是课程培养的目标。只有不断地探索和改进，才能提升电子信息类基础课程的影响力，为学生适应电子技术的发展而助力。

参考文献

[1] 韩焱，王召巴，杨风暴. 电子信息工程专业课程设置与学生能力培养[J]. 中北大学学报（社会科学版），2001（4）：34-36.

[2] 俎云霄，王卫东，张健明，等. 基于课程群的电子信息类专业基础课教学改革[J]. 现代教育技术，2010（s1）：34-36.

[3] 邹逢兴，陈立刚，徐晓红，等. 关于自动化专业电子信息类课程教学改革的探索与思考[J]. 中国大学教学，2011（9）：37-40.

[4] 俞承芳，龚昌国. 理科电子信息基础课程教学改革探讨[J]. 北华航天工业学院学报，2006，16（s1）：35-36.

[5] 于歆杰，陆文娟，王树民. 专业基础课中的研究型教学——清华大学电路原理课案例研究[J]. 高等工程教育研究，2006（1）：118-121.

湖南省普通高校教师课堂教学竞赛经验分享

曾金芳，曾以成，杨恢先

（湘潭大学物理与光电工程学院，湖南湘潭 411105）

摘 要：随着科技的进步和信息技术的发展，时代对教师提出了新的、更高的要求，因此教师只有不断学习和引进新的教育教学理念，改革自己的教学方法，提高自己的教学能力，才能适应时代的发展。积极参加教学比赛也是提高教师自身能力的一种途径。本文作者介绍参加了湖南省普通高校教师课堂教学竞赛的经验和心得。

关键词：教学竞赛；教学设计；教学反思；微课
中图分类号：G642.0　　　　**文献标识码**：A

Experience sharing of classroom teaching competition of universities in Hunan Province

Jinfang Zeng, Yicheng Zeng, Huixian Yang

(School of Physics and Optoelectronics, Xiangtan University, Xiangtan, Hunan, 411105)

Abstract: With the progress of science and technology and the development of information technology, the times put forward new and higher requirements for teachers. Therefore, teachers must constantly learn and introduce new education and teaching concepts, reform own teaching methods and improve own teaching ability to adapt the development of times. Actively participating in teaching competitions is also a way of improving teachers' own ability. The author of this paper introduces the experience of taking part in the classroom teaching competition of College Teachers in Hunan Province.

Keywords: teaching competition; teaching design; teaching reflection; micro course

1 引言

教师是人类灵魂的工程师，是人类文明的传承者，承载着传播知识、传播思想、传播真

资助项目：湘潭大学教改项目（2904041，"信号与系统"空间课堂建设）。
　　　　　湖南省教改项目（HNJG-2020-0215，"互联网+"时代信号与系统课程多维信息化教学改革）。
作者简介：曾金芳，女，博士，任职于湘潭大学物理与光电工程学院，主讲"信号与系统"等课程。

理、塑造灵魂、塑造生命、塑造新人的时代重任。教师不能只做传授书本知识的教书匠，而要成为塑造学生品格、品行、品位的"大先生"。作为一名大学教师，承担着教书育人的双重责任。随着科技的进步和信息技术的发展，时代对教师提出了新的、更高的要求，教师只有不断学习和引进新的教育教学理念，改革自己的教学方法，提高自己的教学能力，才能适应时代的发展。而经常参加教学比赛也是提高教师自身能力的一种途径。

为适应时代的发展，湖南省教育厅和省教育工会联合主办、省教育科学研究院承办每年一次湖南省普通高校教师课堂教学竞赛[1]。课堂教学竞赛以培养学生创新创业能力为主线，重点考察参赛教师是否正确运用高等教育教学改革新理念、新要求，充分挖掘各课程所蕴含的思想政治教育资源，科学设计教学方案，并按照规范的格式及要求撰写教案；是否准确把握所授课程和使用教材的主要内容、重点和难点，并及时将相关学科专业的新知识以及从事科学研究的新成果融入课程教学；是否按照既定教学目标和学生认知规律，合理处理教学内容和教学资源，科学选用教学策略、方法组织课堂教学；是否正确运用各类现代技术手段开展教学，有效调控课堂和调动学生自主学习、探究学习的积极性等。

笔者有幸参加了 2019 年的竞赛，参赛课程是"信号与系统"，工科组，最后获得二等奖。虽然没有取得一等奖，但是还是有一定的感悟和经验，在此与各位同仁分享。

2　湖南省普通高校教师课堂教学竞赛相关要求

湖南省普通高校教师课堂教学竞赛的参赛对象为全省普通本科高校（含独立学院）在职专任教师，各高校要在校内初赛基础上限额择优推荐教师，特别是中青年教师（45 周岁以下）参赛。近五年已获得全省普通高校教师课堂教学竞赛一等奖或有两次省级参赛经历的教师，不再推荐参赛。按文科类、理科类、工科类、思政类组织复赛。校内初赛应于 7 月中旬前完成；省级复赛一般于 9 月中下旬进行，决赛一般在 10 月下旬举行。

推荐参加省级复赛的教师应提交所授课程 20 个学时的教学设计和与之对应的 20 个节段的教学课件（15 分钟），以及其中 1 个学时（约 45 分钟）的课堂教学视频和针对该教学视频的 1000 字以内的教学反思。复赛重点考察教师对课程的整体把握能力，教学组织实施的规范性，灵活运用多种教学方法（如启发式、研讨式、案例式等）组织教学的能力，合理利用课程思想政治教育元素育人的情况，以及使用现代技术手段的水平。组委会将组织专家对参赛教师提交的教学设计（教案）、教学课件、课堂教学视频及教学反思等进行网络评审和评分，其中教学设计（教案）及教学课件共占 50%，课堂教学视频及教学反思共占 50%。

决赛时，个人奖按各组别复赛教师人数设奖，其中一等奖 15%，二等奖 25%，三等奖 40%。组织奖按参赛学校总数的 20%左右设奖。根据参赛教师的最终成绩排序，按比例依次确定。最终成绩由复赛成绩和决赛成绩折合计算（复赛成绩占 50%，决赛成绩占 50%）。若最终成绩相同，则依次以决赛成绩、复赛成绩排序；若所有环节成绩均相同则为并列名次；未参加决赛的参赛教师，按复赛成绩排序，若复赛成绩相同，则以复赛课堂教学视频及教学反思成绩排序，如仍相同则为并列名次。对竞赛获奖教师和单位，由主办单位发文通报并颁发相应的荣誉证书或奖牌，其中一等奖获奖教师由湖南省教育工会授予"湖南省普通高校教学能手"荣誉称号。各竞赛组别分别以相同或相近课程为单位，将参赛教师分为 3~4 个小组。每个小组将按课程主要特点及内容，现场统一安排 15 名左右学生随堂听课学习。所有参赛教师均不允许自带学生进入课堂。各参赛教师现场决赛用 5 个教学节段的授课教案（装订好的纸质稿一式 8 份）和教学课件（电子稿），两者排序编号与上报组委会办公室的完全一致，于报到时提交会务组。各参赛教师现场决赛时限为 15 分钟，超时 15 秒将被要求终止授课。

2019 年的比赛，现场决赛和研讨会地点为湖南工商大学。全省 52 所普通高校（含独立学院）共推荐 235 名教师参加了文科、理科、工科、思政四个组别的复赛。最终 37 人获得一等奖、59 人获得二等奖、95 人获得三等奖。

笔者参加比赛的流程是这样的，首先是去教研室报名参加学院组织的教学比赛，所以第一关是学院的比赛；然后每个学院派代表参加学校组织的校级教学比赛（很荣幸获得了校级第一名）；学校再推荐一等奖和二等奖的老师参加省里的复赛。

3 如何准备复赛

根据竞赛要求，复赛要准备 20 个学时的教学设计、20 个 15 分钟的教学课件、1 个学时（约 45 分钟）的课堂教学视频以及对应课堂教学视频的教学反思，在竞赛系统提交。由专家评审后，在复赛中选出 20%的选手参加最后的决赛。

在学校推荐参加复赛后，就要开始准备复赛，只有复赛成绩好才能进入决赛，所以复赛是最重要的，也是耗时最长、工作量最大的。又正值暑假期间，基本上整个暑假都在忙比赛的事，看参赛教师在赛前和赛后在竞赛交流群的聊天也知道，大家都是很辛苦的，而且还要忙别的事情。以下笔者从四个方面来介绍如何准备复赛。

3.1 教学设计的准备

评价标准里规定，教学设计应包括课程分析、教学目标、思政育人、教学内容、教学方法、教学过程、教案规范，分值 40 分。教学设计就是对整个教学环节安排进行设计，由于大部分老师可能没有撰写教学设计的经验，所以这部分是最难的，也是最耗时的。首先就要从课程所有的知识点中凝练出 20 个独立的知识点，每个知识点大约讲 45 分钟。这 20 个知识点代表了整个课程的主要知识点，且应具有连贯性，体现知识的承前启后。竞赛文件里有教学设计的基本格式，只要满足基本格式，包含了必备的内容，其余部分可以自己设计。总体来说，内容要全面，对于每次课如何安排要设计详细，图文并茂，可以用彩色的图片和字体，要尽可能美观、可读性强，具有可欣赏性，让别人一看就有耳目一新的感觉。教学设计有必要制作一个封面（包括课程名称、适用专业和课时），以及每个知识点的教学设计分页显示。具体来说，笔者的教学设计包括六大内容：定位与目标、课程总体设计与内容、考核方式、参赛内容目录和教学设计正文。

1. 定位与目标

（1）课程性质和作用：从课程的性质、主要研究内容、地位和意义等方面来分析。

（2）推荐教材及参考资料：列出授课教材、参考著作、精品课程网站、网易公开课、MOOCs 等学习资源。

（3）教学目标：从知识目标、能力目标和思政目标三个方面分析。

2. 课程总体设计与内容

（1）学情分析：可以从课程特征、专业、年级、先修课程、授课对象已掌握的知识与技能、优势与不足等方面介绍。

（2）课程总体设计：主要介绍整个课程各个教学环节的组织和安排、采用的教学方法和手段，包括使用雨课堂智慧教学、对分课堂、小组学习、研究性学习，充分应用信息化技术，引入丰富的资源（图像信号、声音信号、动画、视频）辅助教学，结合 MATLAB 平台，预留多样化的课后作业（纸质作业、MATLAB 作业、学习报告）。

（3）教学内容：用思维导图给出整个课程的授课内容，如图 1 所示。

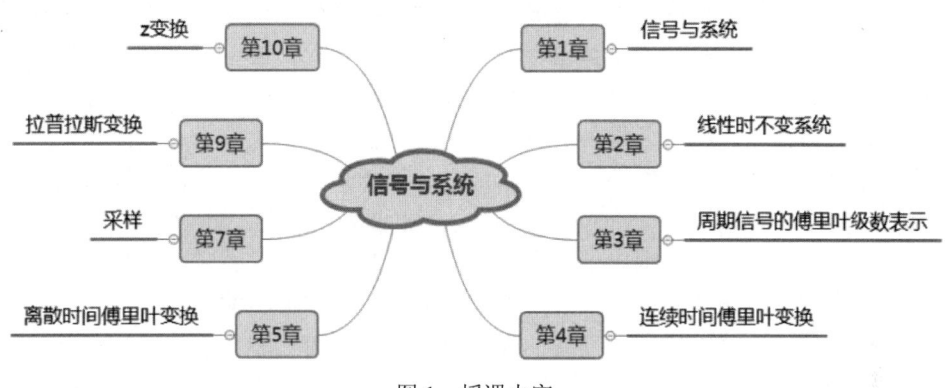

图 1　授课内容

3. 考核方式

引入新的教学方法和教学理念，对教学进行改革，考核方式必然也要进行改革。为了提高学生的参与度，结合课程教学环节的多样性，考核方式应多样化，以饼图的方式给出了课程考核方式，如图 2 所示。

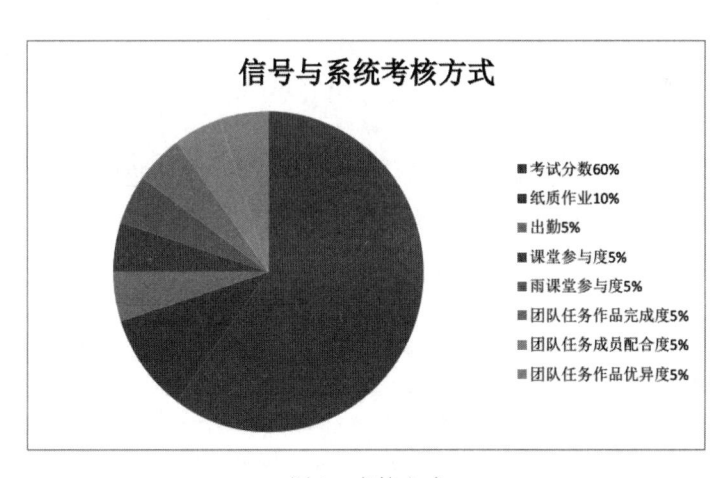

图 2　考核方式

4. 参赛内容目录

根据规定格式，给出 20 个教学内容对应的教材章节及页码。

5. 教学设计正文

针对每个课时的教学设计，主要包括如下几个方面。

（1）课程基本信息：列出课程名称、课程类型、授课主题、教学课时、教学对象和教学工具。

（2）教学内容及学情分析：介绍本次课将要学习的内容，已掌握的知识点。

（3）教学目标：列出通过本次课的学习需要达成的知识目标、能力目标、思政目标。

（4）教学重点与难点：列出本次课的重点和难点，并且给出难点问题拟解决方法；可以用不同的符号在标题中标出，并在授课内容对应的地方标注。

（5）教学方法与手段：列出本次授课所采用的教学方法与手段。

（6）授课内容与教学过程：每部分标出具体的时间安排，这是本次课教学设计的重点。内容安排上建议以表格的形式给出，分成左右两栏，也可分三栏，个人根据自己的课程及教学设计安排。左边一栏是具体的教学内容，首先是新课导入，导入可以有多种形式，包括回顾已有的知识点、从应用背景引出教学内容、针对存在的问题提出解决方式等，一般可以结合图片、微课、短视频等。新课导入后就是知识点的学习，详略得当地列出知识点。右边一栏是左边知识点设计所涉及的设计意图、雨课堂、教师角色、学生角色、板书内容、思政元素，不同的项用不同颜色的字体。对知识点的介绍主要采用启发式教学一步步引导学生学习，通过提问、思考、引导的方式引出下一个知识点，同时结合大量的实例，如声音信号和图片信号的处理来介绍，对于能用图片和表格展示的内容就不用大量的文字代替，对于过程性的知识点就用动图展示，对于比较难理解的知识点或者例题可以制作成微课小视频或网络下载的小视频。对于重要的知识点会有例题的介绍和课堂小练习。为了提高课堂的师生互动，活跃课堂氛围，引入雨课堂智慧教学是非常好的，雨课堂的题目形式丰富多样，还有随机点名、签到和弹幕功能，教师能了解每位学生的学习情况，还能做到教与学的公平公正。知识点学习之后，对于有些内容会有 MATLAB 探究，给出 MATLAB 对应的函数和代表性的代码；有些内容会有研究性学习，一般是知识点的工程应用或最新的技术发展，既可以扩展学生的知识面，也可以提高学生理论联系实际的能力，培养创新思维和工程素质，提高动手能力，增强专业自信等。每次课结束都会有讨论环节，这个讨论其实是"对分课堂"的变种，时间只有 5 分钟，提出一些讨论和思考的题目供学生巩固知识，师生互动，避免满堂灌的情况。最后是课堂小结，总结本次课的学习内容。

授课内容与教学过程之后是知识点归纳，对本次课的知识点进行总结；然后是课外拓展，包括课后作业、实验、学习报告、相关的课后阅读和知识拓展等，扩展学生的知识面，最后是对本次课的教学情况进行小结。

3.2 教学课件的准备

复赛需要提交 20 个 15 分钟的课件，占 10 分。这 20 个 15 分钟的课件是从 20 个学时的课件中节选一段段独立的内容。课件的内容安排按照教学设计来，要注意授课内容的独立性，也要注意课件内容的独立性。内容包括封面页、学习内容、学习目标、导入、理论讲解、例题、练习、讨论、小结、致谢等。课件的设计要力求美观、简洁，遵循 PPT 制作的一般要求，字体、色调统一。总的来说，教学设计是做好教学课件的前提，需要具备良好的 PPT 制作能力。

3.3 课堂教学视频的准备

复赛需要提交一个约 45 分钟的课堂教学视频，占 40 分，所以这是非常重要的一个内容。评价标准里要求包括内容讲授、教学组织、方法运用、教学效果、育人成效、教学风格。所以就是一堂真实课堂的实录。首先选择一个教学内容，根据教学设计把相关的课件做好，包括新知识导入、内容目录、知识点教学、课程思政、讨论与思考、总结。对于理工科的课程，除了理论教学，还要有例题、实例、研究性学习等，提高学生的实践和创新能力。对于现场教学，板书是必不可少的，而且要规范，还要注意和学生的互动。现在的课堂不再是传统意义上的课堂，需要发挥学生的自主学习能力，充分调动学生的课堂参与度。笔者在上课时，引入了对分课堂的理念，每次课结束前留 5 分钟给学生思考、消化或讨论，教师解答。总的来说，课件一定要精美，图片、视频都要规范美观，有条件的可以找专业团队制作。时间要把握好，45 分钟左右，不要超时，也不要少太多，所以需要多练习，熟练内容，然后安排学生参与录课。录课最好请专业的公司来拍摄，随着在线精品课程的推广，现在专业的公司很多。在录课的过程中，也需要注意仪态仪表和着装。

3.4 教学反思的准备

复赛还需要提交一个针对课堂教学视频的教学反思，占 10 分。教学反思在教学中是非常重要的一环，一堂课结束之后，需要反思做得好的地方以及暴露的不足。深刻的课后教学反思是进一步提高教学能力的关键，但是却往往被教师忽略，大部分教师只关注课堂的 45 分钟。复赛提交的教学反思有字数的限制，1000 字以内，所以写教学反思需要有高度的概括能力，需要惜墨如金，可以从教学内容安排、教学目标的设置、学习重点难点的把握、知识点讲授的优点和缺点、学生的反馈以及教学的改进设想等方面来反思。不过笔者也是第一次写反思，还缺乏经验，一位有参赛经验的老师的总结是：把教学反思当作议论文来写是最合适的，而且是最容易拿分的。

4 如何准备决赛

决赛的评分标准里包括内容讲授、教学组织、方法运用、教学效果、育人成效、教学风格，重在考察教师针对所抽取教学内容，紧密联系学科发展前沿、课程知识体系、生产生活实际和课程育人要求，进一步激发创新思维、分析研讨问题、拓展知识应用以及灵活组织课堂的能力。各组别复赛前 25%左右的教师进入决赛。所有参加现场决赛的教师，自主从复赛时确定的 20 个教学节段中（复赛已录制教学视频的教学内容节段除外）选取 5 个教学节段，决赛的具体内容于赛前 40 分钟从 5 个教学节段中抽签确定，时间 15 分钟，并且需要提交纸质教案。

虽然在复赛的时候提交了 20 个 15 分钟的课件和教学设计，但是由于是决赛，所以还是需要对决赛用的 5 个课件进一步地美化和修改，体现自己的教学特色。15 分钟要呈现一个完整的知识点，而对知识点的教学也要完整。教案也是评审内容之一，除了好的教学设计之外，规范美观也是需要的，还有就是要装订好，可以做一个漂亮的封面。

在准备决赛的时候，非常有必要对讲课进行打磨，包括邀请学生、同事、专家、有参赛经验的老师等听课，不同的听者可以从不同角度提出很多有用的建议；也需要注意把握好讲课的时间。要想在决赛中取得好的成绩，实力是主要的，运气也占有一定的成分，抽签决定小组的分组、抽签决定组内的出场顺序，不同的分组、不同的比赛顺序也会影响比赛成绩。

5 其他

要想在比赛中取得好的成绩，除了认真准备资料外，也须具备一些其他方面的能力。比如微课的设计、课程思政的挖掘。

5.1 微课

在教学中，插入合适的微课是非常必要的。有些内容用微课视频来展示更加合适，学生更容易接受，能加深对知识点的理解和掌握，可以提高知识的趣味性。那么哪些内容适合用微课的形式展示呢？笔者认为主要有以下几个方面：①课前预习，课前可以用微课的形式给学生推送一些预习资料；②新课导入，新课导入可以用微课的形式，从某个现象、某个应用入手；③重点难点，对于重难点知识可以用微课的形式展示；④知识的应用，对于知识的应用，用微课视频方便介绍；⑤对于分步骤的或需要用动画来展示的，都可以采用微课的形式。

对于微课的来源，笔者总结后，发现大概有以下几种：①网上下载或链接；②专业公司制作拍摄（成本较高）；③自己录制，这个成本较低，适合每个老师，就是质量有可能欠佳，花的时间也多。可以用 PPT 的形式用电脑直接录制，也可以用录屏软件录制，当然也可以用相机或手机拍摄，比较灵活。

5.2 思政

课程思政是现在热门的话题。教师不仅仅要教好书，还要育好人，在传授知识的同时，以突出培育知行合一、精益求精"工匠精神"为主线，将社会主义核心价值观贯穿整个教学过程，融入爱国情怀、法制意识、社会责任、人文精神、仁爱之心等要素，激发学生认知、情感和行为的认同，实现知识传授和价值引领相统一、教书与育人相统一。具体实践时要结合课程特点和授课内容，很多文献有介绍。其实，最大的课程思政就是教师在学生面前展现的爱岗敬业、积极上进的精神。

参考文献

[1] 湖南省教育厅、湖南省教育工会. 关于举办 2019 年湖南省普通高校教师课堂教学竞赛的通知. 湘教通〔2019〕130 号, 2019-04-23.

[2] 湖南省教育科学研究院. 关于举行 2019 年湖南省普通高校教师课堂教学竞赛现场决赛暨课堂教学改革研讨会的通知, 2019-10-09.

工程教育专业认证理念下非电类专业电工电子技术课程教学改革

阳璞琼，陈蔚，李可生，宾斌

（南华大学电气工程学院，湖南衡阳 421001）

摘 要：工程教育专业认证对非电类专业的电工电子技术教学提出了更高的要求，并作为一个重要的考察指标来评价学生解决复杂工程问题的能力。根据专业认证的要求和本课程的教学特点，科学设置教学内容、制定教学大纲，持续改进教学方法和教学手段，注重培养学生的工程实践能力，不断提高电工电子技术课程的教学水平。

关键词：专业认证；电工电子技术；非电类专业；学科竞赛

中图分类号：G642.0   **文献标识码**：A

The Teaching Reform on Electrical and Electronic Technology Course of Non-Electric Specialty for Engineering Education Certification

Puqiong Yang, Wei Chen, Kesheng Li, Bin Bin

(School of Electrical Engineering, University of South China, Hengyang, Hunan, 421001)

Abstract: Engineering education certification demands higher requirement on electrical and electronic technology course teaching of non-electric specialty, and regarded as an important index of evaluation for student's ability of solving complicated engineering problems. On the basis of the demands of engineering education certification and teaching characteristics, we need scientifically set the teaching content and syllabus, continuous reform teaching methods and teaching means, pay attention to training the student's engineering practice ability, constantly improve teaching level of electrical and electronic technology course.

Keywords: engineering education certification; electrical and electronic technology; non-electrical specialty; subject contest

---

基金项目：南华大学教改项目（2016XJG-ZZ02）。
第一作者：阳璞琼（1980— ），男，博士，副教授，南华大学电气工程学院副院长，主要从事电工电子技术教学、研究。

1 课程改革背景

"一带一路"给中国企业"走出去"带来了机遇和挑战,工程技术人才国际交流合作日益频繁,这要求高校提高中国工程教育质量、按照国际标准培养工程技术人才。2016 年 6 月 2 日,我国成为《华盛顿协议》[1]第 18 个正式成员,通过中国科协所属中国工程教育专业认证协会(CEEAA)认证的中国大陆工程专业本科学位将得到美国、英国、加拿大等所有该协议正式成员的承认。近年来,为提高工程教育质量,并通过"以评促建、以评促改"引入工程教育认证的先进理念,全国各地的高等学校正在积极地提交工程教育认证申请,专业认证范围逐年扩大。2019 年,中国工程教育专业认证协会受理了东南大学机械工程等 688 个专业的工程教育认证申请。

电工电子技术课程作为非电类工程专业开设的一门技术基础课,是工程教育专业认证的一个重要考察指标[2]。目前,我校有给排水科学与工程、安全工程、资源勘查、化学工程与技术等专业通过了我国的工程教育认证,核工程与核技术专业、机械设计制造及其自动化等专业的工程教育认证申请已被受理。笔者结合近几年面向几个不同的非电类专业学生讲授电工电子技术课程的教学经验,根据工程教育认证的最新标准,从教学理念、教学目标、课程内容、实践教学等方面对该课程的教学提出了一些改革措施[3]。

2 课程教学中存在的问题

2.1 课程基本情况简介

目前,我校有机械类、计算机类、化工类、土木类、采矿类等专业开设了电工电子技术课程,根据培养目标和毕业要求的不同,各专业在课程内容有不同的侧重,实验课非独立设课,其开课学期和课时设置见表 1。

表 1 各专业开课学期和课时设置一览表

课程名称	学时设置	专业
电工电子技术 A	(A1)第三学期 40+8 (A2)第四学期 56+8	机械类各专业
电工电子技术 B	第四学期 72+8	建筑环境与能源应用工程
电工电子技术 C	第三学期 40+8	土木类、化工类、采矿类专业,以及安全工程、制药工程、城市地下空间工程等专业
电路与电子技术	第三学期 40+8	计算机类各专业

2.2 课程教学中存在的问题

(1)课程内容设置不够科学。虽然针对不同的学科专业,设置了 4 种不同的学时设置,但是课程内容在处理继承与更新的关系上不够科学。课程内容要能够支撑培养计划和毕业要求，为后续课程和专业知识及将来所从事的工作打下基础。培养计划一般每 4 年左右修订一次，本课程的内容也随着电工电子技术的发展和非电类专业的需求在不同时期有不同的要求和侧重。当前的部分课程内容已经过于陈旧，不能支撑新工科教育。

（2）实验内容不够丰富。一方面，由于课时的限制，没有教授一款合适的仿真软件，学生不会对电子电路进行仿真分析和实验。另一方面，受实验条件的限制，强电实验、综合性设计性实验开设少，对学生工程能力的培养不够。

（3）教学手段不够先进。教学方法基本上是教师课堂讲授，通过大量的公式推导和定量分析计算，并布置习题形式的作业，使学生掌握本课程的知识。采用闭卷方式考核，要求学生掌握的知识点以记忆为主。

3 工程教育理念下电工电子技术课程教学改革的思考

3.1 结合培养计划和毕业要求，优化调整教学内容

随着电工电子技术的不断发展，新技术、新器件在不断涌现，教学内容必须不断更新。近年来，已经在教学中把绝缘栅型场效应管更新为重点讲解的器件，双极性三极管的工作原理只作简单的介绍，并增加了可编程逻辑器件、电力电子技术、电路仿真软件等内容。同时，教学内容不能只增不减，要删除传统内容中陈旧的和不属于非电类专业的基础性内容，例如简化电路的暂态分析和电动机这两部分的内容。

根据不同专业特点、认证标准要求，采用了 4 种不同的学时设置。对于同一种课时设置的不同专业，其教学内容也会有所不同，与专业关系紧密的内容要更加侧重，并结合该专业中的一些工程案例进行讲解，激发学生的学习热情，引导他们主动思考、分析、解决复杂工程问题。

3.2 结合学科竞赛，改革实践教学环节

（1）利用电路仿真软件，提高实验效率[4]。教学中利用 Simulink、Multisim 等电路仿真软件进行辅助分析，可以使学生加深对电路定理的理解，同时也可以代替一部分验证性实验，增加综合性、设计性实验的比例。另一方面，在实验预习、实验数据处理过程中，利用电路仿真软件进行分析、计算，可以提高实验效率，提升实训效果。

（2）结合学科竞赛，培养学生的工程实践能力。非电类专业学生参加的学科竞赛中，与电工电子技术课程密切相关的主要有全国大学生电子设计竞赛、全国大学生"挑战杯"中国大学生创业计划竞赛、"互联网+"大学生创新创业大赛、全国大学生节能减排社会实践与科技竞赛、全国大学生机器人大赛等。在竞赛的训练和指导过程中注重学生兴趣的培养，引导和激发学生的主动性，教师对项目研究内容和指标提出要求，在研究方法和思路上加以引导，由学生自拟设计方案，不过多介入项目的研究过程和每个细节，大部分工作由项目小组协同完成。为学生营造宽松的环境，搭建开放的交流平台，加强学生之间的交流，各学院学生可自由组成项目团队，鼓励交叉学科组合。学生通过自身的实践，对交叉学科知识融会贯通，提高自己的学习能力、知识迁移能力、创新意识、协作精神等综合素质。

3.3 提高课件质量，丰富课程教学手段

（1）多媒体课件可以集图片、视频、音频、互动为一体，能将枯燥的理论知识形象生动地展现出来。根据各专业的教学大纲，细心研读课程内容，结合虚拟现实技术和动画制作，让多媒体课件更好地表达课程中的重点和难点，帮助学生理解相关内容。

（2）结合各专业的技术前沿和工程实际，充分利用现代化教学手段，引导学生主动学习、积极思考，提高学生解决复杂工程问题的能力。

（3）研究性学习。鼓励学生参与教师科研课题、参加大学生研究性学习和创新性实验项目，分析本专业的复杂工程问题，结合本课程的相关知识点，通过课堂分组讨论和课后讨论，加深学生对相关重点和难点内容的理解。例如，向安全工程专业的学生讲授 RLC 串联谐振的应用时，结合了无线电工程中的接收机输入电路实例讲解，课堂讨论时发散到超声波接收电路、红外线接收电路等。学生由此受到启发，申请的"依靠激光控制的灯导火灾疏散路线装置"大学生研究性学习和创新性实验项目获得国家立项，并申请了国家发明专利。

（4）专题教学。对于课程中的重点和难点内容，结合本专业的工程实际和毕业要求，组织专题教学，如"串、并联谐振电路的特点""三相电路的概念""正弦稳态功率"等，以教育理论为指导，运用科学的方法，探索教学规律，提高教学质量。

4 结束语

对于非电类专业来说，电工电子技术在培养学生创新能力、科学思维和工程意识方面起至关重要的作用。其教学内容需根据各专业的课程体系以及毕业要求，删除与其他的专业课程内容重叠的部分，重点讲述与本专业关系紧密的内容，制定不同的教学大纲，做到因材施教。目前，我校电工电子技术课程组通过改革教学方法与教学手段，完善教学过程质量监控机制，定期开展教学效果评价等措施，持续改进教学效果，并积极配合各非电类工科专业申请工程教育专业认证。

参考文献

[1] 蒋复量，李向阳，谭凯旋，等. 专业认证背景下的安全工程专业特色教育研究与实践[J]. 中国安全科学学报，2010，20（1）：12-18

[2] 卜飞飞，黄文新，王世山，等. 面向工程教育专业认证的非电类专业电工电子课程教学改革[J]. 中国现代教育装备，2016（1）：56-58.

[3] 张培尼，杨克虎. 工科院校非电类专业电工电子学课程教学方法探索与改进[J]. 中国现代教育装备，2017（7）：47-49.

[4] 阳璞琼，张莹，陈文光. 非电类专业电工学课程仿真教学探讨[J]. 时代教育，2015（21）：199-200.

基于立德树人虚实交互工科人才培养模式的构建

李旭军，龚跃球，曾以成

（湘潭大学物理与光电工程学院，湖南湘潭 411105）

摘　要：针对高校人才培养与企业人才需求之间的差距，我们以"立德树人"为宗旨，以虚拟与现实交互的创新实践为基础，以理论知识带动学生，通过对多门基础工程实践课程的整合，构建"课内外结合、实习/实验、校企合作创新实践一体化"的发展个性、鼓励创新的开放式工程实践教学的工科人才培养模式。

关键词：虚实交互；实践教学体系；实践教学改革
中图分类号：G642.0　　　　　　　　　　　**文献标识码**：A

Construction of New Engineering Talents Training Model Based on Cultivating Virtue and Shaping Personality and Interaction between Virtual and Reality

Xujun Li, Yueqiu Gong, Yicheng Zeng

（Xiangtan University, Xiangtan, Hunan, 411105）

Abstract: In view of the gap between talent cultivation in Colleges or universities and talent demand in enterprises, we aim at "cultivating virtue and shaping personality ", based on innovative practice of interaction between virtual and reality, and motivated students by theoretical knowledge. Through the integration of several basic engineering practice courses, we build the development of personality and encourage innovation open training mode of engineering talents in practice teaching by integration of curricular and extracurricular courses, practice/experiment, school-enterprise cooperation and innovation practice.

Keywords: interaction between virtual and reality; new engineering talents; practice teaching

---

第一作者：李旭军（1973—　），女，博士，副教授，湖南湘潭大学物理与光电工程学院教师，主要从事人工智能、虚拟仪器、电动车电池管理的研究。

1 引言

立德树人是发展社会主义教育事业的核心，它既是培养中国特色社会主义合格建设者和可靠接班人的本质要求，也是高校的立身之本。我国约有1650所高等院校设有工科专业，近年来每年工科本科毕业生在110万左右。工科教育的核心目标是培养伟大的工程师。伟大工程师之核在心灵，当教育缺失了立德之人文情怀的熏染，只把目光投向知识的传授时，教育便丢失了其本质，使人成为"知识的容器"，毫无生机，更遑论创新能力。

虽然我国工科毕业生人数众多，但是高素质的工程技术人才尚存在较大的缺口，特别是工科毕业学生在学校时沉迷于理论基础知识的学习和计算机仿真等虚拟环境，解决现实世界具体问题的能力明显不足。怎样能让学生在学习理论与运用计算机解决问题的虚拟过程中学习解决现实中的问题，并让传统高校的人才培养模式与企业所需相结合而培养出工科实践人才，是亟待解决的问题。

针对高校人才培养与企业人才需求之间的差距，我们构建了一套适合工科人才培养的模式。

2 培养工科人才成卓越工程师的必备条件

要培养合格的卓越工程师，需要具备以下两个条件。

（1）工科学生团结协作品质。大学生的培养要切合社会的发展，团结协作是一切事业成功的基础，个人和集体只有依靠团结的力量，才能把个人的愿望和团队的目标结合起来，超越个体的局限，发挥集体的协作作用。从某种意义上讲，帮别人就是帮自己，合则共存，分则俱损。因此，我们以立德树人理论为基础，以项目为团体合作实践载体，培养学生团结协作的品质。

我们在2006级微电子班与2010级测控班与LabVIEW俱乐部进行了尝试。两个班的集体考研率打破本专业纪录与俱乐部成立并成为创新主体的结果表明，团结协作已经取得了一定的成功。

（2）工科学生的实践能力。工科学生工程应用能力不强，学校的培养与企业的人才需求差距较大。很多老师直接从学校毕业从教，对工程实际应用问题接触较少，因而上课的时候理论知识教得很多而知识的应用教得较少。每年本科生的最后一堂课要学生谈大学学习的感想时，甚至有学生说学了四年都不知道自己的专业是干什么的。读了四年大学，学了很多解决复杂问题的方法，却没有进过实验室，不知道工程实践为何物，当然也不知道自己所学的工科专业是干什么的，更无法与企业需求的创新实践人才相吻合。

我们一直致力于充分利用学校学科交叉融合的优势来发展学生创新平台，以赛促学。依托湘潭大学-美国仪器技术公司联合实验室、材料与光电物理省级大学生创新实验室、湘潭大学-美国仪器技术公司合作的 LabVIEW 俱乐部和湘潭大学智能制造与控制机器人俱乐部、湘潭大学创新创业实训中心等学生创新平台，完成各级创新项目和参加各类比赛。

3 实践工科人才的培养模式

在此工科创新实践人才培养模式的探索与实践中，主要运用了以下方法。

（1）以立德树人为宗旨，从班级到学院到学校扩大的模式来解决团体协作问题。以班主任工作为基础，用爱心、父母心和责任心来感染学生，从一个班级的团体协作中积累立德树人的经验。让理想追求在学生身上扎根。根底实，才能立得正、飞得高。知识和专业可以让学生走得远，道德、理想和社会责任感却可以给学生安上"隐形的翅膀"，让学生飞得更高，而让学生树立远大理想和正确的价值观是当前立德树人的守正之基。

（2）以虚拟与现实交互的学科体系为推手带动学生实践。启发学生团队合作自行设计测试系统；学生团队人员自己动手实践、开发创新项目、动手做创新作品；定期对学生进行专业技术培训，不定期地举行各种活动，充分发挥学生思想活跃的特点，解决实际问题；检查学生虚拟创新能力培养的各阶段性成果，带领学生充分发挥创新、想象能力，从虚拟实验环境的界面设计到程序代码到数据流都由学生自主完成，让学生在进行虚拟实验环境下开发自己的个人产品，提高他们解决各种实际问题的能力。

（3）以点带面、层层推进的创新实践模式。将立德树人在班级中推广的经验带入实验室管理，将其管理规章制度带到实验室。实验室有自己的组织结构和管理制度，学生之间分工层次分明，在具体的创新实践中又互相合作，层次分明、梯度推进、相辅相成、有机统一。以最初的虚拟仪器设计为基础，逐渐扩展到机器人、人工智能领域，给实验室学生进行创新实践的培训，融入实验室创新实践体系，提高学生的创新实践能力和自信，共组建了虚拟仪器实验室、智能制造与控制机器人学生创新实践实验室。

（4）改革实验室现有的基础知识与基本技能训练方法。以项目为基础，以竞赛为契机，带动学生创新思想整理和分析的能力，同时寻找完成项目的方法，学习将在大学学习的各种理论知识运用于项目实践，使学生在完成项目的过程中学习到解决实际问题的技巧和提高实战能力。

（5）以校企合作的形式带动工科人才的培养。校企合作是一种注重培养质量，注重在校学习与企业实践，注重学校与企业资源、信息共享的双赢模式。了解企业需求，找到人才培养的方向，让学生在实践中成长，在实践中朝适应企业的发展方向去努力，做到事半功倍。

4 培养模式的实施过程

最初，我们在测控技术与仪器专业进行虚拟仪器数据采集、信号处理等操作，让学生把计算机与现实世界的真实信号联系起来实现自己的创新思想；利用工业相近的图形化编程基础知识让学生的计算机水平与现实世界里要处理的信息结合，实现一定的虚拟仿真和工业控制；让学生把所学的理论知识应用与工程实践当中，体会的创新的乐趣；让学生在实验中改变传统使用仪器测试的观念，创新自主地设计新的测试系统，完成一些创新项目，在学科竞赛中取得了一些成就。

随后，在新的人才培养模式颇具效果、颇为成熟时，推广至工科类其他领域。根据工科学生要求工程应用能力与实践性强的特点，扩展到机器人与人工智能领域。在虚拟仪器应用中，学生开始利用计算机进行信号分析与处理，利用数据采集卡通过传感器采集真实世界的物理信号做成一个个测试系统，再利用嵌入式设备做成控制系统等，实践能力逐渐增强。慢慢地把技术应用到计算机领域，结合当今流行的智能算法控制人形机器人，再扩展到自己动手制造机器人并利用计算机进行控制，形成虚拟与现实交互的创新实践模式。

基于这一培养模式，我们尝试建立由联合实验室与学生俱乐部组成的精英人才培养平台，目的是培养智能制造、计算机与人工智能领域创新实践人才。自 2007 年开始，我们在学生的团体协作、实验室培训与管理、培养方法、测评机制、指导老师团队、班级管理等方面进行了深入全面的探索。经过十多年的实践，已形成了一套切实可行的实验室管理系统，社团式创新群体已经形成。

此外，作为学科交叉融合的成果之一，实验室同时与美国仪器技术公司、东方雨虹、施耐德电气股份有限公司、深圳大疆公司等进行长期合作交流，在强强联合、优势互补的基础上，实现校企联合。

5　实践教学效果

此培养模式取得了很大的效果，主要表现在以下几个方面。

（1）对学生带来的好处。带领学生开拓了一条校企合作共建大学生俱乐部，并进行自主管理的新道路，充分激发了学生自主创新的积极性，引导学生自主选题，开发学生的创新思维，在指导老师的带领下完成创新作品的制作；让学生参与到教师的教学改革中来，利用所学的软件知识自行制作考试、考勤系统，充分了解学生管理过程中的需求与存在的漏洞，使软件考虑的情况更加完美，更贴近实际学习生活过程中的情况；使学生自主学习、自主实践，理论与实践相结合，切合新工科建设目标，可培养出适应于社会的卓越工程师。

（2）为实验类课程的教学改革及远程教育提供了条件和技术支持。在教学实践中，利用虚拟仪器实验室进行设计性和综合性的实验，锻炼学生的独立构思和设计能力，激发学生的实验兴趣；锻炼了学生的实践动手能力、工艺设计和研究创新能力，组成了一支精干的团队；培养了一部分动手能力强的学生，学生的受益人数逐渐增多，自学能力和实践能力增加。

（3）由最初的虚拟仪器的校企合作，到与企业建立联合实验室，让学校与企业联合培养人才，取得了很好的效果。

（4）加强了湖南省各高校与全国各高校在虚拟仪器方面的联系，举行了湖南省虚拟仪器教师交流会；由虚拟仪器领域的实验室扩展到机器人人工智能领域，如今已经有智能制造与控制机器人实验室，与国内很多名校建立了联系。

（5）已经开设了湘潭大学创新创业精品课程——虚拟与现实交互的双创实践，学生选课人数众多，到课率高，获得了很好的效果。

（6）学生的工程应用能力和科研潜力明显提高，培养了一大批能力突出的杰出人才。本科生就业率高，解决工程实际问题的能力增强，深受用人单位好评。例如，2010 年毕业生李皓同学毕业后到电子科技大学硕博连读，后被湖南大学电气工程学院作为高级人才引进；肖超同学从中科院微电子所硕士毕业后到香港科技大学攻读博士学位，毕业后成为电力电子方面的骨干力量。另外还有很多同学成为了各行各业的骨干。

6 结束语

工科人才培养模式虽然取得了一定的实践经验成果，但还是有许多需要改进之处，主要在于要紧跟科学前沿，不断深化学生实践能力培养，进一步加强教师培训，进一步加强教育理论研究。

参考文献

[1] 史静寰. 探索中国大学生学习的秘密[J]. 中国高教研究, 2018（12）: 21-22.

[2] 陈红兵, 邓梅娥, 卢进登, 等. "新工科"背景下实践教学模式的研究与探索[J]. 教育现代化, 2018, 20（5）: 166-167.

[3] 李志勇, 周劲辉. 工科类高校科技创新人才培养与理论教学实践研究[J]. 教育教学论坛, 2018, 20（3）: 195-197.

基于工程教育专业认证的微电子科学与工程专业人才培养方案探索

杨红姣，汪洋，曾以成，谢亮

（湘潭大学物理与光电工程学院，湖南湘潭 411105）

摘 要：本文以工程教育专业认证为导向，对微电子科学与工程专业的培养方案进行了修订，确定了微电子科学与工程专业的培养目标，提出了本专业的具体毕业要求，完善了课程体系建设，以创新微电子科学与工程专业人才培养模式。

关键词：微电子科学与工程专业；工程教育专业认证；培养方案

中图分类号：G642.0　　　　　　　　**文献标识码**：A

Research on the Training Program of Microelectronics Science and Engineering based on the Professional Certification of Engineering Education

Hongjiao Yang, Yang Wang, Yicheng Zeng, Liang Xie

（School of Physics and Optoelectronics, Xiangtan University, Xiangtan, Hunan, 411105）

Abstract: In this paper, guided by the professional certification of engineering education, the training program of microelectronics science and engineering is revised.The training objectives of microelectronics science and engineering are determined, the specific requirements for the graduation are put forward, a construction of curriculum system is improved, so as to create a new training mode for microelectronics science and engineering.

Keywords: microelectronics science and engineering; professional certification of engineering education; training program

---

基金项目：湖南省校企合作创新创业教育基地（湘潭大学—长沙韶光半导体有限公司电子类专业校企合作创新创业教育基地）。

第一作者：杨红姣（1980— ），女，博士，讲师，湖南湘潭大学物理与光电工程学院教师，主要从事微电子科学与工程的教学、研究。

1 引言

微电子学是研究电子或离子在固体材料中的运动规律及其应用，并利用它实现信息获取、传输、存储、处理和输出等信号处理功能的科学，以实现电路和系统的集成为目的[1]，是21世纪电子科学技术与信息科学技术的先导和基础，是发展现代高新技术和国民经济现代化的重要基础[2]。微电子学是一门综合性很强的学科，主要研究半导体器件物理、功能电子材料、固体电子器件、超大规模集成电路（VLSI）的设计与制造技术、微机械电子系统以及计算机辅助设计制造技术等[2]，是现代发展最迅速的高科技应用性学科之一[1]。微电子科学与工程专业是在物理学、电子学、材料科学、计算机科学、集成电路设计制造学等多个学科和超净、超纯、超精细加工技术基础上发展起来的一门新兴学科[3]。因此，微电子科学与工程专业是一门工程性和实践性非常强的工科专业，而工程教育专业认证作为工科专业的建设标准，推动了我国工程专业教育质量的持续提升，对工科专业的建设与发展具有不可或缺的作用。

工程教育专业认证是国际通行的工程教育质量保障制度，也是实现工程教育国际互认和工程师资格国际互认的重要基础，为我国工程类毕业生走向世界提供了具有国际互认质量标准的"通行证"。工程教育专业认证既是工科专业的建设标准，又是所有专业培养可资借鉴的指导思想。引进工程教育认证评估体系，可以推进工程教育改革与创新，健全工科专业的建设与发展质量标准和质量监控体系，完善工程教育与行业、企业的联系机制，增强工程教育人才培养对产业发展的适应性，促进工程教育的国际互认，提升工程专业人才的国际竞争力。

工程教育专业认证要求课程体系设置、师资建设、办学硬件条件等都围绕本科生毕业要求展开，建立持续改进机制，保证专业教育质量[4]。本文以工程教育认证为导向，对微电子科学与工程专业的培养方案进行修订，确定微电子科学与工程专业的培养目标，提出适用于湘潭大学微电子科学与工程专业的本科学生毕业要求，完善课程体系建设，以创新微电子科学与工程专业人才培养模式。

2 工程教育专业认证下微电子科学与工程专业培养方案

湘潭大学微电子科学与工程本科专业开办于2002年，并于2009年获批湖南省特色专业。本专业以微光电与系统集成湖南省工程实验室、湖南省校企合作创新创业基地、电子科学与技术一级学科硕士点、湘潭大学工程训练中心等教学科研平台为依托，以服务于国家重大需求及湖南省区域经济发展为培养目标，经过十余年的发展，已经建立起较为完善的培养方案。

为进一步深化教育教学改革，创新人才培养模式，提高人才培养质量，打造具有自身特色的本科教育和人才培养体系，实现内涵式发展和通过工程教育专业认证，以促进创新型实用人才的培养，湘潭大学微电子科学与工程专业于2017年进行本科人才培养方案修订工作，力求做到"紧跟高等教育发展趋势，瞄准专业发展前沿，不断优化人才培养方案和课程体系，保证培养方案的科学性和先进性"。

我校微电子科学与工程专业注重对学生实践创新能力的培养，不断优化课程体系，整合教学内容尤其是实验实践教学内容，科学合理地制订培养目标和毕业要求，以达到工程教育专业认证要求。

2.1 培养目标

基于工程教育专业认证的人才培养理念，本专业旨在培养具备坚实的数理基础，掌握微电子科学与工程专业所必需的基础知识、基本理论和实验技能，掌握大规模集成电路及半导体器件的设计方法和制造工艺、电路与系统的设计知识，能在微电子及相关领域从事科研、教学、科技开发、工程技术、生产管理与行政管理等工作的高级专门人才。

2.2 毕业要求

毕业要求方面，结合工程教育专业认证的通用标准[5]，微电子科学与工程专业的学生毕业能力要求如下：

（1）掌握坚实、系统的数学和物理方面的基本知识和实验方法；具有较强的计算机应用能力。

（2）掌握半导体物理、半导体器件和集成电路设计与制造等方面的基本理论和基本知识，掌握集成电路和半导体器件的原理与设计方法，掌握集成电路制造的基本知识与技能，掌握相关设计软件。

（3）具有电子材料、器件、电路与系统的设计及应用开发能力，具有电路分析、工艺分析、器件性能分析和版图设计等基本能力。

（4）了解本专业学科的理论前沿、应用前景和最新发展动态，以及电子产业的国家政策和法律法规。

（5）熟练掌握一门外语，具备一定的听、说、读、写能力，能阅读专业外文文献。

（6）掌握资料查询、文献检索及运用现代信息技术获取相关信息的基本方法；具有一定的实验设计能力，会归纳、整理、分析实验结果，具有较强的创新意识；具有撰写论文、参与学术交流的能力。

（7）应树立正确的世界观和人生观，具有良好的思想品质与人文素养，具有良好的专业素质、科学精神和创新精神，并具有健康的体魄和良好的心理素质。

微电子科学与工程专业的毕业能力要求与工程教育专业认证的通用标准之间的关系见表1。

表1 微电子科学与工程专业的毕业能力要求与工程教育专业认证的通用标准之间的关系

毕业要求	通用标准1	通用标准2	通用标准3	通用标准4	通用标准5	通用标准6	通用标准7	通用标准8	通用标准9	通用标准10	通用标准11	通用标准12
毕业要求1	√	√			√							
毕业要求2	√	√	√	√	√	√	√					
毕业要求3	√		√									
毕业要求4						√	√					
毕业要求5										√		
毕业要求6	√	√	√	√	√	√	√		√	√	√	√
毕业要求7								√				

注：工程教育专业认证通用标准[5]如下：①工程知识，能够将数学、自然科学、工程基础和专业知识用于解决复杂工程问题；②问题分析，能够应用数学、自然科学和工程科学的基本原理，识别、表达，并通过文献研究分析复杂工程问题，以获得有效结论；③设计/开发解决方案，能够设计针对复杂工程问题的解决方案，

设计满足特定需求的系统、单元（部件）或工艺流程，并能够在设计环节中体现创新意识，考虑社会、健康、安全、法律、文化以及环境等因素；④研究，能够基于科学原理并采用科学方法对复杂工程问题进行研究，包括设计实验、分析与解释数据，并通过信息综合得到合理有效的结论；⑤使用现代工具，能够针对复杂工程问题，开发、选择与使用恰当的技术、资源、现代工程工具和信息技术工具，包括对复杂工程问题的预测与模拟，并能够理解其局限性；⑥工程与社会，能够基于工程相关背景知识进行合理分析，评价专业工程实践和复杂工程问题解决方案对社会、健康、安全、法律以及文化的影响，并理解应承担的责任；⑦环境和可持续发展，能够理解和评价针对复杂工程问题的专业工程实践对环境、社会可持续发展的影响；⑧职业规范，具有人文社会科学素养、社会责任感，能够在工程实践中理解并遵守工程职业道德和规范，履行责任；⑨个人和团队，能够在多学科背景下的团队中承担个体、团队成员以及负责人的角色；⑩沟通，能够就复杂工程问题与业界同行及社会公众进行有效沟通和交流，包括撰写报告和设计文稿、陈述发言、清晰表达或回应指令，并具备一定的国际视野，能够在跨文化背景下进行沟通和交流；⑪项目管理，理解并掌握工程管理原理与经济决策方法，并能在多学科环境中应用；⑫终身学习，具有自主学习和终身学习的意识，有不断学习和适应发展的能力。

2.3 课程设置

原培养方案已经建立较为完善的课程体系，但仍存在以下问题。

（1）核心课程不够,部分课程内容重复，如"数字集成电路分析与设计"和"超大规模集成电路与系统"有些内容重复。

（2）前沿知识不足，缺少导论课程。

（3）重理论轻实践，实践课程较少。

针对这些问题，新的培养方案进行了如下修订。

1）对传统课程及其内容进行组合优化，加大专业选修课程在课程体系中的学分比例。删减课程"数字集成电路分析与设计"，同时增加导学课程"微电子科学与工程专业导学"和前沿知识课程"物理学与高新技术前沿讲座"。

2）加强实践教学，增加实践课程，加大实践教学课程在课程体系中的学分比例，注重培养学生的实践动手能力和创新创业能力。例如，给各理论课程增加实验并单独设课，实验课程有固定的学时和学分，实验考核不及格要参加补考或重修，确立了实验课程的地位，提高了学生参加实验的积极性；增加"电工电子基础实训"和"微电子工艺实训"等专业集中实践课程。

新的培养方案中，微电子科学与工程专业的课程分为四大类：公共基础课程、学科基础课程、专业教育课程、自主发展课程，其课程体系如图1所示。

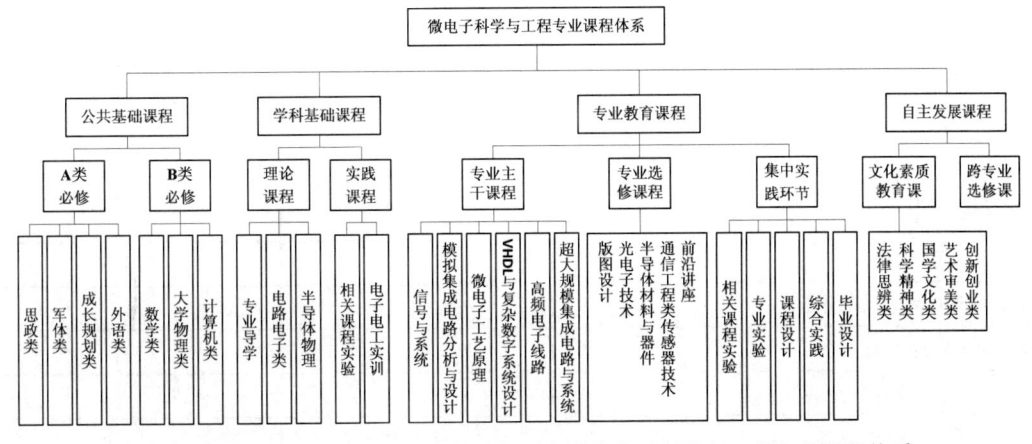

图1 以工程教育专业认证为目的的湘潭大学微电子科学与工程专业课程体系

公共基础课程的 A 类必修包括思政类、军体类、成长规划类、外语类，B 类必修包括数学类（高等数学、线性代数、概率论与数理统计）、大学物理类（大学物理、大学物理实验）、计算机类（计算机程序设计）等工具类课程。

微电子科学与工程专业的学科基础课程和专业教育课程分成三条主线开展培养，一条是物理与器件主线，包含的课程主要有"半导体物理""半导体材料与器件""微电子工艺原理""IC 工艺实验""微电子器件模拟实验"等，旨在培养学生独立进行器件性能分析和指导半导体工艺流程的基本能力；一条是电子与电路类主线，涵盖的主要课程包括"电路理论""电路理论实验""模拟电子技术""模拟电子技术实验""数字电子技术""数字电子技术实验"等，旨在培养学生分析和设计电子系统的基本能力；最后一条是电路与系统主线，涵盖的主要课程包括"模拟集成电路分析与设计""VHDL 与复杂数字系统设计""超大规模集成电路与系统""信号与系统""集成电路版图设计""专用集成电路设计方法"等，旨在培养学生独立进行版图设计、系统仿真和指导集成电路工艺流程的基本能力。专业选修课程可以使学生掌握资料查询、文献检索及运用现代信息技术获取相关信息的基本方法；各类实践课程和毕业设计可以使学生的专业能力、资料查询、文献检索及运用现代信息技术获取相关信息的能力，以及设计实验，归纳、整理、分析实验结果，撰写论文，参与学术交流的能力得到提高。微电子科学与工程专业课程体系对毕业要求的支撑见表 2。

表 2　微电子科学与工程专业课程体系对毕业要求的支撑

专业课程名称	毕业要求 1	毕业要求 2	毕业要求 3	毕业要求 4	毕业要求 5	毕业要求 6	毕业要求 7
微电子科学与工程专业导学		H	M	H			
电路理论		H	H	M			
电路理论实验		H	H			H	
线性代数 I	H						
概率论与数理统计 II	H						
半导体物理 I	L	H	M		M		
半导体物理实验	L	H	M			H	
模拟电子技术 I		H	H				
模拟电子技术实验 I						H	
数字电子技术 I		H	H				
数字电子技术实验 I						H	
信号与系统 III		H	H				
信号与系统实验		H	H			H	
模拟集成电路分析与设计		H	H		M		
模拟集成电路设计实验		H	H			H	
微电子工艺原理 III							
IC 工艺实验		H	H			H	

续表

专业课程名称	毕业要求						
	毕业要求1	毕业要求2	毕业要求3	毕业要求4	毕业要求5	毕业要求6	毕业要求7
VHDL与复杂数字系统设计		H	H				
VHDL与复杂数字系统设计实验		H	H			H	
高频电子线路		H	H				
高频电子线路实验		H	H			H	
超大规模集成电路与系统		H	H		M		
专业基础实验		H	H			H	
微电子器件模拟实验		H	H			H	
军训							H
集成电路课程设计		H	H			H	
生产实习				H		H	
科学技术研究训练				H		H	
毕业论文				H		H	
电工电子基础实训			H			H	
微电子工艺实训		H	H			H	

注：符号表示支撑强度：H——强，M——中，L——弱。

3 结束语

本文总结了湘潭大学微电子科学与工程专业以工程教育专业认证为目标的培养方案探索与实践。针对微电子科学与工程专业原培养方案存在的问题，明确了专业主干课程，合并了部分冗余课程，增加了专业导学和前沿知识课程，增加了实践教学课程，建立健全目标导向的人才培养机制。

参考文献

[1] 肖少庆，南海燕，虞致国，等. 工程教育专业认证下微电子专业培养方案[J]. 科技创新导报，2017（34）：225-228.

[2] 微电子科学与工程专业介绍. 中国高校之窗.

[3] 徐卫林，彭晓春，岳宏卫，等. 工程教育专业认证背景下的微电子专业教改实践研究[J]. 科技资讯，2016（22）：81-84.

[4] 孟祥东，周玉雪，曾祥华. 基于工程教育认证的微电子科学与工程专业毕业要求建设[J]. 教育教学论坛，2018（12）：27-29.

[5] 蒋宗礼. 工程专业认证引导高校工程教育改革之路[J]. 工业和信息化教育，2014（1）：1-5.

线下课堂教学分析及其金课建设思路探讨

曾以成，杨红姣，汪洋，曾金芳
（湘潭大学物理与光电工程学院，湖南湘潭 411105）

摘　要：新一轮高等教育改革浪潮涌起，教育部发布一流课程建设计划，一流课程共分五类进行分类建设。线下课程仍然是我国高等教育教学的主要形式，在这个背景下，我们从教师教的方面对线下一流课程建设进行了肤浅的讨论，首先，分析理解课程教学中牵涉到的要素，以及要素之间的相互作用、关系。其次，教得好不好是通过学得好不好体现出来的，教师不只是要了解自己，更要了解学生、懂学生与学生心理。最后，对一流课程建设提出了八点建议，以供参考讨论。

关键词：课程；课堂教学；金课；知识呈现；学习心理
中图分类号：G642.0　　　　　　　　　　**文献标识码**：A

Analysis of Offline Classroom Teaching and Discussion on the "Jinke" Course Construction

Yicheng Zeng, Hongjiao Yang, Yang Wang, Jinfeng Zeng
（School of Physics and Optoelectronics, Xiangtan University, Xiangtan, Hunan, 411105）

Abstract: A new wave of higher education reform surged. The Chinese Ministry of Education issued a first-class curriculum construction plan. First-class curriculum is divided into five categories for construction. Offline courses are still the main form of higher education in China. In this context, we have conducted a superficial discussion on the construction of first-class offline courses from the perspective of teacher teaching. Firstly, we must analyze and understand the factors involved in curriculum teaching, and the interaction between elements. Secondly, how well you teach is reflected in how well your students learn. Teachers need to understand not only themselves, but also students, and student's psychology. Finally, eight suggestions were put forward for the construction of the first-class courses for reference and discussion.

Keywords: course; classroom teaching; jinke; knowledge presentation; learning psychology

---

第一作者：曾以成（1962—　），男，博士，教授，主要从事电子科学与技术科研教学。

1 引言

改革开放 40 多年来，中国经济稳步发展，而今中国特色社会主义建设跨入新时代[1]；但前进道路并不是平坦与一帆风顺的，当前，遭遇世界百年未遇之大变局。但科技的竞争归根结底是人才的竞争，培养有竞争力的一流人才，是党和国家交给高校的时代大课题。

为顺应时代潮流与国家需要，我国高等教育掀起了新一轮改革浪潮。特别是 2018 年 6 月全国本科教育大会后，"四个回归"（回归常识，回归本分，回归初心，回归梦想），成为高等教育改革的新出发点。为此，教育部在全国高校推进专业建设与课程建设的"双万计划"。

课程建设的"双万计划"就是要建设一万门国家级一流课程与一万门省级一流课程。一流课程就是"金课"，建设"金课"的目的，就是要整体提升高校课程教学质量，淘汰质量低的"水课"。关于"金课"，教育部高等教育司司长吴岩同志有全面的阐述[2]，概括起来就是"两性一度"，即课程要有"创新性""时代性""挑战度"。

关于领会"金课"要求与如何建设"金课"，广大高校的管理者与教师认真学习教育部文件，体会其精神与指导思想，并积极行动起来，付诸具体实践。"金课"背景下，我们是否应该重新审视课程教学[3]；课程教学设计原则是否需要重新制定[4]；对教师提出了什么新的要求[5]；教学质量评价体系如何创新，从而与之相适应[6]；等等一系列问题，有关同志已经做了一些初步探讨，但还远远不够。

"金课"建设分为 5 类，即线下一流课程、线上一流课程、线上线下混合一流课程、虚拟仿真实验一流课程、社会实践一流课程。目前，线下课程教学仍然是我国高校课程教学形式的主体，其质量也仍然是左右本科人才培养质量的关键。因此，本文针对这一类课程谈谈对线下一流课程建设的认识。线下课程教学就是传统的课堂教学，我们应该重新进行审视，弄清影响教的效率与学的效果的关键因素，明确教师如何教、如何指导学生学，了解什么样的教与学才是高效率的教学。

2 线下课堂教学分析与理解

线下课堂教学历史悠久，随社会发展教学内容在不断改变，但总体教学形式变化不大。一般认为，线下课堂教学中教师是主导，学生是主体，教师把知识传授给学生，并通过相关训练，让学生形成相应的能力。从课堂教学进程时间轴上看，教学分为 3 个阶段：课前、课中、课后。课前，教师备课，学生预习；课中，教与学互动；课后，学生完成作业，教师批改作业，总结与反思教学。数十次课堂教学构成一门课程的教学。自然，随着科技的发展、教育技术学的进步[7]，以及教育心理学与学习科学的发展，线下教学也在不断演进。

2.1 课堂教学演进

纵观传统课堂教学的发展，其处在不断演化的进程中，但更多的是教学辅助手段的进化，从模型与挂图，到幻灯片放映，到电视、电影专题片，到如今的电脑触摸屏等。将相关的技术引入教学，变不可视为可视，变不可见为可见，变不可言为可言，变快过程为慢过程，变慢过程为快过程，变抽象为具体，变只窥其一斑为一览无余等，使得教师的课堂教学更加精彩纷呈。这些技术的功效是把有关的现象与过程（自然的、非自然的）直观地呈现在学生面前，特别是一些不方便在课堂演示的现象与过程，以利于教师解释相关的现象，引导学生发现过程中的相关规律。除教学技术演进外，教学内容、教学方法、教学形式也在不断演进中。

2.2 新型课堂

课堂教学发展过程中，不少教育工作者也在不断探索新的教学形式。摸索出一些新型课堂，如翻转课堂、微课、慕课等。

翻转课堂[8]，译自 Flipped Classroom 或 Inverted Classroom，也可译为"颠倒课堂"，是指重新调整课堂内外的时间，将学习的决定权从教师转移给学生。教师不再占用课堂的时间来讲授信息，这些信息需要学生在课前通过看视频讲座、听播客、阅读功能增强的电子书等自主学习。在这种教学模式下，课堂内学生能够更专注于主动的基于项目的学习，教师也有更多的时间与每个学生交流。

微课（Microlecture），是运用信息技术，按照认知规律，呈现碎片化学习内容、过程及扩展素材的结构化数字资源。微课的核心内容是短教学视频（课例片段），还可能包含与该教学主题相关的教学设计、素材课件、练习测试及学生反馈、教师点评等辅助性教学资源。

慕课（MOOC），即大规模开放在线课程（Massive Open Online Course），是线上课堂。慕课的好处是可以反复看，同时受众非常多，不足之处是没有师生之间的直接互动与情感交流。

未来的课堂形式将更加多样化，一是教者多样化，二是教学资源多样化，三是教学场景多样化。广大教师要积极探索新形式，在线下课堂中可以融入多种形式，相辅相成，提高教学质量。

2.3 课堂教学关键要素

从教学论角度讲，课堂教学包括教学内容组织、教学目的设定、教学方法选择、教学过程组织、师生互动计划、讲授计划等工作内容。这些可以称为教的工作要素。

从课堂教学进程来看，包括课堂引入、启发思考、问题讲解、问题讨论、总结形成新概念、运用与强化等。这些可以称为课堂进程要素。

概括性讲，课堂教学的关键要素自然是教师与学生，除此之外，教学内容的选定依据是教材，把教学内容呈现出来要依靠信息技术，教的方式方法要依从学习科学。所以，课堂教学要考虑的因素还是比较多的。典型的学习科学理论认为，学生要学会新知识，必须调动头脑中的已有知识去建构新知识、形成新概念，理解了才算是明白了，会运用新概念了才算是弄懂了。

我们认为，在这些因素中最核心的要素是知识呈现，教师如何以最为合适的方式将现象、过程或知识呈现给学生，才最利于学生接受、理解，从而形成有效的教学，是思考的重点。熟悉教材，内容准确；了解对象，因材施教；信息呈现环环相扣，能抓住学生的心。

3 线下"金课"建设

"金课"建设也就是一流课程建设，服务于一流本科人才培养。现实中，因多种原因，不可避免地存在少数"水课"，会影响整体教学质量，应该予以淘汰。

3.1 领会"金课"要求

前文说到,"金课"的总体要求是课程要具有"创新性""时代性"与"挑战度"。

(1)创新性要求。①突出创新意识、创新思维、创新能力培养,变传授知识给学生为培养学生获取知识的能力;②突出解决问题的能力培养,变重复性、验证性训练为设计性、综合性训练,让学生初步具备解决复杂问题的基础能力;③教学内容、教学方法、教学手段上要体现创新性。

(2)时代性要求。大学本科教育培养的人才综合素质应与社会对本科人才综合素质的期望相契合,也就是学校的出口人才应与社会单位的入口人才衔接好。社会文化、经济、科技的快速发展,高等教育应作出及时的反应,并反映到人才培养中,具体落实到课程教学中。现在的大学教育内容滞后于社会发展,这在工科教育方面尤其明显。这就给大学教师提出了明确的要求,教者必须站在社会文化、经济、科技发展的最前沿,至少要非常熟悉所教课程内容的前沿发展情况,合适地引入到自己的课程教学中,体现时代感,提高学生对所学本领的社会需求感。

(3)挑战度要求。对教师而言,一要挑战自己的业务能力,即知识水平与创新能力,也就是能否把握任教专业与课程的知识体系,能否吃透教材并把握重点、难点;二要挑战自己的教学能力,是否以教育心理学理论与教学方法论为指导,教学设计能力如何等;三要挑战职责意识,用心教,需要付出更多的时间与心血。对学生而言,教师应引导他们克服惰性、玩性,树立高远志向,建立专业思想,树立成才意识;要设立合适的课程门槛与专业门槛,让他们充分意识到学有难度,努力了才能过关。

目前暂没有"金课"的通用评价体系,但新发展的课堂评价观点可以作为参考。例如,课堂评价新视野的"六种状态",即通过观察学生在课堂上的注意状态、参与状态、交往状态、思维状态、情绪状态、生成状态等来评判课堂质量。又如,课堂层次评价,第五层次是"静默课堂",只有老师讲,学生安静地听;第四层次是"有问答";第三层次是"有互动";第二层次是"有质疑";第一层次是"有辩论"。这些评价体系也可以帮助我们提高对一流课程的认识。

3.2 建设路线

实际上,一直以来,广大高校教师无不在努力进行课堂教学改革,努力提高自己的课堂教学质量,也产生了大量有价值的教学改革成果。但还存在参差不齐的问题,依然有许多课程离一流课程要求存在距离,还需要广大教师认真思考,继续努力,把每个人的课堂教学都向一流课程看齐,为此,我们的思考与建议如下。

(1)课程总体设计奠定基础。首先,了解所教课程在专业知识体系与人才培养课程体系中的地位,明确先导课程有哪些,后续课程有哪些;其次,相应地了解所教学生对先导课程的学习情况,知道他们的学习积累与基础;最后,研究教材,组织该讲授的内容,毕竟学生一看就懂的内容无须讲;且讲课忌面面俱到,没有重点。

(2)每堂课精心设计,保证质量。每堂课都是重要的,要清楚本堂课是引入新概念,还是概念的内涵深入,还是概念的外延扩展,从而区别处理;研究相关的知识、现象呈现什么,怎样呈现由此引导学生找出什么规律或掌握什么流程,也就是如何启发学生观察问题与思考问题；重点思考如何引入课堂，如何一环扣一环，信息流畅。避免直接灌输。

（3）制作精美课件提升吸引力。教育信息技术的运用能使教学过程事半功倍，使教学艺术锦上添花，课件精美本身对学生就是一种示范，一种工作态度示范，能提高学生对老师的崇敬度，同时增强课程对学生的吸引力。注意，口头讲授与电子形式呈现信息要配合好，画面信息的出现与退出、过程动态演示、动画演示都要把握好节奏。青年教师及新制作课件的老师，课前要反复演练与修改。

（4）知识运用设定以强化教学效果。教育心理学告诉我们，学生学新概念，首先须解构概念，然后在理解的基础上记忆，但有记忆，还有遗忘。理解不深，则遗忘更快。所以，在课堂教学过程中，应让学生对新学知识加以运用，应举例加以佐证，应练习解决具体问题，对应用性很强的概念一定要当堂深入讲解与实践。

（5）延伸课堂培养解决问题的能力。课堂讲解要清楚概念的来龙去脉，概念的发展与新应用，从而能通达前沿。教师要布置延伸阅读，扩充知识，如关于本课堂讨论问题的科技论文、教学论文、科普论文、技术作品、其他教学资源等。布置延伸练习，强化课内所学，可选择有一定难度的作业题，也可以要学生自己出题作为作业。布置有关问题项目，运用所学解决具体问题，调查研究与讨论或制作小作品，训练解决问题的能力。

（6）全方位建设，扩大课程影响力。建设好一门课程也是一项不小的工程，应不断积累素材与经验，条件成熟时自己编写教材，使学生针对性与时代感更强；对自己的讲课进行摄像，自己看后不断完善，满意了就可建立线上课程教学，如此线上线下都有素材，可相互支撑自己的教学；建立一整套完整的课件；建立课程题库与问题讨论题库、课程延伸项目库。如此必提高课程影响力，反过来能更高地要求自己，课程教学水平会进一步提高，良性循环。

（7）加强学习指导与体现课程思政。对大学生应给予充分的学习指导，如学习方法指导与学习资源获取指导，形成学习习惯。大学老师都是学习的成功者，可以现身说法。另外，要将育人贯彻在整个教学过程中，传输正能量。例如，工科教学中要体现非技术能力培养，培养学生勇于破旧的创新意识、精益求精的工匠精神、敢于开拓的创业精神、爱岗敬业的家国情怀。技术发展与工程实践中，有许许多多的正面典型例子可以融入教学。

（8）信息渠道畅通与坚持持续改进。教师不能自我感觉良好，教得好不好，学生最有发言权。要主动与学生经常交流，在交流中发现教学中的不足。教师与所教学生的交流渠道要畅通，如QQ、微信等，交流越多，老师越受学生欢迎，教育教学效果越好。与同事与教学督导团也要多交流，及时获取教学反馈信息，有反馈，方能持续改进。因此，课堂讲授要构成小闭环，有反馈；整个课程教学应构成总闭环，持续改进，不断提高。

4 总结

我们从教师教的方面对线下一流课程建设进行了肤浅的讨论，对课程建设这个综合系统工程提出了一些初步建议。首先，要分析理解课程教学中牵涉到的要素，要素之间的相互作用关系，关键是知识呈现。其次，知识呈现的效果如何，重点在教师与学生的心理相互作用，教师要主导这种心理作用，从而激发学生学的主动心理过程，因此，教师不只是要理解课程内涵，也要了解授课对象。最后，对一流课程建设的思路提出了八点建议，供老师们参考，可从多个维度去努力，提高课程建设质量。

参考文献

[1] 郑功成. 全面理解党的十九大报告与中国特色社会保障体系建设[J]. 国家行政学院学报，2017（6）：8-18.

[2] 吴岩. 建设中国"金课"[J]. 中国大学教学，2018（12）：4-9.

[3] 周付安. 建设金课需要全面升级对于有效教学的认知[J]. 北京教育，2020（1）：58-61.

[4] 崔佳，宋耀武."金课"的教学原则探究[J]. 中国高等教育，2019（5）：46-48.

[5] 戴泽华. 论教师的教育理论意识[J]. 教育现代化，2017（51）：130-131.

[6] 王学昌，程少丹，张董喆."金课"背景下的教学质量评价体系创新研究[J]. 教育教学论坛，2020（5）：172-173.

[7] 张林辉，张爱英. 应用现代教育技术提升教师教学能力[J]. 中国教育技术装备，2017（21）：23-24.

[8] 百度百科，https://baike.baidu.com/item/翻转课堂/3381700?fr=aladdin.

三相交流系统在不同坐标系下的功率特性分析

于晶荣，孙尧，刘永露，许国，韩华，粟梅

（中南大学自动化学院，湖南长沙 410083）

摘　要：电压电流信号与功率的分析，是三相交流系统建模与控制的首要环节。由于三相交流系统建模与控制可能在 abc，$\alpha\beta$ 和 dq 等不同坐标系下开展，特别是在非理想电压和电流情况下，不同坐标系下的功率定义复杂、难以区分，而且由于没有文献详细讨论这些概念，学生常常对功率相关概念产生混淆。为了让学生能够更好地理解三相交流系统，本文全面地总结了三相系统在 abc，$\alpha\beta$，dq 三个坐标系下的电压电流信号，谐波，正、负、零序特性，以及对应坐标系下的功率定义与功率特性。

关键词：电能质量；正序；负序；瞬时功率；坐标变换

中图分类号：G642.0　　　　　**文献标识码**：A

Power Characteristic Analysis of Three Phase AC System in Different Coordinate Systems

Jingrong Yu, Yao Sun, Yonglu Liu, Guo Xu, Hua Han, Mei Su

（Department of Automation, Central South University, Changsha, Hunan, 410083）

Abstract: The analysis of voltage and current signals and power is the first step of modeling and control of three-phase AC system. Because the modeling and control of three-phase AC system may be carried out in different coordinate systems, such as abc, $\alpha\beta$ and dq, especially in the case of non ideal voltage and current, the definition of power in different coordinate systems is complex and difficult to distinguish, and because there is no literature to discuss these concepts in detail, students often confuse power related concepts. In order to enable students to better understand the three-phase AC system, this paper comprehensively summarizes the voltage and current signal, harmonic, positive, negative and zero sequence characteristics of the three-phase system in abc, $\alpha\beta$ and dq coordinate systems, as well as the power definition and power characteristics in the corresponding coordinate system.

Keywords: power quality; positive sequence; negative sequence; instantaneous power; coordinate transformation

---

第一作者：于晶荣（1981— ），女，博士，副教授，中南大学自动化学院教师，主要从事可再生能源发电、微电网技术、电能质量控制等方面的研究。

1 引言

三相交流系统的建模和控制，往往在三相静止 abc 坐标系、两相静止 αβ 坐标系和两相旋转 dq 旋转坐标系开展。在非线性负载或间歇性可再生能源发电等接入的场合，三相交流系统的电压和电流信号，不再是理想的基波正序正弦信号，使得三相交流系统在不同坐标系下的信号和功率分析，特别是非理想电压和电流信号的功率分析，变得十分复杂。

在 abc 坐标系下，三相系统的有功功率和无功功率是基于周期信号定义的，主要用于描述三相系统稳定状态的功率分布，无法应用于变流器的实时及快速控制。在 αβ 坐标系和 dq 坐标系下定义的功率，既满足实时控制，也满足稳态分析，因此变流器的控制方法多在这两种坐标系下展开。然而，由于坐标的变换，功率信号的描述也随之改变，使得功率的定义和分析尤其混乱[5,6]。截至目前，尚没有文献详细给出功率信号在不同坐标系下的特性和相互关系，为了让学生更好地理解三相交流系统中信号间的关系，本文全面地总结了 abc、αβ、dq 等三个坐标系下的电压电流信号，谐波，正、负、零序特性，以及对应坐标系的功率特性。

2 三相交流系统在 abc 坐标系下的电压电流和功率信号分析

2.1 电压信号分析

三相交流系统的电压有以下 3 种形式：三相平衡电压、三相不平衡电压和叠加了谐波的三相不平衡电压。三种形式的电压波形如图 1 所示。由于电流信号特性与电压信号特性是类似的，为了防止重复叙述，本文采用电压作为分析对象。

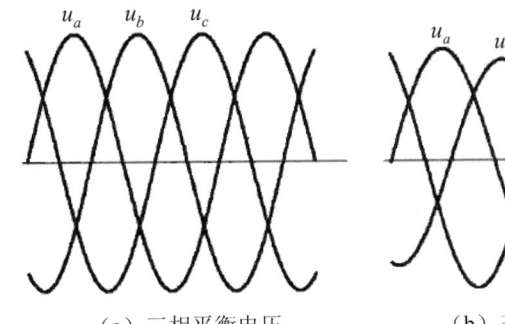

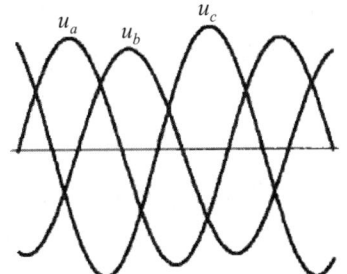

（a）三相平衡电压　　（b）三相不平衡电压　　（c）叠加了谐波的三相不平衡电压

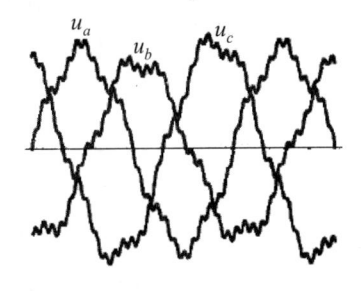

图 1　三种常见三相电压形式

根据电路理论，任何三相电压信号，从三相电压初始相位的相位差关系的角度，可分解为正序电压分量、负序电压分量和零序电压分量。图 1（a）所示的三相平衡电压，仅包含正序电压分量，负序电压分量和零序电压分量都为 0。图 1（b）所示的三相不平衡电压，可以分解为式（1）所示的三个分量。需要特别注意的是，对于任一信号的正、负、零序分析，分解出的三个信号是在同一旋转角频率下的。也就是说，对于一个正负零序复合的任一频率的三相信号，均能各自分解为正、负、零序信号的叠加。例如，式（1）即为对于基波不平衡的三相信号的正、负序分解，由于频率为 ω 的负序电压，可以看作频率为-ω 的正序电压，因此，负序电压也可以看作旋转角频率为-ω 的（-1）次的正序谐波电压。

$$\begin{bmatrix} u_a \\ u_b \\ u_c \end{bmatrix} = \begin{bmatrix} U^+\cos(\omega t + \theta_p) & U^-\cos(\omega t + \theta_n) & U^0\cos(\omega t + \theta_0) \\ U^+\cos(\omega t + \theta_p - 120°) & U^-\cos(\omega t + \theta_n + 120°) & U^0\cos(\omega t + \theta_0) \\ U^+\cos(\omega t + \theta_p + 120°) & U^-\cos(\omega t + \theta_n - 120°) & U^0\cos(\omega t + \theta_0) \end{bmatrix} \quad (1)$$

图 1（c）中，谐波叠加在三相不平衡电压中，此时的三相电压可以看作由不平衡谐波电压（$\omega_{\pm h} = \pm h\omega, h>1$）和不平衡基波电压（$\omega_{\pm 1} = \pm\omega$）两个分量叠加而成。其中，不平衡谐波电压也可以分为正序谐波、负序谐波和零序谐波，如式（2）所示。

$$\begin{bmatrix} \sum_{k=-\infty}^{+\infty} u_{ak} \\ \sum_{k=-\infty}^{+\infty} u_{bk} \\ \sum_{k=-\infty}^{+\infty} u_{ck} \end{bmatrix} = \begin{bmatrix} \sum_{k=-\infty}^{+\infty} U_k^+\cos(k\omega t + \theta_{pk}) & \sum_{k=-\infty}^{+\infty} U_k^-\cos(k\omega t + \theta_{nk}) & \sum_{k=-\infty}^{+\infty} U_k^0\cos(k\omega t + \theta_{0k}) \\ \sum_{k=-\infty}^{+\infty} U_k^+\cos(k\omega t + \theta_{pk} - 120°) & \sum_{k=-\infty}^{+\infty} U_k^-\cos(k\omega t + \theta_{nk} + 120°) & \sum_{k=-\infty}^{+\infty} U_k^0\cos(k\omega t + \theta_{0k}) \\ \sum_{k=-\infty}^{+\infty} U_k^+\cos(k\omega t + \theta_{pk} + 120°) & \sum_{k=-\infty}^{+\infty} U_k^-\cos(k\omega t + \theta_{nk} - 120°) & \sum_{k=-\infty}^{+\infty} U_k^0\cos(k\omega t + \theta_{0k}) \end{bmatrix}$$
(2)

值得一提的是，（3k）次的谐波是零序谐波，因为基波信号的角相位差是 120°，因此（3k）次谐波的角相位差是(360k)°，即 A 相、B 相和 C 相是同相的。类似地，（6k-1）次谐波为负序谐波，而（6k+1）次谐波为正序谐波。以上结论的详细推导过程如下。

含有基频正序以及（6k-1）次谐波的三相电压信号可以表示为

$$\begin{bmatrix} u_a \\ u_b \\ u_c \end{bmatrix} = \begin{bmatrix} U_1\cos(\omega t + \theta_1) + U_2\cos((6k-1)\omega t + \theta_{6k-1}) \\ U_1\cos(\omega t + \theta_1 - 120°) + U_2\cos((6k-1)\omega t + \theta_{6k-1} - (6k-1)120°) \\ U_1\cos(\omega t + \theta_1 + 120°) + U_2\cos((6k-1)\omega t + \theta_{6k-1} + (6k-1)120°) \end{bmatrix}$$

$$= \begin{bmatrix} U_1\cos(\omega t + \theta_1) + U_2\cos((6k-1)\omega t + \theta_{6k-1}) \\ U_1\cos(\omega t + \theta_1 - 120°) + U_2\cos((6k-1)\omega t + \theta_{6k-1} + 120°) \\ U_1\cos(\omega t + \theta_1 + 120°) + U_2\cos((6k-1)\omega t + \theta_{6k-1} - 120°) \end{bmatrix} \quad (3)$$

$$= \begin{bmatrix} U_1\cos(\omega t + \theta_1) + U_2\cos(-(6k-1)\omega t - \theta_{6k-1}) \\ U_1\cos(\omega t + \theta_1 - 120°) + U_2\cos(-(6k-1)\omega t - \theta_{6k-1} - 120°) \\ U_1\cos(\omega t + \theta_1 + 120°) + U_2\cos(-(6k-1)\omega t - \theta_{6k-1} + 120°) \end{bmatrix}$$

需要说明的是，电压 u_b 信号的谐波分析，是以 u_b 信号整体分析的，把（θ-120°）看作基波初始相位，因此谐波形式如式（3）。

从式（3）可以看出，（6k-1）次谐波的旋转频率与基波正序频率的旋转方向是相反的，因此（6k-1）次谐波是以负序的形式存在的。

含有基频正序以及（6k+1）次谐波的三相电压信号可以表示为

$$\begin{bmatrix} u_a \\ u_b \\ u_c \end{bmatrix} = \begin{bmatrix} U_1\cos(\omega t+\theta_1)+U_2\cos((6k+1)\omega t+\theta_{6k+1}) \\ U_1\cos(\omega t+\theta_1-120°)+U_2\cos((6k+1)\omega t+\theta_{6k+1}-(6k+1)120°) \\ U_1\cos(\omega t+\theta_1+120°)+U_2\cos((6k+1)\omega t+\theta_{6k+1}+(6k+1)120°) \end{bmatrix}$$
$$= \begin{bmatrix} U_1\cos(\omega t+\theta_1)+U_2\cos((6k+1)\omega t+\theta_{6k+1}) \\ U_1\cos(\omega t+\theta_1-120°)+U_2\cos((6k+1)\omega t+\theta_{6k+1}-120°) \\ U_1\cos(\omega t+\theta_1+120°)+U_2\cos((6k+1)\omega t+\theta_{6k+1}+120°) \end{bmatrix} \quad (4)$$

从式（4）可以看出，（6k+1）次谐波的旋转频率与基波正序频率的旋转方向是相同的，因此是以正序的形式存在的。

一个含有基频正序以及（3k）次谐波电压信号，其可以表示为

$$\begin{bmatrix} u_a \\ u_b \\ u_c \end{bmatrix} = \begin{bmatrix} U_1\cos(\omega t+\theta_1)+U_2\cos((3k)\omega t+\theta_{3k}) \\ U_1\cos(\omega t+\theta_1-120°)+U_2\cos((3k)\omega t+\theta_{3k}-(3k)120°) \\ U_1\cos(\omega t+\theta_1+120°)+U_2\cos((3k)\omega t+\theta_{3k}+(3k)120°) \end{bmatrix}$$
$$= \begin{bmatrix} U_1\cos(\omega t+\theta_1)+U_2\cos((3k)\omega t+\theta_{3k}) \\ U_1\cos(\omega t+\theta_1-120°)+U_2\cos((3k)\omega t+\theta_{3k}) \\ U_1\cos(\omega t+\theta_1+120°)+U_2\cos((3k)\omega t+\theta_{3k}) \end{bmatrix} \quad (5)$$

从式（5）可以看出，a、b、c 三相中（3k）次谐波的相位是相同的，因此（3k）次谐波是以零序的形式存在的。

根据以上推导可以知道，即使是一个三相平衡的系统，由于 5，11，17 次等（6k-1）次谐波的存在，同样有可能存在负序信号。也就是说，如果三相电压是平衡的，没有谐波的情况下就不会存在负序。正序与负序的本质区别在于，对于相同大小的旋转频率，正序的旋转方向与负序的旋转方向相反。

2.2 功率特性分析

在三相交流系统中，设其相电流为 i_a、i_b、i_c，相电压为 u_a、u_b、u_c，对应的瞬时功率为

$$p(t)=i_a u_a+i_b u_b+i_c u_c \quad (6)$$

在三相对称交流系统中，平均有功功率定义为瞬时功率在一个周期 T 内的平均值，表示为

$$P=\frac{1}{T}\int p(t)\mathrm{d}t \quad (7)$$

本文中对称系统定义为三相信号幅值相等，且信号间相差 120°，而除此外的系统，定义为不对称系统。根据式（7），当电压电流均为基波正弦信号，瞬时功率为一常数值时，瞬时功率等于平均功率。

对于仅有基频正弦信号的系统，对应的复功率可表示为

$$S_{abc}=\frac{3}{2}U_1 I_1^*=\frac{3}{2}(P_{abc}+Q_{abc}) \quad (8)$$

式中：$P_{abc}=\frac{1}{2}U_1 I_1\cos\varphi_1$，为每相的平均有功功率；$Q_{abc}=\frac{1}{2}U_1 I_1\sin\varphi_1$，为每相的平均无功功率；$U_1$、$I_1$ 分别对应基频电压和电流的峰值。

但对于非正弦信号，对应的平均功率可分别表示为

$$\begin{cases} P = \dfrac{1}{2}\sum_{k=1}^{\infty}U_k I_k \cos\varphi_k \\ Q = \dfrac{1}{2}\sum_{k=1}^{\infty}U_k I_k \sin\varphi_k \end{cases} \tag{9}$$

式中：I_k、U_k 分别为对应瞬时电流电压在第 k 谐波分量的稳态峰峰值；φ_k 为功率因数角。

值得强调的是，式（7）~式（9）仅仅有效于三相对称系统；对于三相不对称系统，并不适合使用。

3 $\alpha\beta$ 坐标系下的三相电压与功率信号分析

3.1 电压电流信号分析

$\alpha\beta$ 坐标系中，α 轴与 β 轴垂直，即相差为 90°。$\alpha\beta$ 坐标系是三相 abc 坐标系通过线性变换而得到的两相静止直角坐标系，对应的变换关系为

$$\begin{bmatrix} u_0 \\ u_\alpha \\ u_\beta \end{bmatrix} = \sqrt{\dfrac{2}{3}} \begin{bmatrix} \dfrac{1}{\sqrt{2}} & \dfrac{1}{\sqrt{2}} & \dfrac{1}{\sqrt{2}} \\ 1 & -\dfrac{1}{2} & -\dfrac{1}{2} \\ 0 & \dfrac{\sqrt{3}}{2} & -\dfrac{\sqrt{3}}{2} \end{bmatrix} \begin{bmatrix} u_a \\ u_b \\ u_c \end{bmatrix} \tag{10}$$

由式（9）可以看出，变换前后的信号的频率和相位并不会出现偏移，且能够将零序分量单独提取出来分析。

在三相三线交流系统中，加在负载上的是线电压，因此，三相电压的零序分量不需要分析。其次，值得注意的是，在 $\alpha\beta$ 坐标轴下的正负序定义，用复数和向量形式表示 $\alpha\beta$ 轴下电压信号

$$u_{\alpha\beta\_k} = u_{\alpha\_k} \pm j u_{\beta\_k} = V_{m\_k} e^{\pm j(w_k t + \varphi_k)} \tag{11}$$

式中：下标 k 表示第 k 次谐波频率信号。

另外，由于式（10）变换前后，信号的频率和相位不会变化。因此在 $\alpha\beta$ 坐标系下，式（11）中的"±"，与 abc 坐标系一样，"+"为正序，"-"为负序。也就是说，在 $\alpha\beta$ 坐标系下，正负序同样由频率ω_k的正负来决定，而正序与负序的差别为旋转方向的不同。

另外，设三相电压在 abc 坐标系的复空间表示为

$$u_{abc} = u_a e^{j0} + u_b e^{-j2\pi/3} + u_c e^{j2\pi/3} \tag{12}$$

通过式（10）和式（11），abc 轴下的电压与 $\alpha\beta$ 轴下的电压关系为

$$u_{\alpha\beta} = \sqrt{\dfrac{2}{3}} u_{abc} \tag{13}$$

3.2 功率特性分析

$\alpha\beta$ 坐标系下的功率分析，也定义为 p-q 理论。p-q 理论是在时域中定义的瞬时功率，该理论对电压和电流的波形没有任何限制，适用于有中性线和无中性线的任何三相交流系统。因此，$\alpha\beta$ 坐标系下的功率分析，不但适用于稳态，而且也适用于暂态。

假设在三相三线系统中，没有零序分量，对应的瞬时复功率为

$$s_{\alpha\beta} = u_{\alpha\beta}i_{\alpha\beta}^* = (u_\alpha + ju_\beta)(i_\alpha - ji_\beta) = p_{\alpha\beta} + jq_{\alpha\beta} \tag{14}$$

式中：$p_{\alpha\beta} = u_\alpha i_\alpha + u_\beta i_\beta$，表示瞬时有功功率；$q_{\alpha\beta} = u_\beta i_\alpha - u_\alpha i_\beta$，表示瞬时无功功率。由于式（14）是根据瞬时电压和瞬时电流计算而来，因此瞬时复功率是没有任何限制的，它既适用于稳态，也适用于暂态。

对比 abc 坐标系和 $\alpha\beta$ 坐标系，功率分析方面有以下两方面区别：

（1）视在功率在 abc 坐标系下只有稳态描述，而在 $\alpha\beta$ 坐标系下具有稳态和瞬态两方面描述；

（2）交流电路不对称情况下的功率特性在 abc 坐标系下不能被描述，但在 $\alpha\beta$ 坐标系下能够被描述。

当电压和电流为非正弦分量时，瞬时功率可以分解为平均功率和振荡功率的叠加，如式（15）

$$\begin{cases} p = \bar{p} + \tilde{p} \\ q = \bar{q} + \tilde{q} \end{cases} \tag{15}$$

通过式（15）可以得知，系统的振荡功率成分能够被分析和控制。

在三相电压和电流对称的情况下，可以推导出在 $\alpha\beta$ 与 abc 坐标系下的平均功率关系

$$\begin{cases} P_{\alpha\beta} = \dfrac{2}{3}P_{abc} \\ Q_{\alpha\beta} = \dfrac{2}{3}Q_{abc} \end{cases} \tag{16}$$

4 *dq* 坐标系下的三相电压与功率信号分析

4.1 电压电流信号分析

dq 坐标系又称为 *dq* 旋转坐标系，是 abc 坐标系投影到旋转的二维坐标系上，其中 *d* 轴与 *q* 轴互相垂直，相差 90°。其对于三相三线系统，abc 坐标系下的电压可通过式（17）得到 *dq* 分量

$$\begin{bmatrix} u_d \\ u_q \end{bmatrix} = \sqrt{\dfrac{2}{3}} \begin{bmatrix} \cos\bar{\theta} & \sin\bar{\theta} \\ -\sin\bar{\theta} & \cos\bar{\theta} \end{bmatrix} \begin{bmatrix} 1 & -\dfrac{1}{2} & -\dfrac{1}{2} \\ 0 & \dfrac{\sqrt{3}}{2} & -\dfrac{\sqrt{3}}{2} \end{bmatrix} \begin{bmatrix} u_a \\ u_b \\ u_c \end{bmatrix} \tag{17}$$

同时，dq 分量也可以从 $\alpha\beta$ 坐标系通过 park 变换而来

$$\begin{bmatrix} u_d \\ u_q \end{bmatrix} = \begin{bmatrix} \cos\overline{\theta} & \sin\overline{\theta} \\ -\sin\overline{\theta} & \cos\overline{\theta} \end{bmatrix} \begin{bmatrix} u_\alpha \\ u_\beta \end{bmatrix} \tag{18}$$

式中：$\overline{\theta}$ 为系统频率，表示为 $\omega t+\varphi$，一般可以通过 PLL 获得。

式（18）表明，与 abc 到 $\alpha\beta$ 坐标变换不一样，abc 到 dq 坐标变换会导致信号频率的移动。为了更清晰地看出坐标变换间的频率关系，将复空间矢量表达信号，即

$$u_{\alpha\beta} = u_\alpha + ju_\beta = U_k e^{j(k\omega t+\theta_k)} \tag{19}$$

$$u_{dq} = u_{\alpha\beta} e^{-j\overline{\theta}} \tag{20}$$

结合式（19）及式（20）可得

$$u_{dq} = U_k e^{j[(k-1)\omega t+\theta_k-\varphi]} \tag{21}$$

式中：U_k 表示对应谐波频率下的相电压信号峰峰值。

由式（21）可以看出，信号在 abc 坐标系或 $\alpha\beta$ 轴投影至 dq 坐标轴下时，存在基波频率 ω 的频率偏移。因此存在以下几个特性。

（1）当被投影的 abc 轴信号为基频正序信号时，则对应的 dq 坐标为直流信号。

（2）当被投影的 abc 轴信号为正序谐波信号时，对应的 dq 轴信号频率为 $(k-1)\omega$，$k>0$，例如 $7\omega_{abc} \to 6\omega_{dq}$。

（3）当被投影的 abc 轴信号为负序谐波信号时，对应的 dq 轴信号频率为 $(k-1)\omega$，$k<0$，例如 $-5\omega_{abc} \to -6\omega_{dq}$。

另外，通过式（13）和式（18），电压分量在 abc 轴，$\alpha\beta$ 轴以及 dq 轴的三系可表示如下

$$u_{dq} = u_{\alpha\beta} e^{-j\omega t} = \sqrt{\frac{2}{3}} u_{abc} e^{-j\omega t} \tag{22}$$

4.2 功率特性分析

dq 坐标系下的功率分析，实际上与 $\alpha\beta$ 轴的功率特性类似，能够有效地分析瞬时功率。因此，对电压和电流的波形没有任何限制，适用于有中性线或无中性线的任何三相系统。

假设在三相三线系统中，没有零序分量，对应的瞬时复功率为

$$s_{dq} = u_{dq} i_{dq}^* = (u_d + ju_q)(i_d - ji_q) = p_{dq} + jq_{dq} \tag{23}$$

式中：$p_{dq} = u_d i_d + u_q i_q$，表示瞬时有功功率；$q_{dq} = u_q i_d - u_d i_q$，表示瞬时无功功率。由于式（20）适用的是瞬时电压和瞬时电流，因此瞬时复功率是没有任何限制的，它既适用于稳态，也适用于暂态。对于纯正序的电流电压，投影在 dq 轴下的分量为直流分析，因此可以更好地分析及控制系统。

当电压、电流为非正弦分量时，瞬时功率可以分解为平均功率和交流功率的叠加，如式（24）

$$\begin{cases} p_{dq} = \overline{p}_{dq} + \tilde{p}_{dq} \\ q_{dq} = \overline{q}_{dq} + \tilde{q}_{dq} \end{cases} \tag{24}$$

此时系统的震荡成分能够被分析和滤除，其中，$\overline{p}_{dq}$，$\overline{q}_{dq}$ 为直流分量；$\tilde{p}_{dq}$，$\tilde{q}_{dq}$ 为交流

分量。值得强调的是，瞬时有功功率中的交流分量表示单位时间内振荡的能量流，其平均值等于零，该能量流对从电源到负载或从负载到电源的能量传递没有任何作用；瞬时无功功率中的交流分量也仅在三相之间进行交换，对从电源到负载的能量传递没有作用。

另外，通过式（14）与式（23），可以推导发现，在 dq 轴下，$\alpha\beta$ 轴下与 abc 轴下的平均有功关系

$$\begin{cases} P_{dq} = P_{\alpha\beta} = \dfrac{2}{3} P_{abc} \\ Q_{dq} = Q_{\alpha\beta} = \dfrac{2}{3} Q_{abc} \end{cases} \tag{25}$$

5 例子分析

5.1 系统对称电压及不对称负载

本例的环境是：三相电压平衡，但仅在 ab 相间接有负载，其余相间不接任何负载。设三相电压为

$$\begin{cases} u_a = \sqrt{2} U_1 \cos(\omega t) \\ u_b = \sqrt{2} U_1 \cos(\omega t - 2\pi/3) \\ u_c = \sqrt{2} U_1 \cos(\omega t + 2\pi/3) \end{cases} \tag{26}$$

当系统 ab 相间接有纯阻性负载 Z_R 时，可得对应的 $\alpha\beta$ 下及 dq 轴下的瞬时功率，为

$$\begin{cases} p_{dq} = p_{\alpha\beta} = \dfrac{3U_1^2}{Z_R}(1 + \cos(2\omega t + \pi/3)) \\ q_{dq} = q_{\alpha\beta} = \dfrac{3U_1^2}{Z_R} \sin(2\omega t + \pi/3) \end{cases} \tag{27}$$

当系统 ab 相间接有纯感性负载 Z_L 时，可得对应的 $\alpha\beta$ 下及 dq 轴下的瞬时功率，为

$$\begin{cases} p_{dq} = p_{\alpha\beta} = \dfrac{3U_1^2}{Z_L} \sin(2\omega t + \pi/3) \\ q_{dq} = q_{\alpha\beta} = \dfrac{3U_1^2}{Z_L}(1 - \cos(2\omega t + \pi/3)) \end{cases} \tag{28}$$

当系统 ab 相间接有纯容性负载 Z_C 时，可得对应的 $\alpha\beta$ 下及 dq 轴下的瞬时功率，为

$$\begin{cases} p_{dq} = p_{\alpha\beta} = \dfrac{3U_1^2}{Z_C} \sin(2\omega t + \pi/3) \\ q_{dq} = q_{\alpha\beta} = -\dfrac{3U_1^2}{Z_C}(1 + \cos(2\omega t + \pi/3)) \end{cases} \tag{29}$$

从式（27）至式（29）可以发现有趣的地方：（1）当两相间接有的为纯阻性负载，此时的瞬时无功功率并非为 0；（2）当两相间接有的是纯容性、纯感性负载时，对应的瞬时有功功率的值并非为 0。这明显与传统的在 abc 坐标系的情况是不同的，当然，在求对应的瞬时功率

在一个周期内的平均值时，确实为 0，这与传统的 abc 坐标下的平均功率理念是一致的。但是相比于功率定义在 abc 坐标，瞬时功率能够提供一些更加重要的功率细节，而该功率细节在 abc 坐标系下是无法发现的。

值得思考的是，通过本例子可以发现，在任何不对称纯性负载（纯阻、纯感或纯容）下，系统均同时存在瞬时有功功率和瞬时无功功率。那么对于采用瞬时功率进行功率控制的系统，比如下垂控制、单相功率解耦等场合，在不对称情况下对应的瞬时功率参考值应该如何定义和选取？在 abc 轴下进行功率控制和 αβ 轴及 dq 轴下进行的功率控制的区别是什么？

5.2 三相平衡谐波电压接有对称纯阻性负载

设系统的三相电压，电流分别为

$$\begin{cases} u_a = \sqrt{2}U_1\cos(\omega t) + \sqrt{2}U_7\cos(7\omega t) \\ u_b = \sqrt{2}U_1\cos(\omega t - 2\pi/3) + \sqrt{2}U_7\cos(7\omega t - 2\pi/3) \\ u_c = \sqrt{2}U_1\cos(\omega t + 2\pi/3) + \sqrt{2}U_7\cos(7\omega t + 2\pi/3) \end{cases}$$

$$\begin{cases} i_a = \sqrt{2}I_1\cos(\omega t) + \sqrt{2}I_7\cos(7\omega t) \\ i_b = \sqrt{2}I_1\cos(\omega t - 2\pi/3) + \sqrt{2}I_7\cos(7\omega t - 2\pi/3) \\ i_c = \sqrt{2}I_1\cos(\omega t + 2\pi/3) + \sqrt{2}I_7\cos(7\omega t + 2\pi/3) \end{cases} \quad (30)$$

根据坐标变换，可得对应的 αβ 坐标轴下的电压电流，为

$$\begin{cases} u_\alpha = \sqrt{3}(U_1\cos(\omega t) + U_7\cos(7\omega t)) \\ u_\beta = \sqrt{3}(U_1\sin(\omega t) + U_7\sin(7\omega t)) \end{cases}, \begin{cases} i_\alpha = \sqrt{3}(I_1\cos(\omega t) + I_7\cos(7\omega t)) \\ i_\beta = \sqrt{3}(I_1\sin(\omega t) + I_7\sin(7\omega t)) \end{cases} \quad (31)$$

从式（31）可以看出，abc 投影至 αβ，信号频率没有发生偏移，且 α 与 β 信号互相正交。对应的 dq 坐标轴下的电压电流为

$$\begin{cases} u_d = \sqrt{3}(U_1 + U_7\cos(6\omega t)) \\ u_q = \sqrt{3}U_7\sin(6\omega t) \end{cases}, \begin{cases} i_d = \sqrt{3}(I_1 + I_7\cos(6\omega t)) \\ i_q = \sqrt{3}I_7\sin(6\omega t) \end{cases} \quad (32)$$

从式（32）可以看出，abc 投影至 dq，信号频率发生偏移，原 ω 频率信号投影至 dq 为 dc 分量，而原 7ω 频率，投影至 dq 变为 6ω，此外 d 轴与 q 信号互相正交。

根据式（31）和式（32），可得对应 αβ 和 dq 轴下的瞬时功率，为

$$\begin{cases} p_d = p_\alpha = \underbrace{3I_1U_1 + 3I_7U_7}_{\bar{p}_\alpha = \bar{p}_d} + \underbrace{3(I_1U_7 + I_7U_1)\cos(6\omega t)}_{\tilde{p}_\alpha = \tilde{p}_d} \\ q_q = q_\alpha = \underbrace{3(I_1U_7 - I_7U_1)\sin(6\omega t)}_{\tilde{q}_\alpha = \tilde{q}_d} \end{cases} \quad (33)$$

式中：$\bar{p}_\alpha = \bar{p}_d$ 为功率的直流分量；$\tilde{p}_\alpha = \tilde{p}_d$，$\tilde{q}_\alpha = \tilde{q}_d$ 为功率的波动分量。从式（33）可以得知：

（1）αβ 轴下的瞬时功率与 dq 轴下的瞬时功率是完全一致的；

（2）瞬时有功功率的直流分量由基波电压电流乘积和同频次谐波电压电流乘积叠加而成，交流分量由不同频率的电压电流交叉乘积而组成；

（3）在 abc 坐标系下，仅有同频率的电压电流的乘积项，即仅包含 αβ 和 dq 坐标系下的平均值。

通过本例子，值得思考的是，即使在平衡电压和对称纯阻负载的情况下，如果电压中包含谐波电压，那么依然存在瞬时无功功率。该无功功率是否会对系统相关有功功率的控制有影响？在其他情况下，有功功率和无功功率都是耦合的吗？瞬时有功功率和无功功率的交流分量对系统有何影响？

对例 2 的结论进行仿真验证。设负载电阻为 5Ω，U_1=220V，U_7=30V 对应的不同坐标系下的电压、功率仿真波形分别如图 2、图 3 所示。

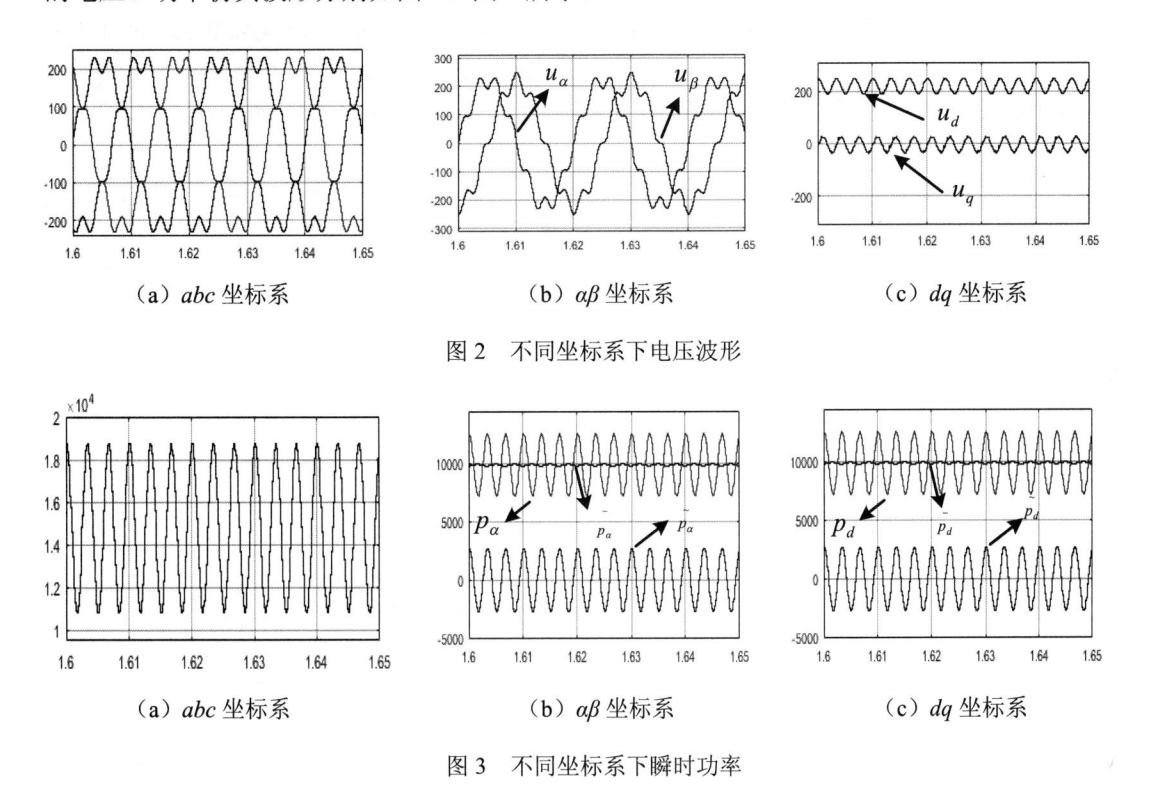

（a）abc 坐标系　　　　（b）αβ 坐标系　　　　（c）dq 坐标系

图 2　不同坐标系下电压波形

（a）abc 坐标系　　　　（b）αβ 坐标系　　　　（c）dq 坐标系

图 3　不同坐标系下瞬时功率

6　总结

本文全面地总结了 abc、αβ、dq 坐标系下的电压电流信号，谐波，正、负、零序特性，以及对应坐标系的功率特性，得出一些有趣的结论。

（1）abc 坐标系定义的有功功率、无功功率和复功率，在三相对称情况下，能够描述系统的稳态功率情况，不适用于暂态过程和三相不对称系统。

（2）αβ 坐标系和 dq 坐标下定义的瞬时有功功率和瞬时无功功率是等价的，且二者均适用于稳态和暂态等任意情况。

（3）在三相不对称负载情况下，任意纯阻、纯容和纯感负载下的瞬时有功功率和瞬时无功功率均同时存在。

（4）在电压电流多频率叠加情况下，不同频率间的信号乘积会产生交流的瞬时无功功率和瞬时有功功率。

参考文献

[1] 李国庆,王成山,余贻鑫. 大型互联电力系统区域间功率交换能力研究综述[J]. 中国电机工程学报,2001(4):21-26.

[2] 乔振宇,陈学允,张粒子,等. 功率分解潮流计算方法[J]. 中国电机工程学报,2001(1):78-80+85.

[3] 郑小平. 关于无功功率的定义及其计算方法[J]. 电测与仪表,2006(6):1-4+16.

[4] 熊元新,陈允平. 三相电路瞬时无功功率分析与计算[J]. 电力系统及其自动化学报,2001(1):15-17+40.

[5] 彭丽,赵伟,陈垒,等. 电网信号谐波分析算法计算性能比较研究[J]. 电测与仪表,2020(1):1-19.

[6] 陈和洋,吴文宣,郑文迪,等. 电力系统谐波检测方法综述[J]. 电气技术,2019,20(9):1-6.

应用型人才核心竞争力培养的探讨

桂玲

(中南林业科技大学计算机与信息工程学院，湖南长沙 410004)

摘　要：学生的核心竞争力既是学生就业和职业发展的基石，也事关应用技术型高等院校生存和发展。为全面提升学生的核心竞争力，本文从现阶段我国在应用技术型人才核心能力培养的现状入手，概括现存问题，并从课程体系建设与教学手段、师资、学校和社会等方面提出针对性的建议，以便共同搭建应用技术型人才培养平台，促进人才的培养。

关键词：应用技术型人才；核心竞争力；能力培养
中图分类号：G715　　　　　　　　**文献标识码**：A

Discussion on the Cultivation of the Core Competence of Applied Talents

Ling Gui

(College of computer and Information Engineering, Central South University of Forestry and Technology, Changsha, Hunan, 410004)

Abstract: Students core competitiveness is not only a cornerstone of the students' future employment and career development, but also a key thing for survival and development of application colleges and universities. To enhance the students' core competitiveness, this paper, from the current situation of China in the application technical core ability training, sums up some major problems, and puts forward some suggestions on the curriculum system and teaching methods, teachers, schools and society, in order to jointly build a platform for the application technology talents and promote the cultivation of talents.

Keywords: application technology talents; core competitiveness; ability training

1　大学生核心竞争力的内涵及其构成

核心竞争力又被称为"核心竞争优势"，是由美国管理学家 C.K.普拉哈拉德（C.K.Prahalad

作者简介：桂玲（1974—　），女，硕士，讲师，湖南中南林业科技大学计算机与信息工程学院教师，主要从事电子信息科学与技术的教学、研究。

与G.哈默（G.Hamel）首先提出的。它起源于一个商业管理的概念，指的是组织具备的应对变革与激烈的外部竞争，并且取胜于竞争对手的能力的集合[1]，是其所特有的、能够经得起时间考验的，具有延展性，并且竞争对手难以模仿的技术或能力[2]。

对应用技术型高校的学生来说，该核心竞争力可概括为：一个人在该专业长期的学习和实践过程中所形成的独特能力，这种能力是其在执行岗位任务时所发挥出的别人无法模仿的、具有持续优势和较强知识特征的能力。

可见，大学生核心竞争力具有以下几个特点：首先，它不是单一的一种能力，而是多种能力的集群；其次，它不是能力上的杂而不精，而是自我锻造的比较优势；再者，它具有很强的个体性特征。

2 应用技术型人才核心能力培养的现状

2.1 专业理论学习情况

理论知识是对专业课程进行高度概括和抽象的知识体系，是具有系统性和专业普识性的知识。然而，当前有些应用技术型高校的学生，或多或少忽视了高等教育教学的本质属性和知识体系，片面地去强求实践而轻理论或重理论轻实践，把高校教育等同于培训机构的也比比皆是。以至于计算机等专业的学生开设"电路分析""模拟电子技术"这些课程时，会经常问任课老师诸如"我们是学计算机的，学会编程就行了，为什么还要学这些有关硬件的课程"这类奇葩的问题。更有甚者，有些独立学院和高职院校，因所招学生基础较差，一些理论性较强、内容枯燥的基础学科，遭到学生的"排斥"，授课老师再怎么改变教学方法，也很难给学生营造出看电视剧的氛围，于是干脆就从人才培养方案中把这些理论性较强的课程删除。

2.2 师资情况

长期以来，高校理论教师和实验教师由于编制、岗位和职责的不同，在一定程度上缺乏密切的交流，使得课程的理论教学和实验教学处于相对独立的状态[3]。理论教学往往缺乏实验教学的支持，体现在理论教师上实验课却不熟悉实际操作；实验教学仅仅让学生看到实验的现象，却很少让学生思考为什么会产生此类现象。由于实验老师自身缺乏理论教学的基础，所以理论分析也就不擅长，现象的本质也就无从谈起。因此，教师教学能力单一局限了应用技术型人才核心竞争力的培养，在一定程度上造成了教学资源的浪费和教学质量的打折。

2.3 社会支持情况

这个时代对实用性的追求太强了，这极大地影响了大学生群体的学习取向。在他们看来，对毕业找工作有用的课程，才愿意主动去学，其他的课程，只求混过拿文凭，别说去欣赏知识殿堂里的美，就是做作业多动些脑子，他们都嫌麻烦，不愿意。抱有这样想法的学生不在少数，有用、见效快，对他们来说很重要。因此，对于一些对工作技能的提高没有立竿见影的"功效"，但是对拓宽知识面和培养思考能力有用的课程，愿意去努力学的人就更少了。

另外，当前愿意接收高校组织的学生去实习的公司不多：一是因为学生不是熟练工，怕影响公司的正常生产秩序和生产效益；二是安全、住宿问题难以解决，给企业的管理带来诸多问题。但绝大多数公司在招聘时却偏好有实践经验的毕业生。因此，学生为迎合招聘单位的喜好，为找到一个较好的单位，过早地走入社会而耽误学习的也不在少数。

3 应用技术型人才核心能力培养的对策

3.1 构筑应用技术型课程体系，改变教学手段

专业课程主要包括专业必修课、专业选修课等形式，这是根据专业方向和专业类别来划分的。在不同学习阶段，结合课程设置模块提出各阶段性培养目标，让学生能以此为参照，时刻检验自己的学习成效。下面以电子信息工程专业为例，来设置课程模块和阶段性培养目标。

为培养应用技术型人才，根据电子信息工程专业需要突出实践创新能力这一实际需求，应把该专业课程设置为 4 个模块、3 个课程性质、7 个课程类别和 10 个课程组。

4 个模块：理论课程模块、实践教学环节模块、思想政治素质教育模块、职业能力模块。

3 个课程性质：必修、限选、选修。

7 个课程类别：公共基础课、学科基础课、专业基础课、专业方向课、实践教学课、思想政治素质教育课程和职业能力证书。

10 个课程组：思想政治理论课程、基本知识与能力素质课程、体育课程、数学基础类课程、物理基础类课程、基础理论类课程、专业理论类课程、电子系统工程类课程、信号与信息处理类课程、课程实验和实践实习等环节。

基于以上课程模块设置，明确了如表 1 所列的阶段性培养目标。

表 1 电子信息工程专业阶段性培养目标

学年	培养目标
第一学年	通过第一学年的学习，使工科学生掌握基本的数、理基础知识，为后续专业基础课程的学习以及进一步深造奠定基础
第二学年	其目标是使学生完整系统地掌握电子信息工程中各种电子线路的分析方法、简单电路的设计与计算以及现代电子系统的仿真和设计方法；掌握电子信息工程中信号与系统分析、信号与信息处理的理论、方法与技术，培养学生从事信号与信息处理方面的技术工作的初步能力；掌握通信方面的基本知识、基本理论和基本原理；掌握电磁场的基本规律、物理本质，微波方面的基本理论、基本技术和分析方法
第三学年	根据专业方向的选择，使学生掌握电子技术在各种电子产品中的应用以及产品的设计和开发技术，或者要求学生掌握信息处理的原理和信息处理的各种先进技术
第四学年	运用所学理论和技术，完成研究型或实践类的毕业设计

这样设置的主要目的就是让学生获得从事某个职业或某类专业所需的实际技能和知识。不管哪种课程体系都既要注重系统化又要突出技术运用，让学生对专业知识的学习由浅入深、由粗入精，遵循循序渐进的过程。在教学中要注重运用导向，调动学生学习的兴趣，以各类创新项目的申请和实施为出发点，以项目教学、任务驱动、案例分析等教学形式设计教学，通过 MOOC、翻转课堂、知识碎片化等手段，以讨论式、互动式等教学模式培养学生自主学

习的能力，把核心能力的培养融入到各相关课程模块中。

3.2 加强双师型师资队伍建设，以适应应用技术型人才培养

作为"授人以渔"的师者，必先利其器，才能善其事。为此，应用技术型高校应加大师资队伍建设力度，促进教师队伍的优化整合，努力建设一支"善于文（自身理论水平）、善于武（自身工程实践能力）、精于工（教学业务水平）"的"双师型"教师队伍。在引进专业教师时，应向有行业工作经历或有纵横向项目研发经验的人才倾斜，从行业引进具备专业带头人资质的专家。对新进和原有青年教师，不仅要组建"一对一"的帮教对子，且要采用"引进来，走出去"等多种手段和措施，委派青年教师接受行业职业资格教育或到企业顶岗实践，加强现有师资工程实践能力的培养，以适应产业升级、产业转型期应用技术型人才培养的需求。

3.3 完善校内外实践教学基地的建设

当前，学生专业实践的形式主要包括校内集中性实践和校外实习，集中性实践以发挥学生学习主动性为出发点，以开设有利于提升学生学习兴趣和对低年级有示范作用的实习课程为主，以学生参与教师科技活动为辅，把实践教学形式转变为以学生创新为主的形式，发挥学生探究性、创造性的潜能，通过实验实践让学生认识自己，发挥优势；校外实习是一种仿社会、仿工作环境的学习，是学生走向工作岗位之前接触生产实际、开阔视野、认识社会以适应未来工作的一次综合性学习和运用。学生应根据专业寻找相似程度较高的工作，不必拘泥于公司大小而选定工作环境，可以老带新的形式了解企业运作、工作内容，达到毕业生能直接到企业工作的程度。总之，应用型高校应坚持有利于人才培养目标的实现，坚持提高实践教学质量的原则，建设一批以实践教学为主、经营性生产为辅的基地，能够让学生在学中练，在练中学，以练助学，实现理论与实践的紧密结合。

3.4 加强社会合作

加强校企深度合作是培养应用技术型人才的必经之路。从 2010 年到 2018 年，我国教育部门积极倡导各大院校深化产教融合，2013 年提出要从地方普通院校转向应用技术型高校发展。2014 年提出《国务院关于加快发展现代职业教育的决定》，明确指出要将产教融合作为院校发展的总体目标及基本准则。为此需要寻求"校企合作"互惠共赢点。应用技术型高等院校和用人单位均从共同的利益点出发，力求更好地融合和共同进步。用人单位以企业需求和市场发展为导向，根据实际对人才的不同需求，从岗位见习、订单培养、联合办学等模式中选择不同的合作方式，把企业的新技术、新规范带入课堂[4]，为高等院校学生提供更多的就业资源和实习机会，将学生的理论学习和实际操作紧密联系起来，实现高等院校与企业岗位需求的无缝对接，促进企业和学生之间的双向选择；高校则结合自身特色、教学目标和教学内容选择恰当的合作单位和科研合作项目，实现学校与企业最优化合作，共同搭建培养学生的产教融合平台，促进应用技术型人才的培养。

4 结束语

学生的核心竞争力从某种意义上来说是应用技术型高等院校核心竞争力的体现，它决定

了高等院校人才培养的质量和口碑。为全面提升核心竞争力，一方面，作为人才培养主力军的教师，可通过发挥自身在学生职业规划和创新实践工作中的主观能动性，来提高学生的核心竞争力；另一方面，需要学校努力创造条件为适应应用技术型人才储备足够的师资，完善实习实践教学基地的建设；再者，还需要社会的大力支持，需要社会与高校一道搭建培养应用技术型人才的平台。只有这样，才能实现学生职业能力和教师教研能力的齐头并进。

参考文献

[1] 何尊，易蕙玲. 大学生核心竞争力的自我培养与高校职业规划教育[J]. 社科纵横，2015，30（6）：155-157.

[2] 吕传振. 应用型人才核心能力培养存在的问题与对策研究[J]. 吉林省教育学院学报，2015，31（7）：118-119.

[3] 桂玲，向诚. "电子测量技术"课程教学改革探讨[J]. 科技创新导报，2010（33）：204-205.

[4] 余景波，代菁，齐富磊. 发挥教师作用提升高职院校核心竞争力的对策研究[J]. 青岛职业技术学院学报，2015（4）：29-33.

微机原理与单片机原理实验教学改革的探索与实践

谢健翔，蒋峰

（中南林业科技大学计算机与信息工程学院，湖南长沙 410004）

摘　要：实验教学是微机原理和单片机原理课程教学中不可缺少的重要环节。在近几年的实验教学实践中，总结和分析了以往教学的不足，着重从统筹融合、由浅入深、前后衔接的实验内容编排，高效灵活的实验平台建设，多层次的锻炼机会提供等方面入手，进行了实验教学的改革和探索。实践证明，新的教学模式可以激发不同层次学生的兴趣，挖掘每个同学的潜力，更好地培养学生们的实践能力、综合能力和创新能力，取得了明显的教学效果。

关键词：微机原理；单片机；实验教学；教学改革

中图分类号：G642.0　　　　　　　　　　　**文献标识码**：A

Exploration and Practice of Experimental Teaching Reform of Principle of Microcomputer and Microcontroller

Jianxiang Xie, Feng Jiang

（School of computer and information engineering,Central South University of Forestry and Technology, Changsha, Hunan, 410004）

Abstract: Experimental teaching is an indispensable and important link in the course of principle of microcomputer and microcontroller. By summarizing and analyzing the deficiency of the past experiment teaching practice in recent years, emphatically from the overall integration, distinguished and continuity of the experimental content arrangement, highly efficient and flexible experimental platform construction, multi-level training provides a few aspects, such as the experimental teaching reform and exploration, practice has proved that the new teaching model can stimulate students' interests in different levels, to dig up the potential of each student, better cultivate the students' practical ability and comprehensive ability and innovation ability, has achieved obvious teaching effect.

Keywords: microcomputer principle; microcomputer; experimental teaching; teaching reform

---

基金项目：2018 产学合作协同育人项目（NO：201801193026）资助；湖南省教学改革研究项目（NO：20190340）资助；中南林业科技大学教学改革研究项目。

第一作者：谢健翔（1962—　），女，硕士，高级实验师，中南林业科技大学计算机与信息工程学院教师，研究方向为单片机嵌入式系统。

1 引言

在现代科学与技术飞速发展的 21 世纪，迫切需要具有综合能力、创新能力、实践能力的优质人才，如何培养既具有扎实的专业理论基础知识，又具有较丰富的专业实践经验的高素质毕业生，是高等院校，尤其是以培养应用型人才为主的工科院校所面临的共同课题；改革和探索高效的实验教学方法和手段，是广大高校教师，尤其是实验一线教师的共同使命和追求目标。

"微机原理及接口技术"和"单片机原理"是高等院校电子信息工程本科专业学生的学科基础课程，具有相当重要的专业基础地位，是培养学生软、硬件设计与应用能力、工程意识与素养、综合开发与创新能力的课程，是学生学习和从事嵌入式技术和智能控制技术的基础。而实践教学是电子信息类课程教学不可缺少的重要环节，也是教学改革的重要内容之一[1]。

2 原有实验教学存在的问题

微机和单片机随着微电子技术及计算机技术的不断发展而发展，微机和单片机课程的特点是知识更新速度快、信息量大、理论概念抽象、计算机的软硬件知识结合紧密、相互渗透，实践性很强，硬件结构与功能、软件均需通过实验才有直观感受，通过调试才能真正应用。但笔者在长期的教学实践中，深感存在以下几个方面的问题。

2.1 教材内容各自独立且与实际脱节，远远跟不上微机的发展速度

"微机原理及接口技术"与"单片机原理"的教材内容基本上各自独立，相互之间没有进行必要的统筹和融合考虑。单片机是微型计算机的一个重要分支，两门课程的结构原理、思维方式类似，特别是接口电路部分完全重叠，此外，虽然 CPU 仍然保持着经典结构，但接口器件变化很大，课堂中所讲的和实验中所用的，在市场和实际工程应用中却几乎不见踪影，如 intel8259A、8253A、8255A 及 DAC0832、ADC0809 等。

2.2 需要一套切实可行的实验教学模式

计算机系统由硬件和软件组成，学生刚入门时，往往觉得微机原理和单片机课程所讲述的结构原理抽象、不好理解，汇编语言枯燥、难懂又费时，通常课堂所学接口电路器件又远落后于现实的发展，并且接口电路的操控更强调软硬件的结合，几乎每条指令都要根据硬件功能和设置来编写，许多同学学得一头雾水，自信心和积极性严重受挫。因此，我们在深思：

（1）应该讲授什么内容？每个实验应该如何编排？如验证型、设计型和综合型实验的设计。

（2）汇编语言和 C 语言如何选取？这估计是争论最大的一个问题[2,3]。有的人坚持认为，微机和单片机的学习应从汇编语言入手，这样可以熟知计算机的内部结构、寻址方式，可以灵活实时地应用其资源；但不同的观点是，应用 C 语言编程，既省时间，学起来又容易[2]，学会编程应用后，内部结构机理自然也就会了。

（3）实验课、课程设计及毕业设计等实践环节如何有机结合，形成一个完整的实践教学

体系？怎样激发不同层次学生的兴趣，挖掘每个同学的潜力？等等。

2.3 实验室的建设

学院原有的微机原理实验室，使用的教学实验机开发较早，实验模块和内容陈旧；单片机实验室选用某厂的新型单片机综合实验箱，这些实验设备价格昂贵、操作烦琐、结构复杂[4]，且易出故障，不便于维修；同时，实验室定时开放，学生做实验不方便。因此，如何建设功能齐全、高效优质的实验室，是不可回避又紧迫的问题。

3 实验教学模式的改革与实践

针对存在的问题，我们在近几年的实验教学实践中，广泛了解业界的发展动态，学习先进的教学方法，观察学生的反应，采取了几个方面的改革。

3.1 实验教学内容的改革

在微机和单片机实验课的安排上，尽量使两者有机融合，统筹兼顾。微机作为基础，以微机的基本结构、指令系统和接口器件为主要内容，单片机则寻求更深一步的应用开发，使之达到承前启后、互为补充的效果。

在日常的实验课教学内容编排上，每次实验课内容分成基本操作（验证性实验）和思考提高（综合性和设计性实验）两个部分，从一个知识点切入，再在此基础上发散提高。每次课前要求学生预习，了解实验的结构原理和程序实现过程，实验课中首先完成基本操作，如连接线路、编辑调试程序、下载运行实现结果；然后再进行思考提高部分，如根据思考题，设计相应电路和程序，实现功能。

例如，在做单片机定时计数器实验时，基本实验内容是：要求利用 8051 内部定时/计数器，按定时方式工作于方式 1，在数码管上实现秒计数显示（分别用查询法和中断法）。思考题有：①P3.4 与按键 K4 相连，用 T0 计数外部脉冲，数码管显示计数值，按动 K4 键观察计数结果；②设计一个电子钟，数码管显示时、分，LED 灯闪烁指示秒状态。

而且还可以再扩展：增加按键设置电子钟时间的功能；增加蜂鸣器实现定时闹铃功能；利用矩阵按键和蜂鸣器，设计简易电子琴等。实验课内完成基本操作和部分思考题，余下的延伸至课外，由同学们自主、积极地进行综合应用锻炼。这样不论能力高低，每个学生都可以体验到利用单片机实现具体功能的喜悦之情，同时又激起他们征服下一个功能的欲望，从而充分调动每一个学生的积极性，挖掘同学们的潜力。其间有同学告诉我，清晨起床的第一件事就是研究单片机。

其次，在实验课前后内容的衔接上，也进行精心的设计。如单片机实验，第一次课，要求用汇编语言进行存储器操作实验，熟悉单片机的存储器空间结构，理解程序存储器、数据存储器，片内和片外存储器的概念及读写操作，了解汇编语言的编程方法，然后就是 LED 灯、数码管和键盘实验，再依次进行定时器计数器、A/D 和 D/A、步进电机、I^{2}C 总线接口的 E^{2}PROM 器件如 AT24C02 读写实验等，前面的实验内容是后面实验的一部分，单个的功能形成模块，要求学生养成良好的资料收集和整理习惯，建立自己的功能程序库，这样前后内容连贯融合，知识点形成体系，为日后的学习和工作打下良好基础。

关于汇编和 C 语言，笔者认为，语言只是一个工具，能快速进入微机和单片机的世界才是关键，兴趣是最大的动力；在教学和工程实践中，微机以汇编为主，单片机则首选 C 语言，但要求学生了解并能看懂汇编程序。

3.2 实验室建设

如何提高实验室的利用率和实验效率，已成为实验改革和实验室建设的重要课题[1]。如单片机实验，为了实现同学们实验时一人一组，实验课内课外均有比较充分的自由进行自主实验，我们摒弃了传统的单片机实验箱方式，利用单片机系统结构紧凑的特点，采取开发板+计算机的模式。目前，单片机的教学和应用已经相当成熟，市面上有许多用于学习的单片机开发板，功能齐全、使用方便、小巧便携、价格便宜且易于维护。开发板的性能特点主要有：

（1）CPU 芯片采用宏晶科技的 STC 系列，具有经典的 MCS-51 内核，是新一代增强型单片机，特别是 ISP（在系统可编程）/IAP（在应用可编程）功能，无须专用编程器/仿真器，尤其适合学生练习使用。

（2）开发板集成了以 CH340 为核心的 USB 转串口电路，普通的 USB 线与计算机相连，既可以给开发板供电，又可以下载程序。

（3）开发板提供了丰富的硬件功能，如基本的单片机最小系统、按键、LED 灯、数码管，还有 I^{2}C 总线 E^{2}PROM、蜂鸣器、继电器、红外接收器等，以及液晶显示器、步进电机、温度传感器等的扩展接口。

对于初学者而言，首次练习宜使用成熟的开发板，这样可以集中精力学习和开发自己的硬件电路和程序，实际操作中出现问题也比较方便查找原因。对有兴趣和能力的学生，还可设计自己的应用电路与开发板相连，借此硬件平台实现更广泛的单片机功能应用，当然，具备了一定的能力和水平后，完全可以脱离开发板，设计自己的应用系统。

在教学实践中，要求学生每人拥有自己的开发板，也就是每个学生都有自己的硬件开发平台，再加上安装有开发软件的计算机，一切准备就绪。学校计算机房安装了用于单片机开发的集成开发环境软件，机房除了规定的实验课时间，其他时间均开放，这样，实验室、机房，甚至宿舍都是学生的实战阵地，真正灵活高效。

3.3 多层次培养

根据学生的兴趣爱好和能力，学校提供多层次、全方位的培养锻炼机会。基本的有实验课、课程设计及毕业设计，提高的有电子协会、创新实验室，以及省级和全国的各种竞赛培训实践，还可以参与学校相应的研究所项目和老师的课题，如我院与有关公司合作的机器人研究所，就为同学们提供了观摩学习的场所和参加项目研发的机会。这样，老师引领、高低年级同学相互切磋，形成了浓浓的学习实践氛围。可以说，只要有兴趣，只要你愿意，一定有适合你的舞台。

4 结束语

通过微机和单片机这个载体，更重要的是引领和培养同学们学习和设计的思维方式，分析和处理问题的方法，开拓和创新的意识，为后续的嵌入式系统、物联网等专业课的学习以及今后工作和继续深造打下良好基础。

近几年的微机和单片机实验教学改革实践效果明显，同学们从茫然消极变得自信而充满激情。课程内容的安排，让他们一步步由浅入深；高效灵活开发平台的搭建，让他们有了自由发挥的空间；多层次，多方位的培养锻炼机会，使得个人能力得到充分的挖掘。例如，电子信息工程专业的学生，在近三年的各种专业竞赛中，取得了不俗的成绩，就业质量及考研率也一直位于学校前列。

参考文献

[1] 邹逢兴，陈立刚，徐晓红，等．关于自动化专业电子信息类课程教学改革的探索与思考[J]．中国大学教育，2011（9）：37-40．

[2] 郭天祥．51单片机C语言教程[M]．北京：电子工业出版社，2009．

[3] 刘平，刘钊．STC15单片机实战指南[M]．北京：清华大学出版社，2016．

[4] 韩慧敏，梁妍．基于模块化和项目化的单片机实验教学改革[J]．中国信息技术教育，2017（6）：87-96．